U0115750

ESCAPING
The Vicious Circle of ~

Mechanical
JUSTICE

走出
机械司法的 怪圈

李勇 · 著

北京大学出版社
PEKING UNIVERSITY PRESS

目　录

第一篇　刑法学研究的实践品格

第二篇　走向实质解释的刑事诉讼法学

第三篇　跨越实体与程序的鸿沟

第四篇　现代化进程中的司法改革

第五篇　法律人的技艺

序

近年来,因"机械司法"而导致的"奇葩"案件频发,陆勇从印度购进抗癌药的同时帮其他患者代购,给患者带来生的希望,结果差点被以销售假药罪定罪判刑;王力军收购玉米,有利于解决农民卖粮难的问题,怎么会被以非法经营罪定罪判刑了呢?气枪案、鹦鹉案……为何这些经专业司法人员之手处理的案件,却得出了违背朴素正义观的结论呢?

法律人具有"固执""保守"的特性,有时还有点"钻牛角尖"。在他们自认为正确的问题上,想让其改变观点是极其困难的。从某种意义上来说,机械司法就是这样产生的。那么,如何才能走出这样的机械司法怪圈呢?对于专业的法律人来说,试图用空洞的说教来改变其某种专业习惯,是极其困难的,这或许是"专业槽之哀"。唯有从专业的角度去寻找最本质的东西,才能扭转某种专业惯性思维,这或许又是"专业槽之幸"。但问题是"学术人常常过于高高在上,而执业者已经倾向于过于世俗"①。一方面,学者们忙于研究属于自己"一亩三分地"的窄而深的领域或"高大上"的命题;另一方面,实务人士"万金油"式地疲于应付千头万绪的事

---

① 〔英〕威廉·特文宁:《反思证据:开拓性论著(第二版)》,吴洪淇等译,中国人民大学出版社 2015 年版,第 22 页。

务和毫无理论深度的经验总结。我们不禁要问:作为实践性科学的法学,专业槽之槽口真的要犹如千仞之针一样尖而深吗? 真的可以全然不顾实体与程序的交叉、理论与实践的融合吗? 可是,现实中的每一个案件从来都是实体与程序交织、理论与实践融贯的。同样,作为一种科学的法学,真的就可以"跟着感觉走"去办案吗? 真的靠"查《新华字典》"就能解释法条吗? 可是,现实中的每一个案件、每一个法条背后都有法学理论作为支撑。可以肯定的是,从来就没有纯理论的东西,也从来就没有纯实务的问题。从来就没有只需实务技巧而无需法学理论来解决的案件,也从来就不需要只知法条而对法学理论一窍不通的法律人才。靠仅仅谙熟法条和司法解释就能把案件办好的时代一去不复还;靠纯粹理论推演而丝毫不顾实践需求就能研究出经世致用的法学成果的时代一去不复还。可现实是,一方面学者抱怨司法者的法学素养不高,另一方面司法人员对学者们不食人间烟火的研究之无用性而望洋兴叹。这样理论与实践的隔阂,实体与程序的割裂,不断加剧着机械司法怪圈的循环往复。

如何走出机械司法的怪圈? 很难有"一招制敌"的方法,也很难有"一蹴而就"的良方。这是一个系统的长期工程,从理念到方法,从宏观到微观,从实体到程序,从理论到实践,从素养到技能……空洞地讨论这些方案无益于问题的解决,专业的事还是要用专业来解决。笔者认为,基本的方法:一是学术界更多地从"消费者"的角度去生产"学术产品",关注法学的实践性品格,通过"学术产品"去影响作为消费者的司法实务人员,引导他们走出机械、盲目套用法条的误区;二是实务界也更多地关注"学术产品",使用"学术产品",引用"学术产品",甚至参与到"学术产品"的设计、研发、生产过程中,提高"司法产品"的学术涵养,提高司法官自身的学术品位;三是无论是学术界还是实务界,都需要关注"司法产品"——不论是实践的还是理论的,不论是实体的还是程序的,双向推动理论与实践、实体与程序的互联互通。笔者无力完成这样的浩大系统工程,只能"日拱一卒",零敲碎打地从点滴做起。十余年来,笔者坚持走理论与实践、实体与程序交叉的"第三条道路",悄悄却虔诚地致力于架起刑事法理论与实践、实体与程序沟通的桥梁,以"悄悄法律人"博客、"悄悄法律人"微信公众号为平台,同时以"喜闻乐见"的笔调在报刊上发表小文章,去呼吁、去推动。这本书是这些"日拱一卒"和零敲碎打成果的一次系统整理和升华,也有一些内容此前从未公开过。说系统整理,是因为本书按照体系和主题对之进行了全面梳理和编排;说是升华,是因为本书又根据主题对之进行了大量的增、删、改。

本书前言为"走出机械司法的怪圈",从理念和方法两个维度,从整体上阐述如何走出机械司法怪圈。第一篇"刑法学研究的实践品格",从实体法角度呼吁刑法学研究的实践性品格;第二篇"走向实质解释的刑事诉讼法学",从程序法角度呼吁刑事诉讼法的解释学;第三篇"跨越实体与程序的鸿沟",从实体与程序交叉的角度呼吁刑事法实体与程序的一体化;第四篇"现代化进程中的司法改革",以实践的视角审视司法改革;第五篇"法律人的技艺",以"过来人"的身份谈法律人的技能、素养的培育和养成。走出机械司法怪圈的主旨贯穿全书始终,通过刑法学的解释、刑事诉讼法学的解释、实体与程序一体化、司法改革和司法官技能养成等方面的论证,探索走出机械司法怪圈的路径。

本书有以下特点:一是可读性强。以轻松、"喜闻乐见"的笔调,简洁明快的文风,讨论热点、难点问题,直指问题,切中要害,带有一定的学术随笔性质,体现刑事法学研究的"悠闲之道"。二是理论性与实践性深度融合,笔者结合十余年的实践经验,针对实践中的真问题,结合理论进行分析,体现理论与实践深度融合。三是实体与程序的深度融合,聚焦刑事实体与程序一体化研究,内容既有刑法领域,也有刑诉法领域,还有二者交叉领域。四是实质解释论的思想,这些文章涉及领域广泛,但是有一条基本的主线是实质解释论,努力通过实质解释论融合刑法与刑诉法,探索走出机械司法怪圈之路径。

"法的应用不能简单地理解为归纳,而是一种有的放矢的意志活动的过程,在这个过程中,取决于法律的各种价值评判——不管它们是社会道德性质的也好,也不管它们是实用主义性质的也好——起着决定的作用。"①法律解释和适用是有价值取向的,也是有理论支撑的,不是简单的文字游戏!

李　勇

2023 年 6 月 20 日改定于金陵

---

① 〔德〕H. 科殷:《法哲学》,林荣远译,华夏出版社 2003 年版,第 219 页。

前言——走出机械司法的怪圈

机械司法的原因固然是多方面的,但是理念和方法上的原因一定是必不可少的。这是因为机械司法本身就是一种司法理念,只不过是一种不当的司法理念;同时,机械司法本身就是一种司法方法,只不过是一种不当的司法方法。所以,从宏观意义上来说,要走出机械司法的怪圈,就要在理念和方法上做出变革。

一、理 念

"法的理念作为真正的正义的最终的和永恒的形态,人在这个世界上既未彻底认识也未充分实现,但是,人的一切立法的行为都以这个理念为取向,法的理念的宏伟景象从未抛弃人们。"[①]司法离不开理念的指引,理念如同北极星,"水手紧紧盯着北极星,不是为了抵达北极星并在那里登陆,而是要根据它来掌舵前行,穿越朗朗晴空与如晦风雨。"[②]刑事司法实践中,机械司法在理念层面没有

[①] 〔德〕H. 科殷:《法哲学》,林荣远译,华夏出版社 2003 年版,第 10 页。
[②] 〔德〕鲁道夫·施塔姆勒:《现代法学之根本趋势》,姚远译,商务印书馆 2016 年版,第 25 页。

正确处理好专业判断与朴素正义的关系、客观与主观的关系、形式与实质的关系、罪刑法定与无罪推定的关系、政策与司法的关系。

(一) 专业判断与朴素正义

1. 专业判断与朴素正义的关系

法学是一门科学,司法活动是一种专业性的判断。司法权交给没有专业知识的人行使是危险的。法律的职业化是人类文明进步、法治昌明、社会分工的必然要求。同时,法律是正义的文字表述,正义是一种在大多数人看来是"善"的东西,所以法律与大众的朴素正义观是一致的。司法人员的专业判断理当与大众的朴素正义观念是一致的,从这个意义上来说"法的理念不可能区别于正义"(拉德布鲁赫语)。"道不远人",刑法也一样,刑法是为普通人而设定的规范,因此当某种解释结论违反一般人的认识和价值观念,甚至违背朴素的正义情感、违背一般的常识常理时,那这个解释结论一定是有问题的。真正的专业判断与朴素正义一定是相互统一的。

2. 实践误区

误区之一是掉入"专业陷阱"而自说自话。一些理论观点之所以被普通大众讥讽为"砖家言论",就是因为割裂了专业判断与朴素正义的关系。例如,北京余某平交通肇事案中关于上诉不加刑问题,有专家认为,判处有期徒刑 3 年缓刑比判处有期徒刑 2 年实刑更重,因为一方面他认为从专业角度来说缓刑只是一种刑罚执行方式,另一方面从数学的角度来说"3>2"。但这种解释结论是普通大众无法接受的,因为缓刑实际上是不用"坐牢"的,而"实刑"是要"坐牢"的。一些案件处理之所以被普通大众嘲讽为机械司法,同样也是因为割裂了专业判断与朴素正义的关系。很多奇范案件判决,在那些司法人员眼中是因为"法律就是这么规定的,我就是这么理解的"。例如,著名的王力军收购玉米案,司法人员认为王力军经营粮食,没有办理相应手续,属于非法经营,所以构成非法经营罪。但是在普通大众的眼中,这是无法接受的。

误区之二是完全被网民意见带"跑偏"而不顾专业判断。网民意见是民意的一种体现,但有时并不能代表真正的民意,操纵网络舆论、制造"流量"的情况时有发生。网民意见有时也不等于朴素正义,从网民意见到朴素正义,中间还隔着专业判断。比如,网民认为,应当将见义勇为免责写入刑法典,但是专业判断告诉我们,刑法中的正当防卫条款就包括见义勇为的情形。

3. 正确的处理方法

(1)做到真正专业。真正的专业判断不会严重背离朴素正义。如果一个案件的处理,司法人员本人认为是根据法律规定作出的专业判断,但是处理结论又让普通人惊愕不已、无法接受,那一定是他把法律理解错了,一定是他的专业判断出问题了。有一个形象的比喻"半桶水咣当,满桶水不响"。真正的专业判断绝不是就法条论法条,而是关注法条背后的原理,考虑法条背后的实质正义;真正的专业判断一定不是孤立地看待某一个法律条文,而是系统地考虑整部法律、系统性地考虑实体与程序、理论与实践。比如,北京余某平交通肇事案中,上诉不加刑的背后原理和实质正义是为了保护被告人的利益、体现有利于被告人的原则,简单地理解法条,机械地比较"3"与"2"的大小反而不利于被告人的利益;上诉不加刑虽然是刑事诉讼法的原则,但是在实际量刑过程中又是刑法问题,同时还是个刑罚执行的问题,不仅是实体问题还是程序问题,不仅是理论问题还是实践问题。

（2）倾听不同意见。机械司法很大程度上源于法律人的固执性格和盲目自信。司法人员要养成善于倾听不同意见的品质。司法裁判之所以设计成控辩双方辩论、法官居中裁判，就是要让法官倾听不同意见，做到"兼听则明"。检察官在提起公诉前也应当放下身段倾听被告人及其辩护人的意见、被害人的意见。

（3）用专业识别民意。网民的意见当然很重要，当然要充分听取，但不是说网民怎么说就怎么办。正确的做法是吸收网民的意见作为自己专业判断的资料和辅助，用专业知识去识别、甄别网民意见。网民的意见很大程度上不是建立在充分的事实基础上，同时也带有情绪化的色彩。很多案件，案件事实还没有披露，网民的意见就出来了，这时需要用案件事实去甄别。把网民意见中合理、正确的成分吸收到专业判断之中，最终实现作出的专业判断能够引领网民意见，赢得网民的理解、共鸣甚至点赞。例如，深圳女顾客在餐厅被男伴"下药"事件中，当时网民一片声讨，认为至少应当定强奸罪未遂或强奸罪预备。深圳检察机关最终根据事实和证据作出存疑不捕决定，并向社会披露了作出不捕决定的理由。检察机关实事求是的决定，获得了网民理解并赢得了业界赞许。

（二）客观与主观

1. 客观与主观的关系

客观与主观是法律上一组非常普遍和重要的概念。刑法中关于主观与客观的字眼简直让人眼花缭乱，主观主义刑法与客观主义刑法、主观说与客观说、主观故意与客观行为等。所以我国台湾地区学者许玉秀说："不管是初习刑法的人，或是已浸淫刑法相当时日的研究者，往往因为这种主客观理论纠葛，感到十分受折磨而认为刑法理论不过是一连串的'主观与客观的迷思'。"①我们可以把这种主观与客观问题,分为以下几大类:一是解决问题的判断标准。以一般人的平均能力为标准的是客观说,以行为人个人能力为标准的是主观说,如对过失的结果回避可能性的判断,再如对期待可能性认识的判断。二是根据一般经验判断的是客观说,根据行为人个人认知判断的是主观说,如违法性认识,因果关系等认定所依据的标准。三是行为的客观面与行为人的主观意思,如着手、共犯与正犯的区分标准。四是主观主义刑法与客观主义刑法。这是刑法学派之争的问题。

这里要探讨的客观与主观的关系是指犯罪构成的判断方法,也就是在认定犯罪的思维方法上,是先判断主观面还是先判断客观面的问题,大体上属于上述的第三类。需要注意的是,上述各种客观说与主观说,在认定犯罪成立问题上都是主客观相统一的,只是侧重点不同。这里顺便指出,主观主义刑法与客观主义刑法,是新派与旧派之争在犯罪论领域的体现。客观主义学派认为刑事责任的基础是表现于外部的犯罪人的行为及其实害,重视行为,又称行为主义;主观主义学派认为刑事责任的基础在于犯罪人的危险性格,行为只具有征表犯罪人危险性格的意义,又称征表主义。对于这一组概念的理解需要把握以下几个要点:(1)二者都是主客观相统一的,都是在三阶层体系之下,从构成要件符合性、违法性、有责性三个阶层来讨论犯罪成立条件,既不是客观归罪,更不是主观归罪。(2)主观主义刑法与客观主义刑法之争现在仅具有理论

---

① 许玉秀:《主观与客观之间——主观理论与客观归责》,法律出版社 2008 年版,第 4—5 页。

和学术史意义,在犯罪论领域以客观主义刑法的胜利而告终,当今的学派之争都是客观主义刑法理论内部之争,如结果无价值论与行为无价值论之争,形式刑法观与实质刑法观之争等。(3)在我国的司法实践中,主观主义法律应用思维如幽灵般存在,毒害很深。这是我们需要重点清理的。

2. 实践误区

客观与主观的关系在我国的司法实践中处理得很不好,很多司法人员对此没有认识,深陷误区而不知。这些误区主要表现在以下方面:

(1)认定犯罪时动辄先讨论主观故意,陷入定性争议的泥潭。司法实践人员习惯于在认定犯罪时先考虑被告人的主观罪过,比如下面这个案例:

> [**案例 1**]2009 年 7 月 10 日 21 时许,被告人张某骑电动自行车带着其怀孕的妻子,在非机动车道上行驶,与对面酒后摇摇晃晃骑自行车的被害人王某发生碰擦,被害人王某追上来打被告人张某,两人相互推搡,王某用脚踢了张某怀孕的妻子后,张某用拳头推被害人王某,王某晃了两下后倒地,后脑勺着地,口吐白沫,三四分钟后死亡。根据尸体检验,王某枕部右侧头皮有挫擦伤,对应部位颅骨见粉碎性骨折,符合摔跌枕部右侧着地致严重颅脑损伤而死亡的症状。被害人王某血样乙醇含量为 112.5mg/100ml。①

这个案件争议的焦点问题是:被告人张某是否构成犯罪? 如

---

① 参见李勇:《结果无价值论的实践性展开》(第二版),法律出版社 2020 年版,第 70 页。

果构成犯罪,则构成何罪? 司法实践人员,看到这种案件立马本能似的就提出一个问题:行为人主观上是故意伤害还是过失呢? 然后围绕这个问题反复纠结,百思不得其解,一会儿觉得故意伤害有道理,一会儿觉得过失致人死亡也有道理,谁也说服不了谁,自己也说服不了自己。为什么司法人员不先考虑行为,然后再考虑主观罪过呢? 为什么一上来就追问被告人深藏内心的想法呢?

(2)动辄以主观故意区分此罪与彼罪、罪与非罪。司法实践中经常出现这样的现象:一个人的行为是构成此罪还是彼罪,居然不是取决于行为特征而是取决于被告人自己的想法,似乎被告人自己想犯什么罪名就定什么罪名,比如下面这个案例:

> [**案例2**]2009 年 11 月 10 日,被告人黄某某伙同万某、"老李"(均另案处理)预谋,由"老李"至某食品店,假冒某大学工作人员与店主被害人陈某洽谈生意,并要求陈某开设中国银行账户便于转账货款。同日,万某用虚假的军官证以陈某的名义办理了中国银行活期存折加借记卡(账号为……3221)。2009 年 11 月 11 日,被告人黄某某假冒某大学工作人员与"老李"在校园内,以查验资料为名,趁陈某不备,将万某开办的存折与陈某携带的中国银行活期存折(账号为……0902)进行调换,并要求陈某在存折上存款以证明其实力。陈某遂至银行,将人民币 105020 元存入已被调换的存折(账号为……3221)。当日,万某持与该存折配套的借记卡取出人民币 105020 元。

这个案件是定诈骗罪还是盗窃罪呢? 按理说,诈骗罪与盗窃罪的行为基本构造不同,应当从行为构造入手对二者进行区分,但

是司法实践中却拿被告人自己的想法来定性。上述案例的判决书
指出:"被告人黄某某与万某、'老李'预谋行骗,主观上具有诈骗
他人财物的故意;客观上实施了诈骗行为,被告人黄某某等人分饰
不同角色,分工配合,以洽谈生意为名骗取被害人个人信息,制作
名为被害人的假军官证,以被害人名义开具活期存折账户加借记
卡,并趁机将此存折与被害人自己开具的存折调换,使被害人在不
明真相的情况下,陷于错误认识,将105020元存入由被告人掌控
的存折中,进而达到骗取他人财物的目的,其行为符合诈骗罪的
主、客观要件。"从上述裁判理由可以看出,认定诈骗罪的主要思路
是这样的:被告人主观上具有诈骗他人财物的故意→客观上实施
了欺骗行为→主、客观相一致,所以成立诈骗罪。判决之所以认定
构成诈骗罪,关键的理由就是被告人主观上是"骗",而非"盗"。①

[**案例3**]有一个只有4张桌子能容纳8个客人的小面
馆,被告人进入面馆后吃面,当时面馆没有其他客人。被告人
吃面过程中,看到桌子上有一部手机(经查明是面馆老板的手
机),为了等待时机,被告人先后3次加面汤,一碗面吃了20
多分钟,趁机将手机拿走,并在桌子底下关机后离开。出门
后,将手机内的SIM卡取出扔掉。

这个案件,一审判决认定被告人构成盗窃罪,被告人不服而上
诉,二审法官认为应该定侵占罪。理由何在?二审法官说:被告人
当时并不知道这个手机是面馆老板的,被告人供述他根本不想偷,
而是捡。被告人以为是别人的遗忘物,所以属于拾得他人遗忘物,

①　参见李勇:《结果无价值论的实践性展开》(第二版),法律出版社2020年版,第
239页。

应该定侵占罪。按照这个逻辑,定盗窃还是侵占,取决于被告人自己心里怎么想的? 这是荒唐的。

(3)随意添加主观要素,过于注重目的、动机等主观因素。司法实践中,一些司法人员对主观要素情有独钟,动辄随意添加主观要素,比如下面这个案例:

> [**案例4**]某职业技术学校几个女生和一个男生,在晚上10时左右,把另一个女性被害人带到校外一个隐蔽的地方殴打一顿,并强迫该被害女性脱光衣服。

这个案件成立强制猥亵、侮辱罪吗? 有人认为不构成,其理由是行为人没有追求性刺激的动机和目的。这就属于随意添加主观要素。刑法规定的强制猥亵、侮辱罪并没有限定必须要有追求性刺激的动机。果真如此,行为人出于报复的动机,在大街上当着众人的面扒光妇女的衣服,也无法成立强制猥亵、侮辱罪吗? 这显然无法让人接受。

这种随意添加主观要素的做法有时还表现在正当防卫的认定上,比如下面这个案例:

> [**案例5**]2009年12月3日上午,被告人李国某在其家北山墙边搭建木架粉刷山墙。李某某发现其所搭建木架超过自家边界,遂持刀上前制止,与被告人李国某引起厮打。在厮打过程中,李国某从李某某手中夺过菜刀,用该菜刀朝李某某头部砍了两下,致李某某重伤。经法院调解,被告人李国某一次性赔偿被害人共计15000元。法院认为,被告人李国某与被害人李某某厮打,都有侵害对方的故意,目的均不正当,都不属于正当防卫。在本案发生的前因下,被害人李某某持刀前

往,加剧了矛盾,存在一定过错。被告人李国某认罪、悔罪,积极赔偿,得到被害人谅解。以故意伤害罪判处李国某有期徒刑 3 年,缓刑 3 年。

此案判决书认定不属于正当防卫的核心理由居然是"目的均不正当"。这也属于随意添加主观要素。

3. 正确的处理方法

(1)先客观后主观。

在任何犯罪当中,都存在客观的要素和主观的要素,客观要素和主观要素对于犯罪成立来说都是不可缺少的,但是在定罪过程中,必须遵循客观判断先于主观判断这样一个基本原则。也就是说,我们首先要看是否存在客观上成立犯罪的要素,只有经过客观判断得出了肯定性的结论,才能进入主观判断。如果客观的判断已经得出一个否定性结论,那么定罪的过程就终止了,就不需要再去判断行为人主观上是否具有故意或过失。原因在于:①这种客观判断先于主观判断的原则,能够最大限度地保证我们定罪首先依据的是一个人的客观行为。因为客观的要素如行为、结果是看得见、摸得着的,是能够被人们认知的,而且刑法惩罚的主要是行为,这种行为是通过行为人的作为或者不作为表现出来的,正是这种行为导致了对刑法所保护的法益的侵犯,所以,首先要确定是否存在这种行为,然后再来看这种行为是在什么样的主观心理状态的支配之下实施的。人们的主观心理状态不是表露于外的,而是隐藏在人们内心的,尽管我们可以通过客观的要素去推定主观心理状态,但是客观的要素和主观的要素相比较而言,客观的要素毕竟更容易被人们认识,因此要先确定客观的要素,再来看主观的心理状态,这样就能够最大限度地保证定罪的正确性,不容易导致随意"出入人罪"。②从程序上看,客观要素易于通过证据来证明。证明客观要素的证据也较容易收集,并且不容易出错。主观要素难以用证据证明,证据也难以收集。

结合上述方法来看案例1,不要动不动上来就问行为人主观上如何如何,先看行为人客观"用拳头推被害人王某"这个行为本身是故意伤害罪中的"伤害行为"吗?刑法中的实行行为是指具有法益侵害危险的符合构成要件的行为,这个行为是否能够导致轻伤以上法益侵害的行为?如果是,那就要考虑故意伤害罪;如果不是,就没有考虑故意伤害罪的余地。这样我们就知道,这个案例不可能成立故意伤害罪,因为"用拳头推被害人王某"的行为本身不足以导致轻伤以上的后果,客观行为就不符合故意伤害罪。那是正当防卫,还是过失致人死亡,还是意外事件?这就需要接着进行违法性判断和有责性判断。

上述案例2、案例3都涉及财产犯罪的界限问题。盗窃罪、诈骗罪、侵占罪之间的区别不在于主观上行为人想如何如何,更不能说被告人想实施什么罪名就定什么罪名,区别关键在于客观上的行为模式和行为构造不同。盗窃罪的行为基本特征是违背财物所有人或占有人的意志,改变占有关系;诈骗罪的行为基本特征是财物所有人或占有人基于错误认识"自愿"处分了财物;侵占罪的行为基本特征是先合法占有,再由合法占有变为非法占有。这样来看案例2,陈某将105020元存入已被调换的存折,陈某以为是存入自己的银行卡,存钱是为了证明自己的资金实力,并不是把这105020元作为货款处分给被告人,因此这个存钱的行为不是处分行为,也没有处分的意思,那就没有成立诈骗罪的余地。而被告人秘密调包存折、秘密取走这 105020 元是违背被害人意志的,符合盗窃罪的行为特征。案例 3 中,应当首先判断手机由谁占有。很显然,面馆老板的手机放在自家的面馆里,属于面馆老板占有。被告人违背面馆老板的意志改变占有关系,属于盗窃罪,不存在被告人合法占有、拾得遗忘物的问题。试问这个主审法官:"如果你是这个案件的被害人,你报警会怎么说?"如果他说:"那我肯定说'手机被偷了'。"我就会问:"那你咋不说,我的手机成为遗忘物,然后被捡走了?"

（2）先违法后责任。

与先客观后主观判断方法密切关联的就是先违法判断后责任判断。传统上,我们说"违法是客观的,责任是主观的",尽管后来的刑法发展承认存在主观的违法要素,但是违法性判断具有客观性这一先天的"基因"仍然是肯定的。比如,案例 5 中正当防卫的判断,应当先判断被告人李国某的行为是否具有实质的违法性,是否保护了一种法益从而阻却了违法,防卫的手段通过法益衡量是否明显超过必要限度,如果得出阻却违法的结论,就无须再进行有责性的主观判断,直接就应得出不成立犯罪的结论。如果得出不能阻却违法的结论,再进一步判断责任要素。此案中,被害人李某某持刀上前厮打,被告人李国某从李某某手中夺过菜刀进行反击,属于为了制止不法侵害的防卫行为,而且这个防卫没有超过必要限度,成立正当防卫。

（3）不要随意添加不必要的主观要素。

案例 4 中,强制猥亵、侮辱罪以往被日本学界认为是倾向犯,要求具有追求性刺激的动机,但是当前的日本学界已抛弃了这种观点。这个罪名保护的法益是性的羞耻心,就是除了性交以外的性权利。大庭广众之下把一个女性的衣服扒光,这个行为本身就侵害了被害人性的羞耻心,至于行为人动机如何,对被害人性的羞耻心的侵害并无影响。

(三)形式与实质

1. 形式与实质的关系

(1)形式解释论与实质解释论的含义。

形式解释论更加关注刑法规范用语的字面含义、规范的本来含义。在哲学上体现出一种规则功利主义的价值观。在进行法律解释时,首先要进行形式解释,只有在符合形式解释的情况下,才需要进一步作实质的判断。

实质解释论认为应当根据生活中的不同事实,依据事物的本质,不断对法律作出不同的(但符合事物本质的)解释,以求得最合理的解释,即不仅要从形式上来解释刑法,更要从实质的角度来解释刑法。这种解释论更加关注行为的效果,是一种行为(效果)功利主义的价值观念。实质解释论的产生是法学实质化运动中的一环。19世纪自然主义哲学、实证主义哲学盛行,贝林的中性无色的构成要件应运而生。19世纪末20世纪初新康德主义哲学兴起,强调实质化和价值论,构成要件实质化、实质违法论应运而生。

我国的实质刑法观与形式刑法观之争与日本刑法学中的实质犯罪论与形式犯罪论之争相似。在日本,实质犯罪论、形式犯罪论分别以结果无价值论者前田雅英、行为无价值论者大谷实为代表。实质犯罪论认为"刑法的目的在于保护个人的生命或财产这种生活利益或法益,刑罚只有在能够保护该种法益的限度之内,才具有意义",刑法规范主要是裁判规范;形式犯罪论认为"刑法的作用不仅在于保护法益,通过保护法益来维持社会秩序才是刑法的目的之所在",刑法规范首先应当是行为规范。

（2）实质解释与形式解释的关系。

实质解释与形式解释的关系是两种解释论争议的关键,争议的焦点主要体现在以下方面:

①关于罪刑法定问题。有人说形式解释侧重保障人权,坚守罪刑法定;而实质解释侧重保护法益,会突破罪刑法定。这种论调是典型的抹黑实质解释论。事实上,无论是形式解释论还是实质解释论都主张坚守罪刑法定主义,并不存在谁更有利于保障人权的问题。

②关于谁先谁后的问题。实质解释并不反对形式判断。这种对立是一种假象,甚至是伪命题。在司法实践中,既需要实质解释,也需要形式解释。在先后顺序上,应当先进行形式解释,后进行实质解释。

③关于要不要扩大解释、扩大到何种程度的问题。这是形式解释论与实质解释论关键的分歧所在。用语可能具有的含义与处罚必要性成正比,与用语的射程范围成反比。比如,故意毁坏财物罪中的"毁坏",实质刑法观认为,"毁坏"应当坚持"效用侵害说",形式刑法观则坚持"有形侵害说"。比如,把被害人的戒指扔到湍急的河水中,形式解释论认为不属于故意毁坏财物,因为戒指本身没有遭受到物理性损害;实质解释论认为属于故意毁坏财物,因为戒指已经无法找到,失去效用,被害人的财产权受到了实际侵害。

2. 实践误区

司法实践中,没有很好地把握形式解释与实质解释的关系,经

常顾此失彼,从一个极端到另一个极端,主要表现在以下方面:

(1)只看形式,机械司法。

有学者认为实质解释在实践中会导致入罪比较容易,导致可能把不该定罪的定罪了。但是笔者认为,这种看法是不符合实践的。就笔者的观察,形式解释导致机械司法而出现的"奇葩"判决远超过实质解释。比如"陆勇案",陆勇未经允许从印度购买进口的抗癌药,形式上看属于"以假药论",机械地看似乎符合销售假药罪,这是陆勇被卷进刑事诉讼的重要原因。但是从实质上看,这种行为实际上有益于社会,并无实质的违法性。如果不是舆论的作用,陆勇被判刑的概率非常之大。

[案例6]2014年11月至2015年1月,被告人王力军未办理粮食收购许可证,未经工商行政管理机关核准登记并颁发营业执照,擅自在临河区白脑包镇附近村组无证照违法收购玉米,将所收购的玉米卖给巴彦淖尔市粮油公司杭锦后旗蛮会分库,非法经营数额218288.6元,非法获利6000元。案发后,被告人王力军主动退缴非法获利6000元。2015年3月27日,被告人王力军主动到巴彦淖尔市临河区公安局经侦大队投案自首。原审法院认为,被告人王力军违反国家法律和行政法规规定,未经粮食主管部门许可及工商行政管理机关核准登记并颁发营业执照,非法收购玉米,非法经营数额218288.6元,数额较大,其行为构成非法经营罪。①

《刑法》第225条规定:"违反国家规定,有下列非法经营行为

---

① 参见最高人民法院第19批指导性案例——指导案例97号。

之一,扰乱市场秩序,情节严重的⋯⋯(一)未经许可经营法律、行政法规规定的专营、专卖物品或者其他限制买卖的物品的;(二)买卖进出口许可证、进出口原产地证明以及其他法律、行政法规规定的经营许可证或者批准文件的;(三)未经国家有关主管部门批准非法经营证券、期货、保险业务的,或者非法从事资金支付结算业务的;(四)其他严重扰乱市场秩序的非法经营行为。"原审判决显然对这里的"违反国家规定""扰乱市场秩序""其他严重扰乱市场秩序的非法经营行为"作了形式化的、机械的理解。形式地看,王力军确实违反规定、扰乱市场秩序,机械的形式解释很容易得出构成非法经营罪的错误结论。类似的"天津气枪案"、"深圳鹦鹉案",都是犯了机械主义、形式主义的错误。还有大量的防卫过当的案件,一看到重伤的后果,就形式地、机械地认为是防卫过当,而没有从实质的角度衡量有无实质的违法性。

(2)只看实质危害,盲目入罪。

与片面强调形式解释而落入机械主义相对应的是,片面强调实质危害,不顾罪刑法定而盲目入罪。

[**案例7**]2010年4月至6月,犯罪嫌疑人杨某至距离南京某学院女生宿舍约100米的一楼房的平台,先后7次脱下裤子裸露生殖器,面对众多女学生进行手淫。引起该校师生及周围群众公愤,经当地媒体报道后,引起群众广泛谴责。①

这个案例,有人认为社会危害性很大,不定罪不足以"平民愤"。但是刑法规定的强制猥亵、侮辱罪,要求行为要具有强制性。

---

① 参见李勇:《结果无价值论的实践性展开》(第二版),法律出版社2020年版,第208页。

本案中,并没有体现出强制性,不能为了处罚实质的危害性而置刑法的明确规定于不顾。实践中,在网络上进行露阴等其他不雅动作,都不能解释为强制猥亵、侮辱罪,不能突破"强制性"的刑法规定。

3. 正确的处理方法

(1)先形式后实质。

在判断一个行为是否符合构成要件时,应当先进行形式判断,然后再进行实质判断。在形式判断已经得出否定结论时,就不能再通过实质判断来突破刑法的明确规定。比如,案例7中的露阴行为,先从形式上判断不具有"强制性",就可以直接否定强制猥亵罪的成立。

(2)在形式的范围内更加注重实质。

这是防止机械司法的重要内容。特别是要从实质判断上进行出罪。从这个意义上说,"形式解释入罪,实质解释出罪"具有一定的合理性。比如案例6,从形式上看,被告人未办理粮食收购许可证而收购玉米扰乱市场秩序,但是从实质上看,一方面,这个行为有利于解决农民卖粮难问题,有利于粮食的市场流通;另一方面,从《刑法》第225条规定的其他专营专卖商品的同类解释来看,粮食也难以解释为该罪名中的专营专卖商品。

无论是刑事实体法还是刑事程序法,都需要这样先形式后实质的判断方法。具体来说:

①构成要件符合性的判断。构成要件符合性中实行行为不能仅仅进行形式解释,还需要一定程度的实质解释,当然这里涉及实质刑法观和形式刑法观的问题。笔者是站在实质刑法观的立场上的,主张的实质解释是符合刑法条文目的的具有处罚必要性且没

有超过刑法文本可能具有的含义范围的解释。这种实质解释是必要的。比如下面这个案例：

[案例8] 行为人甲对楼下跳广场舞的领舞大妈深恶痛绝，一直想弄死她，扎小人、求神仙，就是弄不死她。有一次听说某国家的航空公司易出事故，就劝领舞的大妈乘该航空公司的飞机去旅游，结果真的出事了。

能定行为人甲是故意杀人吗？不能，在构成要件符合性阶段就否定了。因为劝人家乘飞机、飞机偶然失事的行为，不是杀人行为。杀人行为要从实质上解释，也就是具有导致他人死亡危险性的行为才是杀人行为。不能只看形式上飞机出事了就认为该行为符合故意杀人罪的构成要件。再如，下面这个案例：

[案例9] 有一个穿短裙的红衣女郎A站在马路边，风吹起她的裙摆。B骑摩托车刚好路过，老盯着看，结果撞电线杆上死了。

A构成犯罪吗？有人说，A不穿超短裙、不站在那，B就不会死。这就是典型机械形式化的思维。穿超短裙这个行为不会有导致人死亡的危险性吧？在实质上，这不是一个侵害法益的行为，甚至是有益于社会的行为。

②刑法中的因果关系与客观归责。这也是一个从形式判断到实质判断的问题。很多学者写的客观归责文章，理论性很强，但是同时也很空洞，对司法办案意义不大。这些文章没有从根本上认识到因果关系与客观归责的实际操作问题。其实，客观归责理论的出现，就是解除了原来因果关系理论同时担负的事实判断和责

任判断的任务。客观归责理论主张分两步走:第一步是因果关系的判断,用条件公式进行形式判断;第二步用客观归责进行责任的判断,用风险规则进行实质判断。这就是从形式到实质的判断。①如图1所示:

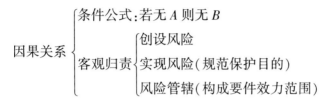

图1　因果关系判断图解

③证据法中的证据能力的判断。证据能力是指证据能否作为定案依据的资格。无证据能力的证据就是应当作为非法证据被排除的证据,证据能力待定的证据就是瑕疵证据。如何判断非法证据?这也需要一个从形式到实质的过程,就是先从形式上判断某个证据是否违反法律、法规、司法解释的规定,这是第一步。如果违反那就是违法证据,但是违法证据未必就是应当排除的非法证据,因为很多违法证据可能是瑕疵证据。这在理论上就是“证据取得禁止不等于证据使用禁止”。到底是非法证据还是瑕疵证据需要综合多种因素进行实质判断和衡量,这是第二步。② 如图 2所示:

---

① 关于因果关系及客观归责问题,笔者开发的全国检察教育培训精品课程《因果关系的司法认定》中有详细讲述,也可参见李勇:《结果无价值论的实践性展开》(第二版),法律出版社 2020 年版,第 56—66 页。

② 关于刑事证据的审查以及非法证据的判断,笔者开发的全国检察教育培训精品课程《刑事证据的审查判断》中有详细阐述,也可参见李勇:《刑事证据审查三步法则》(第 2 版),法律出版社 2022 年版,第 102 页以下。

非法证据判断公式：

$$\begin{cases} 第一步:形式判断(是否违法取证)\\ 第二步:实质判断(是否排除) \end{cases}$$

图 2　非法证据判断图解

(四) 罪刑法定与无罪推定

罪刑法定原则与无罪推定原则分别从实体和程序两个角度，共同构成了现代刑事法治的两大基石，对刑事法律的适用具有根本性的指导意义。尽管理论的解读文献可谓汗牛充栋，但是实践中依然存在很多问题。

1. 罪刑法定的出罪与入罪问题

罪刑法定的初衷是为了限制入罪的。也就是说，要想定某一个人的罪，就必须有刑法的明确规定，从这个意义上说，"无法则无罪，无法则无刑"，也就是我们常说的"法无明文规定不为罪，法无明文规定不处罚"。那能不能反过来说"法有明文规定必为罪，法有明文规定必处罚"呢？这是不可以的。换言之，出罪未必需要刑法有明确规定。这一点并不难理解，比如超法规的违法阻却事由，尽管我国刑法没有规定被害人承诺阻却犯罪成立，但是因为实质上阻却违法，所以不成立犯罪。这就是超法规的阻却违法事由，也就是出罪并不需要法律的明确规定。这能说违反罪刑法定原则吗？当然不能。例如，2018 年修改后的《刑事诉讼法》增加了认罪认罚从宽的规定，有人认为刑法没有规定认罪认罚可以从宽处罚，《刑事诉讼法》这样"越俎代庖"违反罪刑法定原则。这种观念也是错误的。从严处罚必须要有刑法的依据，但是从宽处罚即使刑法没有规定，只要不是徇私枉法，实质上并不违反罪刑法定。

这里还涉及我国《刑法》第 3 条的规定:"法律明文规定为犯罪行为的,依照法律定罪处刑;法律没有明文规定为犯罪行为的,不得定罪处刑。"有人说,该条的前段意思就是"法有明文规定必为罪,法有明文规定必处罚"。其实,这种理解是错误的。比如,刑法中规定了故意杀人罪,但是因为被告人死亡,就不能"必处罚",而刑事诉讼法规定被告人死亡的案件属于法定不起诉的类型。其实,"法律明文规定为犯罪行为的,依照法律定罪处刑"这句话的重心在于"依照法律定罪处刑",而"依照法律定罪处刑"这句话的重心又在于"依照法律",也就是提示司法人员注意:即使某个行为法律明文规定为犯罪行为的,也要依法办案,不能徇私枉法。这是立法上的注意规定,并不是罪刑法定的实体内容。

2. 无罪推定的两个问题

无罪推定原则的基本含义是任何人在未经审判机关判决确定有罪前,应推定其无罪。在法律适用中,有两个问题需要注意:

(1)有罪必须经法院判决确定,无罪是否也必须经法院判决确定?

昆山于海明正当防卫案将这个问题推到了风口浪尖。刑法学者冯军质疑道:"涉及是否属于正当防卫的性质认定问题,行为性质的认定问题也能由公安机关决定吗?人命关天的事,没有律师代表死者在法庭上辩论就作出结论,是否有失公平?这样的做法是否与中央'以审判为中心'的司法改革方案背道而驰?"①

这种质疑是没有道理的。根据无罪推定原则,无罪的行为由

---

① 冯军:《感谢网友们辛苦"拍砖",冯军的回应都在这里了》,载《法律与生活》杂志微信公众号 https://mp.weixin.qq.com/s/k-1lJzK7M3yeEMlNv2G1Cw,访问日期:2018年9月17日。

公安机关撤案并无不当。无罪推定的基本含义就是任何人未经判决确定有罪前,应推定其无罪。但是由此能不能推导出要确定一个人无罪也必须经法院判决呢? 显然不能。要让法院对天下所有无罪之人都判决无罪,类似于颁发"良民证",岂不荒谬?! 无罪推定原则是为了保障犯罪嫌疑人或被告人的人权,在判决前推定其无罪,从而有效保障其各项诉讼权利,并让控方承担证明责任,从而保障犯罪嫌疑人、被告人的人权。因此,要定某一个人的罪,必须经法院判决;要想确定某一个人无罪,则未必都要经过法院判决。①

(2)无罪推定原则的下位规则存疑有利于被告原则应当如何理解?

有以下几点需要特别注意:①存疑有利于被告只限于事实和证据存疑,不允许在实体法适用问题上存疑有利于被告。比如,一个行为是定盗窃罪还是定诈骗罪存在分歧,这是实体刑法的适用,不能来一个"存疑有利于被告",哪个罪轻就定哪个。这样刑法罪名研究就变得毫无意义。②存疑有利于被告中的"存疑"包括质的存疑和量的存疑。质的存疑是指在"有"和"无"之间存疑的时候,推定为"无"。比如,在行为人有没有实施杀人行为上存疑时,就应推定为没有杀人行为。量的存疑是指在"多"和"少"之间存疑的时候,推定为"少"。比如,行为人盗窃 18000 元还是盗窃 15000 元之间存疑,就应推定为 15000 元。不能因为量上存疑就认为是"疑罪从无"而直接否定犯罪事实成立。

---

① 参见李勇:《正当防卫实体及程序难题研究》,载《中国检察官》(经典案例版)2018 年第 9 期。

（五）（刑事）政策与司法

1. 政策与司法的关系

刑法与刑事政策的关系可以分为法律与理论两个层面：理论层面，主要是刑事政策与刑法教义学之间的关系；在法律层面，是刑事政策与刑事立法、司法之间的关系。刑事政策刑法化又包括立法上的刑事政策化和司法上的刑事政策化。政策与司法的关系就是司法层面的刑事政策化，即刑事政策司法化问题。不可否认，刑事政策对于刑事立法、刑事司法具有导向作用，对于刑法教义学具有基础性影响，从这个意义上说，刑事政策刑法化确实是一个不可阻挡的世界潮流。但是"刑事政策司法化"的提法在实践中很容易被滥用和误用。政策对于司法具有引导和指导作用，但是这种引导和指导是方向性的、抽象意义上的，而非直接性的、具体意义上的，政策不能成为具体个案的适用依据，政策更不能直接代替法律。

2. 实践误区

（1）跟风司法。

政策司法化的表现形式之一就是跟风司法。跟风司法片面理解了政策与司法的关系，具体表现为当上级开展打击某一类犯罪的专项行动时，要么"拔高凑数"，要么"宽严不分"。拔高凑数体现为，某种行为明明不符合某种犯罪的特征，生拼硬凑，比如扫黑除恶专项行动中，个别司法人员把一般的共同犯罪认定为恶势力，把恶势力认定为黑社会性质组织。又如，打击洗钱犯罪专项行动中，个别司法人员把赃款的使用不加区分地认定为"自洗钱"。宽严不分体现为，在专项行动中不分具体情况一律从严打击，比如在电信诈骗专项行动中,对为就业而误入电信诈骗集团、很快被抓获、参与数额不大的刚毕业的大学生,盲目进行羁押、起诉、判处重刑。又如,对于非法集资案件中的底层业务员,涉案数额不大、积极退赃的,原本可以不起诉,但专项行动到来时就把原来符合不起诉条件的案件一律起诉。

(2)冲动司法。

一些基层司法人员打击思维过重,缺乏定力和理性,动不动会说:"这个行为社会危害性太大,一定要找个罪名打击此类行为。"这是政策主导司法的传统与我国传统刑法理论的一个核心概念——社会危害性——巧妙地勾连在一起。个别司法人员甚至公开主张,刑事政策对具体案件的判决有影响,有些案件找不到理由,就拿刑事政策甚至政策说事。例如,"毒豆芽"事件,使用"无根剂"6-苄基腺嘌呤和4-氯苯氧乙酸钠生产的豆芽曾经被媒体渲染为"五毒俱全"的"毒豆芽",司法机关闻风而动,冲动司法。2013年1月1日到2014年8月22日,中国裁判文书网公开的相关案例有709起,有918人被以"生产、销售有毒、有害食品罪"定罪处刑。直到2015年人们才恍然大悟,当初媒体声称的"毒豆芽"不一定就是有毒,当初"毒豆芽"案大多以生产、销售有毒、有害食品罪定罪处罚是错误的。研究表明使用"无根剂"6-苄基腺嘌呤和4-氯苯氧乙酸钠生产的豆芽,既无毒也无害,使用这种无根剂生产豆芽既是国际通例,也不为我国法律所明令禁止。豆芽"毒不毒"既是个严肃的法律问题,也是个严肃的科学问题,在没有鉴定或其他证据表明这种无根豆芽含有有毒有害物质的情况下,为何各地司法机关一窝蜂地纷纷动用生产、销售有毒、有害食品罪这个罪名重拳出击呢?或许,我们可以找出千万种理由,但是根本原因在于司法机关面对媒体热炒"毒豆芽"之"五毒俱全"时缺乏定力和理性,重打击、轻保护,盲目以政策代替司法,以政策扭曲法律。

3. 正确的处理方法

(1)司法层面坚守李斯特鸿沟。[①]

德国刑法学大师李斯特曾提出了一个至今仍然广为流传的命题——"刑法是刑事政策不可逾越的屏障",这句话也被译为"罪刑法定是刑事政策不可逾越的樊篱",被称为"李斯特鸿沟"(Lisztsche Trennung)。德国的著名刑法学家罗克辛教授主张将刑事政策导入刑法体系,致力于移除"刑事政策与刑法体系两者中间的那堵墙"。但是,需要注意的是,罗克辛是从刑法学体系、刑法教义学的角度,主张将刑事政策导入刑法学理论体系,实际上谈的是刑法学发展问题。刑事政策的评价纳入刑法学体系建构中,是指将刑事政策的课题纳入刑法的教义学方法中;但并不是在司法层面引入刑事政策,更不意味着刑事政策学直接作用于司法,不能在解释和适用刑法时打着刑事政策的幌子随意出罪入罪。因此,罗克辛也警告人们"刑事政策原则的发展不可以脱离立法者的那些规定。如果真的脱离了现行规定,那么它就只属于应然法,从而就丢掉法律解释的基础了"[②]。刑事政策指导司法,并不是要用政策代替司法。司法过程中要贯彻政策的精神,而不是在司法过程中直接将政策作为案件处理的依据。在司法层面坚守李斯特鸿沟,就是坚守罪刑法定,就是坚守法治原则。任何时候,都不能突破罪刑法定;任何情况下,都不能突破法治原则。

[①]　参见李勇:《坚守"李斯特鸿沟"》,载《检察日报》2016年2月25日,第3版。

[②]　〔德〕克劳斯·罗克辛:《刑事政策与刑法体系(第二版)》,蔡桂生译,中国人民大学出版社2011年版,第41页。

（2）准确把握"大政策"与"小政策"的关系。

就刑事法领域而言,宽严相济刑事政策是我国的基本刑事政策,涵盖立法、执法、司法,这是"大政策",少捕慎诉慎押刑事司法政策属于这个总的刑事政策在司法领域的体现,少捕慎诉慎押刑事司法政策本质上是贯彻宽严相济刑事政策中的"该宽则宽"的方面,强调宽严相济刑事政策中的"宽"的一面,但是少捕慎诉慎押依然受宽严相济刑事政策的规制,受"该宽则宽,当严则严"的制约,并非不分情况的"一律从宽"。同样,扫黑除恶专项行动、打击电信网络诈骗专项行动、打击养老诈骗专项行动、打击侵害公民个人信息专项行动等,均是"小政策",依然要受宽严相济这个总的刑事政策的制约,这些案件中,依然要坚持"该宽则宽,当严则严"。

二、方　法

（一）阶层论方法及其运用

1.阶层论的理论基础

刑法和刑事诉讼法存在的目的不单纯是惩罚犯罪,更是限制国家刑罚权的发动。如果单纯为了惩罚犯罪,没有刑法和刑事诉讼法的"束缚"反而更加快捷、方便。日本著名刑法学家西原春夫说:"从这一点说刑法是无用的,是一种为了不处罚人而设立的规范。"[1]因此,我们在解释和适用刑法的过程中,要将某种行为认定

---

[1] 〔日〕西原春夫:《刑法的根基与哲学》,顾肖荣等译,法律出版社 2004 年版,第 45—46 页。

为犯罪时,应当从出罪机能、限制国家刑罚权的角度考虑问题。阶层论的认定方法就是以出罪机能为指导,设置多道关口,层层过滤,尽可能把不是犯罪的行为过滤掉。这就是阶层论的思维,也可以称为体系性思维。德国学者普珀说:"体系方法,乃是将一个思考的任务(无论是要解答一个抽象的问题,还是要判断一个具体的个案)分解成一个个单一个别的思维步骤或决定步骤,并且将这些步骤合乎逻辑地整理排列好。这特别像德国谚语所指出的:第二步不会先于第一步。第二步,是指所有逻辑上以第一步为前提的步骤。体系方法,本质上也就是一种逻辑的运用。"①很多人片面地认为阶层论只适用于犯罪构成,这是狭隘的。甚至把阶层论与犯罪构成三阶层画等号,这是不正确的。阶层论作为一种司法逻辑方法,无论是在刑事实体法领域还是刑事程序法领域,都有很多方面的运用。

2. 阶层论的运用

(1)犯罪构成中的三阶层与四要件。

阶层论思维运用得最广为人知的当然是犯罪构成(犯罪成立条件)。德日刑法中的三阶层是指,构成要件符合性→违法性→有责性。今天,"不法→责任"的二阶层也正变得越来越有力。事实上,国内很多人对三阶层的理解还过于肤浅,很多人理解的三阶层其实是贝林—李斯特的古典模式,三阶层有一个复杂的发展演变过程:古典体系→新古典体系→目的论体系→新古典暨目的论体

---

① 〔德〕英格博格·普珀:《法学思维小学堂——法律人的 6 堂思维训练课》,蔡圣伟译,北京大学出版社 2011 年版,第 179 页。

系→目的理性体系→二阶层等。①

　　我国传统刑法理论中的四要件：犯罪客体→客观方面→犯罪
主体→主观方面，来自苏联，而苏联又改造自德国。二者之间的改
造关系如图3所示：

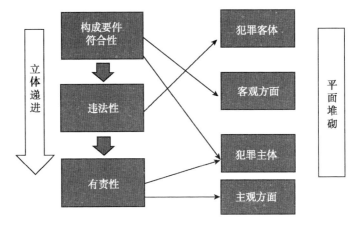

图3　三阶层与四要件关系图解

　　三阶层与四要件最大的区别在于，前者是立体的阶层论思维，
在认定犯罪的审查步骤上，通过三个阶层逐步过滤，三个步骤之间
的逻辑关系是不容颠倒的，也就是德国谚语中说的"第二步不会先
于第一步"，第二步在所有逻辑上以第一步为前提。后者是平面的
耦合结构，四个方面的要件没有逻辑上的先后次序，一荣俱荣、一
损俱损，尽管把客体和客观方面在理论上排在前面，但是由于没有
内在的逻辑秩序，导致实践中动辄会先进行主观方面的审查和判

---

① 关于三阶层的发展脉络及其司法运用，笔者开发的全国检察教育培训精品课程《三
阶层的理解与运用》中有详细阐述，也可参见李勇：《结果无价值论的实践性展开》
（第二版），法律出版社2020年版，第52页以下。

断。所以,我们要学会这种阶层论的思维方式,在法律适用中习惯于适用体系性的审查步骤。比如下面这个案例:

[**案例 10**]2000 年 7 月某日中午,被告人李某(具有责任能力,达到责任年龄)伙同未成年人申某某(1986 年 11 月 9 日出生,时龄 13 周岁)将幼女王某(1992 年 5 月 21 日出生)领到一块玉米地里,李某按住被害人头部、口部。申某某强行脱掉被害人衣裤并强行奸淫了被害人,然后再由申某某按住被害人,李某强行奸淫被害人。2000 年 11 月 2 日,因被害人亲属报案,李某、申某某被抓获。

这个案例中,达到刑事责任年龄的李某与未达刑事责任年龄的申某某轮流强行与被害人发生性关系的行为是否成立轮奸?

我国《刑法》第 236 条第 3 款第 4 项规定,2 人以上轮奸的,处 10 年以上有期徒刑、无期徒刑或死刑。轮奸是强奸罪的情节加重犯,轮奸在本质上是两人以上共同实行强奸的行为,我国刑法立法上将这种共同正犯规定为强奸罪的加重情节。正因为轮奸在本质上系共同犯罪,所以按照四要件理论,四个要件都要符合才是共同犯罪,但是其中一个人主体要件不符合,所以不是共同犯罪,所以国内一贯的通说认为,轮奸的主要特点是:主体是两名或多名年满 14 周岁、有刑事责任能力的男子,具有共同强奸的故意。换言之,实施轮奸的人必须是具有刑事责任能力和达到刑事责任年龄的人,否则不能认定为轮奸。按照传统通说,前述李某强奸案就不能认定为"轮奸"。可是这合理吗,被害人明明被两个人先后强奸,还说不是轮奸,这不能接受。按照三阶层理论,李某强奸案中,李某和未成年人申某某共同实施了轮奸的行为,具备构成要件符合性;被害人的性自决权连续受到来自两人的侵害,违法性符合,当然应当认定为轮奸,至于申某某因未达刑事责任年龄而不承担刑事责任,这是有责性层面的问题,而与违法性无关。虽然,申某某无罪,但是李某不仅构成强奸罪,而且构成轮奸的加重犯。这样的结论更加合理。

(2)证据法上的证据"三性"与证据"两力。"

我国传统证据法理论和实践谈证据必谈"三性",即客观性、关联性、合法性。这里的"三性"其实谈论的是证据的属性问题,与证据的证据能力和证明力(以下简称证据的"两力")存在重大差别。证据能力是指证据作为定案根据的资格和能力,证明力是指有证据能力的证据对证明案件事实的作用与价值。

证据"三性"与证据"两力"之间最大的区别之一,就是前者是平面耦合的结构,后者是阶层递进的结构。证据的"三性"之间没有逻辑上的先后次序,客观性、关联性、合法性谁先谁后并无内在的逻辑定位,无法突出证据合法性的首要地位。事实上,一个证据即便具有客观性和关联性,但是如果是刑讯逼供得来的,仍然不能作为定案的根据,抛开合法性来谈证据客观性和关联性是没有意义的。也许有人会说,可以把证据"三性"中的合法性排在前面,把客观性和关联性排在其后,但这是没有实际意义的,因为"三性"之间原本就没有内在逻辑上的先后次序,把谁排在第一个只是文字游戏而已,实践中无法保证办案人员始终把合法性放在第一位,这是由"三性"之间的平面结构与耦合关系所决定的。这与犯罪构成四要件理论上将客观要件放在主观要件前面而实践中动辄先判断主观要件是一样的。但是证据的"两力"之间在逻辑结构上是递进的关系,没有证据能力就不具备作为认定案件事实根据的资格,当然也就谈不上证明力,即对事实的证明作用与证明价值。换言之,证据能力是证明力的前提和条件。这与刑法学中的犯罪构成"三阶层"中构成要件符合性、违法性和有责性在逻辑上的递进关系是一致的。大陆法系证据法通说认为,证据能力在逻辑上先于证明力,如我国台湾地区学者林钰雄指出:"证据,取得作为认定犯罪事实之资格后,亦即取得证据能力后,法官到底依照何种'规则'来判断这个证据可否采信? ……此即'证据价值之评价'问题,也就是'证据之证明力'问题……逻辑顺序上必先具备证据能力之后,始生证明力之问题。"林教授这段对证明力与证据能力的逻辑关系的论述精当而清晰。我国台湾地区黄东熊等学者在《刑事证据法则之新发展》一书中更加直截了当地指出:"证明力与证据能力有别,盖证明力有无之判断,系证据具备证据能力之后问题;易言之,于评价证据对于判断事实之真伪能否发生心证上作用力之前,系以该证据已具备证据能力为先决条件。"简言之,证据能力在先,证明力在后,前者侧重形式判断,后者侧重实质价值判断。这种内在结构上的逻辑关系决定了在审查证据的过程中,必然需要先审查证据能力,然后才能判断证明力,从而迫使司法人员先审查证据能力再判断证明力,进而有效贯彻非法证据排除规则。

事实表明,大量的冤假错案表面上看证据之间相互印证,证据具有关联性和客观性,但是用来印证的证据是没有证据能力的证据,是应当排除的证据,所以形成的印证就是"假象印证",从而导致错案。比如,"云南杜培武案"中,泥土同一性鉴定意见,作为一个科学证据,司法机关认为其客观性和关联性没有问题,但是这个作为检材的泥土没有合法的来源,而没有合法来源的物证不具有证据能力,不能作为定案根据。有学者将错案归咎于印证证明模式,这是极端错误的。印证作为现代国家特别是大陆法系国家普遍的证明力判断规则,本身并无不当。问题出在没有严格把关证据的证据能力,过于强调证据的关联性和客观性,从而导致"假象印证",这恰恰与证据"三性"理论是有勾连的。正因如此,越来越多的学者认为证据"三性"本质上属于证据属性问题,其学术价值有限,实践意义不大。陈瑞华教授也指出,"我们无须再去关注所谓的'证据属性问题',而应更多地讨论证据转化为定案根据的条件问题"①。

　　证据能力作为大陆法系的基本概念,是指证据能否作为定案的依据,其发挥着把守证据作为认定事实依据的"出口"功能。这与英美法系中证据的可采性有所不同,可采性是指证据进入法庭调查程序的资格,发挥着把守证据进入法庭调查程序的"入口"作用。我们亟需倡导大陆法系的证据法的两个核心概念"证据能力"和"证明力",来扭转证据"三性"所可能形成的误导。②

　　(二)三段论方法及其运用

　　1. 三段论的基本内涵

　　三段论是构成要件符合性判断的重要逻辑方法。三段论又称包摄推论,其基本内容是:大前提是法律规范→小前提是案件事实→得出结论。比如,《刑法》第 264 条规定的"盗窃公私财物,数额较大的,或者多次盗窃、入户盗窃、携带凶器盗窃、扒窃的"是盗窃罪,这是大前提;行为人甲盗窃了别人 3000 元钱,这是小前提;甲

---

① 陈瑞华:《刑事证据法》(第四版),北京大学出版社 2021 年版,第 123 页。
② 参见李勇:《重视证据能力与证明力之证据判断功能》,载《检察日报》2017 年 12 月 31 日,第 3 版。

的行为具备盗窃罪的构成要件符合性,这是结论。

2. 三段论的适用

三段论的适用需要特别注意的是"三段论倒置"问题。"三段论倒置"就是先凭法感觉得出定什么罪的初步判断,然后按照三段论来验证这个初步的结论。这在法律适用上是非常常见的,理论上也没有问题。但是需要特别注意这种倒置是通过法感觉先假定结论,然后通过三段论的推理验证这个假定是否成立,而不是大小前提颠倒。如果颠倒大小前提就错了。例如,单位盗窃问题、单位诈骗问题。单位组织人员实施盗窃、诈骗,刑法没有规定单位可以构成盗窃罪和诈骗罪,那能否对组织、策划、实施的人员以盗窃、诈骗等罪追究刑事责任呢?

这个问题曾经引起广泛争议,传统观点认为,既然刑法没有规定盗窃、诈骗等是单位犯罪,所以,不能对组织、策划、实施的人员以盗窃、诈骗等罪追究刑事责任,否则违反罪刑法定。最高人民法院和最高人民检察院为此也争论得不可开交。最高人民检察院于2002 年 8 月 13 日施行的《关于单位有关人员组织实施盗窃行为如何适用法律问题的批复》指出:"近来,一些省人民检察院就单位有关人员为谋取单位利益组织实施盗窃行为如何适用法律问题向我院请示。根据刑法有关规定,现批复如下:单位有关人员为谋取单位利益组织实施盗窃行为,情节严重的,应当依照刑法第二百六十四条的规定以盗窃罪追究直接责任人员的刑事责任。"最高人民法院在《全国法院审理金融犯罪案件工作座谈会纪要》中规定:"……对于单位实施的贷款诈骗行为,不能以贷款诈骗罪处罚,也不能以贷款诈骗罪追究直接负责的主管人员和其他直接责任人员的刑事责任……"

　　上述最高人民法院的观点显然是颠倒了三段论逻辑规则。这种无罪论的逻辑推论是这样的:该行为属于单位盗窃行为→刑法条文没有规定单位可以成为盗窃罪的主体→所以无罪。这样的推论过程显然是颠倒了大、小前提。如前所述,"三段论"中的法律规范是大前提,案件事实是小前提,无罪论者把案件事实作为大前提,法律规范作为小前提,当然难以得出正确的结论。正确的推论应该是:《刑法》第264条规定了窃取他人财物的行为属于盗窃罪的构成要件(大前提)→某公司总经理指使行为人甲实施的窃取他人财物的行为符合盗窃罪的构成要件(小前提)→该公司总经理(教唆犯)及行为人甲(实行犯)构成盗窃罪的共同犯罪。

　　《刑法》第30条规定:"公司、企业、事业单位、机关、团体实施的危害社会的行为,法律规定为单位犯罪的,应当负刑事责任。"这句话的正确理解应该是,法律规定为单位犯罪,单位应当负刑事责任;法律没有规定为单位犯罪的,单位不负刑事责任。但不能由此得出法律没有规定为单位犯罪的,不能追究任何自然人的刑事责任;否则,就会导致荒谬的结论。例如,两个竞争企业,其中一个企业为取得竞争优势,集体研究雇用甲将对方企业负责人乙杀死。按照无罪论的观点,这种行为无罪,无须任何人为此死亡后果承担刑事责任。果真如此,刑法中几乎所有的罪名,只要行为人打着单位这个旗号去实施,就都无须承担刑事责任,这显然是荒谬的。有人会说,可以增设单位犯罪。这种观点更不可取,难道要将刑法中所有的罪名都规定为单位的犯罪吗?

　　2014年4月24日全国人民代表大会常务委员会《关于〈中华人民共和国刑法〉第三十条的解释》终于平息了这一旷日持久的争论,该解释规定:"公司、企业、事业单位、机关、团体等单位实施刑法规定的危害社会的行为,刑法分则和其他法律未规定追究单位的刑事责任的,对组织、策划、实施该危害社会行为的人依法追究刑事责任。"这个立法解释是符合三段论逻辑的,值得肯定。

(三)"后果考察"方法及其运用

1."后果考察"的基本内涵

"后果考察"是指法律应用过程中,运用一定解释方法得出某种解释结论,需要考虑该解释结论在其他案件或其他情况中可能导致的其他后果。当这种后果对法律适用具有负面效益,甚至可能产生荒谬结论的时候,就要放弃这种解释路径。解释结论正当与否不是来自立法者的权威,也不是来自文本,而是来自结果的有益性。① 简单地说,就是当我们对某种行为得出法律性质的判断结论后,用这个结论反推到其他相关情形下,看会不会得出不合理、难以接受甚至荒谬的结论。如果是,那就应该放弃这种解释结论。这种方法非常重要,比如,"于欢案"中,一审认定不构成正当防卫,这个解释结论从后果考察来看,违背一般人的基本价值观,那就要反思这个结论是否妥当。

2."后果考察"运用方法

(1)归谬检测。归谬是一种逻辑方法,就是假设某种解释结论成立,然后以该解释结论为前提,如果推导出一个荒谬、明显自相矛盾的结论,那么这个解释结论就要放弃。例如,前面讲到的单位犯罪问题,如果认为单位组织实施的盗窃行为,既不能追究单位的刑事责任,也不能追究自然人的刑事责任,那就必须考虑这样的

---

① 参见〔德〕英格博格·普珀:《法学思维小学堂——法律人的 6 堂思维训练课》,蔡圣伟译,北京大学出版社 2011 年版,第 179 页。

解释结论会不会推导出荒谬的结论。比如单位雇凶杀人，那是不是也不能追究任何人的刑事责任，这显然是荒谬的。如果认为可以在立法上增设单位犯罪，那是不是所有的罪名都要增设单位犯罪，这也是荒谬的。

（2）常识常理检测。当某种解释结论违反一般人的认识和价值观念，甚至违背朴素的正义情感，违背一般的常识常理，那这个解释结论一定是有问题的。这也是我们常说的社会效果的应有之义。后果考察本质上是以功利主义为哲学根基，以后果有益衡量为标准，反推解释结论的合理性。这里的后果有益性衡量就是将社会影响、社会效果纳入其中，当有多个解释结论时，应当选择社会效果最优者。当某种解释结论背离社会效果时应考虑放弃这种解释结论，比如下面这个案例：

[案例11]2016年2月28日13时许，杨某伟（51岁）、杨某平（55岁）在武昌区杨园街住所门前，遇彭某明遛狗路过，因杨某平摸了彭某明所牵的狗，双方发生口角，彭某明当即扬言去找人报复。一审判决书显示，双方发生口角后约10分钟，彭某明邀约另外3名男子，手持工地上常用的洋镐把，返回找杨氏兄弟报复。彭某明率先冲到杨某伟家门口，与其发生打斗，杨某伟用单刃尖刀朝彭某明胸腹部猛刺。双方打至门外的街上，彭某明邀来的3名男子也冲上来，用洋镐把对杨某伟进行围打。不远处的杨某平见弟弟被围打，便从家中取来一把双刃尖刀，朝彭某明的胸部猛刺。彭某明受伤后离开现场，不久因伤势过重抢救无效死亡。经法医鉴定，其胃、肝破裂，因急性失血性休克而死。案发1年后，武昌区法院作出

一审判决。法院认为,杨某伟、杨某平合伙故意伤害他人身体,致人死亡,其行为构成故意伤害罪;杨某伟手段较残忍,其行为不属于仅为制止对方侵害而实施的防卫行为;杨某平系在看见弟弟被打的情况下,出手帮忙而持刀伤害被害人,"不存在自己面临他人不法侵害的情形"。2017 年 2 月,武昌区法院判决杨某伟、杨某平犯故意伤害罪,前者判刑 15 年,后者判刑 11 年,两人共同赔偿附带民事诉讼原告人经济损失 56 万余元。①

2018 年 8 月 7 日,此案在武汉市中级人民法院二审开庭审理,法庭认为杨某伟在彭某明出言挑衅并扬言报复后,准备刀具是出于防卫目的。彭某明带人持械返回现场,杨某伟人身安全面临现实威胁。彭某明冲至杨某伟家门口首先拳击其面部,杨某伟才持刀刺向彭某明胸腹部,该行为是为了制止正在进行的不法侵害的防卫行为。彭某明空手击打杨某伟面部,杨某伟此时并非面临严重的不法侵害,却持刀捅刺彭某明胸、腹部等要害部位。彭某明要害部位多处致命刀伤系杨某伟所致,是其死亡的主要原因,杨某伟的防卫行为明显超过必要限度造成重大损害,属于防卫过当,构成故意伤害罪。当彭某明返回现场用手指向杨某平,面对挑衅,杨某平未予理会;彭某明与杨某伟发生打斗时,杨某平仍未参与,说明杨某平主观上没有伤害彭某明的故意。彭某明等 4 人持洋镐把围殴杨某伟致其头部流血,打倒在地,双方力量明显悬殊,此时杨某平持刀刺向彭某明,是为了制止杨某伟正在遭受的严重不法侵害,

① 参见《武汉"摸狗"被刺死案再开庭:是否正当防卫仍是焦点》,载网易新闻 http://news.163.com/18/1129/21/E1QE5FN80001875P.html,访问日期:2018 年 12 月 19 日。

属于正当防卫。据此撤销武昌区人民法院的刑事判决;杨某伟犯故意伤害罪,判处有期徒刑 4 年;杨某平无罪。①

这个案件,如果不认定正当防卫,简直天理难容。一审判决不认定正当防卫的结论,违背基本的常识常理。如果一审的司法人员当时能够运用"后果考察"的方法来反推这个解释结论的妥当性,就能够避免这样的"奇葩"判决的出现。二审法院在舆论的推动之下,作出了相对明智的判决。

(四)体系解释方法及其运用

1. 体系解释的基本内涵

体系解释方法是指根据法条在整个法律中的地位,联系相关法条,阐述该法条含义的解释方法。体系解释的哲学根基是部分与整体的关系,部分是整体的部分,整体是由部分组成的。"不通观法律整体,仅根据其提示的一部分所作出的判断或解释,是不正当的。"②作为部分的法条只有放在作为整体的法律之中,才能揭示其准确含义,需要瞻前顾后,充分考虑法条之间的相互关系。"使法律之间相协调的解释是最好的解释。"如果一种解释方法适用于某一个案件得出一个结论后,会导致这个被解释的条文与刑法中其他相关条文形成重大矛盾和不协调,或者导致分则与总则之间出现重大矛盾,或者导致刑法与其他部门法出现重大矛盾,那就要反思这种解释结论是否妥当。

---

① 参见《武汉"摸狗命案"二审:弟弟获刑 4 年,哥哥无罪释放》,载凤凰网 http://news.ifeng.com/a/20181219/60204056_0.shtml,访问日期:2018 年 12 月 29 日。

② 张明楷:《刑法格言的展开》(第三版),北京大学出版社 2013 年版,第 18 页。

2. 体系解释的运用

（1）总则与分则的协调。

总则与分则的关系属于整体与部分的关系，总则对分则具有统领作用。解释分则条文的时候，不仅不得与总则相冲突，而且要以总则为指导。例如，《刑法修正案（十一）》对《刑法》第191条的洗钱罪进行了修改，删除原来条文中的"明知""协助"，这样修改的目的就是将"自洗钱"（本犯）入刑，因为对于犯罪分子本人而言，自己洗钱就不存在不明知的问题，也不存在自己协助自己、自己为自己提供帮助的问题。因此，修正后的条文应当理解为洗钱包括：自洗钱（本犯）和他洗钱（下游犯），删除"明知"并不意味着"他洗钱"就不需要行为人明知了。洗钱罪是故意犯罪，既然是故意犯罪，根据《刑法》第14条的规定，当然需要"明知"，《刑法》第14条规定："明知自己的行为会发生危害社会的结果，并且希望或者放任这种结果发生，因而构成犯罪的，是故意犯罪……"如果将《刑法》第191条的洗钱罪解释为不需要对构成要件事实的明知，就必然导致与《刑法》第14条产生重大矛盾。再比如，3次到他人菜地里割3把韭菜的行为，3次到他人果树上摘了3个苹果，将类似这样的行为解释为《刑法》第264条的"多次盗窃"，这样的机械套用分则条文，没有与《刑法》第13条对犯罪概念特征的规定相协调。根据《刑法》第13条之规定，犯罪必须具有刑事违法性、法益侵害性（社会危害性）和应受刑罚惩罚性，并且还用但书规定"情节显著轻微危害不大的，不认为是犯罪"。以《刑法》第13条作为指导，上述行为均没有侵害值得刑法保护的法益，不具有应受刑罚惩罚性，属于情节显著轻微危害不大的行为。

（2）法律与司法解释。

司法解释是对法律的解释，而不是对法律的修改。司法解释不得与法律相冲突，对司法解释的理解与适用，仍然要以法律的基本规定为指导。例如，大量的司法解释将故意犯罪中的"明知"解释为知道和应当知道。结合刑法的规定，这里的"应当知道"指的是"明知可能"，也是一种可推定的明知，但是不能将这里的"应当明知"理解为"应当预见"，因为根据《刑法》第15条的规定，"应当预见"是过失犯罪的认识因素。比如下面这个案例：

[**案例12**] 行为人甲女知道乙女与甲的丈夫有不正当关系，也知道乙女平时开的汽车是甲女之丈夫送的，行为人甲女在该汽车上安装了定位监控装置，该装置每半小时发送5条位置信息，截至案发时共计发送了150余条位置信息。行为人甲女获得这些信息后并没有出售或用于其他事项，只是为了保存其丈夫有过错的证据，防止未来离婚时财产分割吃亏。

根据"两高"《关于办理侵犯公民个人信息刑事案件适用法律若干问题的解释》的规定，位置信息属于行踪轨迹信息，非法获取50条以上行踪轨迹信息属于《刑法》第253条之一的"情节严重"，构成侵害公民个人信息罪。机械、孤立地看待该司法解释，甲女的行为似乎符合侵害公民个人信息罪，但是把该司法解释与《刑法》第253条之一结合起来看，这样的解释结论是不能接受的。《刑法》第253条之一规定的侵害公民个人信息罪属于数据犯罪，犯罪对象是"公民个人信息"，且只有达到"情节严重"才需要动用刑法。这里的"个人信息"显然不是"一个人的信息"，这里的"情节严重"显然不是"一个人的信息被反复侵害了 50 次以上"。上述案例中,实际上只有一个人的位置信息被侵害,没有达到需要动用刑法的程度,属于违法行为但不是犯罪行为。

(3)法秩序统一原理。

法秩序统一性原理以法的安定性为核心,强调不同法规范之间的协调性。"当在任何一个法律领域中得到许可的一种举止行为,仍然要受到刑事惩罚时,那将会是一种令人难以忍受的价值矛盾,并且也将违背刑法作为社会政策的最后手段的这种辅助性。"①特别是在行政犯领域,以行为违反行政法为前提,如果行政法规对某种行为都不予处罚,那刑法就不可能得出构成犯罪的结论。比如下面这个案例:

[**案例 13**]2004 年,被告人张某强与他人合伙成立个体企业某龙骨厂,张某强负责生产经营活动。因某龙骨厂系小规模纳税人,无法为购货单位开具增值税专用发票,张某强遂以他人开办的鑫源公司的名义对外签订销售合同。2006 年至 2007 年间,张某强先后与 6 家公司签订轻钢龙骨销售合同,购货单位均将货款汇入鑫源公司账户,鑫源公司为上述 6 家公司开具增值税专用发票共计 53 张,价税合计 4457701.36 元,税额 647700.18 元。基于以上事实,某市人民检察院指控被告人张某强犯虚开增值税专用发票罪。某市人民法院一审认定被告人张某强构成虚开增值税专用发票罪,在法定刑以下判处张某强有期徒刑 3 年,缓刑 5 年,并处罚金 5 万元。张

---

① 〔德〕克劳斯·罗克辛:《德国刑法学总论(第 1 卷):犯罪原理的基础构造》,王世洲译,法律出版社 2005 年版,第 397 页。

　　某强在法定期限内没有上诉,检察院未抗诉。某市人民法院依法逐级报请最高人民法院核准。最高人民法院经复核认为,被告人张某强以其他单位名义对外签订销售合同,由该单位收取货款、开具增值税专用发票,不具有骗取国家税款的目的,未造成国家税款损失,其行为不构成虚开增值税专用发票罪,某市人民法院认定张某强构成虚开增值税专用发票罪属适用法律错误。据此,最高人民法院裁定:不核准并撤销某市人民法院一审刑事判决,将本案发回重审。该案经某市人民法院重审后,依法宣告张某强无罪。

　　事实上,这种行为甚至都不违反税收的行政法规,更不可能构成犯罪,2014 年国家税务总局《关于纳税人对外开具增值税专用发票有关问题的公告》已经将这种行为排除在违法行为之外。

三、结　语

　　司法官办理案件面临着三重任务:①必须对面临的任何有效的权益要求作出裁决;不可能因为找不到一条法律的准则拒绝下判决;②法官服从法律,因此应该根据法律对放到他面前的控告进行判决;③有义务发誓,不仅根据法律,而且也要公平和公正地作出他的判决。① 第三个任务是终极性的,如何公平、公正地作出裁决,绝不是机械地套用法条!

---

① 　参见〔德〕H. 科殷:《法哲学》,林荣远译,华夏出版社 2003 年版,第 222 页。

第一篇　刑法学研究的实践品格

我国刑法学研究的历史轨迹已经经历了两次转型，第一次是新中国成立后的苏俄化，第二次是德日理论的引入。新时代背景下，我国的刑法学研究面临第三次转型——转向实践和案例。

1

Part

刑法学研究的实践品格 *

　　"唯一能和旧派(客观主义)、新派(主观主义)之间的交锋即所谓'学派之争'相比肩的,只有行为无价值论和结果无价值论之间的论争了。"[①]立足于规范评价的行为无价值论与奠基于法益判断的结果无价值论的对立及其争执,在以德、日为代表的大陆法系刑法理论中不仅关系着违法性的判断及其评价,而且对犯罪论体系的建构亦具有基础性价值,甚至已然超越了违法性领域,进而直接影响着刑法解释论的立场,嵌入整个刑法体系之中。结果无价值论与行为无价值论问题绝非仅仅是个刑法教义学问题,更是一个实践性问题,结果无价值论与行为无价值论实实在在地影响着司法实践。正如张明楷教授所言,结果无价值论与行为无价值论之争,对于促进我国刑法理论的完善具有重要意义,"至于行为无价值论与结果无价值论之争的实践意义,则更不可低估"[②]。

---

*　原文发表于《法制日报》2013 年 11 月 13 日,第 10 版,收入本书时有修改。

①　黎宏:《结果无价值论之展开》,载《法学研究》2008 年第 5 期。

②　张明楷:《行为无价值论的疑问——兼与周光权教授商榷》,载《中国社会科学》2009 年第 1 期。

一、对司法实践关注不够

近年来,结果无价值论、行为无价值论渐次引入中国刑法学,形成了以张明楷、黎宏、刘艳红等学者为代表的结果无价值论阵营和以陈兴良、周光权、邓子滨等学者为代表的行为无价值论阵营,进而引发了实质刑法观与形式刑法观之争。学派之争的景象已经来临,与此相关的文献也难以胜数,这是值得庆幸的。但是争论的内容大多限于理论层面,对于司法实践关注不够;参与论战的主体也多是学院派,其对司法实践的影响甚微。司法实践者似乎并没有从这场争论中受益,学者们生产、制造的"商品"摆放在"超市"中,而作为"消费者"者的法官、检察官们面对摆放得满满当当的"货架"却难以挑中一件称心实用的"商品",这不能不说是一种遗憾。一方面,与法治相契合的结果无价值论停留在理论层面,无法深入到司法人员的办案实践中;另一方面,司法者有意无意地过于关注行为无价值因素,过于关注行为对道德或规范的违反性而忽略法益保护,使很多案件的处理背离法治。

很长一段时期以来,司法实践的需求在我国刑法学研究中被冷落了。一方面学者抱怨司法者法学素养不高,另一方面司法人员对学者不食人间烟火的研究之无用性而望洋兴叹。甚至一些人认为司法实践者就只需要办理案件,掺和法学研究是"不务正业"。岂不知,正如梁漱溟先生所言:"任何一事没有不在学术研究之内的。作学问固当研究他,即做事亦要先研究他才行……没有充分之学术研究,恐怕事情做不好,而在从事之中,亦可能于学理或技术有发明贡献。即事即学,即学即事。"①司法乃是一种解释法律和适用法律的专门性活动,这就要求司法人员对法律知识必须具有精深的理解;而法学研究具有超越其他社会科学的实践性。一个没有深厚法学知识的司法官不可能真正将案件办好,正如学者季卫东所言:"一名好的司法官其娴熟的法律专业知识和能力应建立在深厚的学识基础上,而不能满足于使用技巧的工匠型专才。"②一个不关注司法实践的法学者不可能对法学研究作出真正的贡献。理想的景象应该是,司法者加强法学研习力求做专家型司法官,学者放下身段力求做有实践品格的法律人。笔者作为一名检察官,力求做一名"穿梭于刑事司法与理论研究的两栖法律人"。当然,这并不代表笔者已经做到或能做到,但至少"我把他挂在高处仰望,让我有羞愧的可能"③。

二、坚持对专业忠诚

写文章和办案一样,"都必须铁面无私,直指对错……不论是非的文章,不穷究论点对错的论述,不可能有实用价值,正直的司法官和正直的作者所具有的共通的特质,就是对专业忠诚。专业建立在知识上面,对知识忠诚,才可能有专业忠诚。对专业忠诚,也就不可收买,不会任意动摇;对专业忠诚,才可能精益求精"④。

---

① 梁漱溟:《我的努力与反省》,漓江出版社1987年版,第297—298页。
② 季卫东:《法治秩序的建构》,中国政法大学出版社1999年版,第198页。
③ 林东茂:《一个知识论上的刑法学思考》,中国人民大学出版社2009年版,"自序"第9页。
④ 许玉秀、陈志辉合编:《不移不惑献身法与正义——许迺曼教授刑事法论文选辑》,新学林出版股份有限公司2006年版,"序"第1页。

（我国台湾学者许玉秀语）在这个价值多元的社会，是非的标准注定是因人而异的，但是对专业的忠诚却是一致的。对专业的忠诚，绝不是对专业问题"钻牛角尖"，而是要问是非、论对错。是非对错的标准，不仅是理论问题，更是实践问题，不仅是专业性问题也是朴素正义的问题。真正的对专业忠诚，应当是理论与实践的高度融合，专业视角与朴素正义的高度统一，这就是刑法学研究实践品格的核心所在。

挖掘刑法学研究的判例资源[*]

长期以来,我国刑法学理论漠视司法实践经验,对司法判例持怀疑、批判甚至谩骂的态度。但是,一方面,这种傲慢的态度并没有增加我国刑法学理论本身在外国刑法学面前的自信,没有演绎出令人骄傲的理论创新;另一方面,也没有为司法实践提供可广泛接受、实用的理论指导。我国刑法理论向来习惯于从概念、原理来解释、批判司法实践,而不是从司法实践概括出概念和原理,这与成熟的德、日刑法理论明显不同。无论是德国刑法学著作、教科书还是日本刑法学著作、教科书,引用、阐述判例比比皆是,判例成为反思、创立理论的源泉。就我国刑法学而言,在今天大量引入德、日刑法学理论的同时,我们似乎忽视了这些先进刑法学理论的原点在哪里。当今中国刑法学,应该转向挖掘刑法学研究的判例资源,使判例成为我国刑法学新的知识增长点,这样才可能发展出自己的理论特色。

刑法学界需要加大对判例的研究,司法实务界需要加大对判例的公开和说理。周光权教授指出,"刑法学发展始终面临双重任务:理论体系的建构和解决具体问题"①。在笔者看来,解决具体

---

* 　原文发表于《法制日报》2014 年 5 月 21 日,第 10 版,收入本书时有修改。

① 　周光权:《刑法学的西方经验与中国现实》,载《政法论坛》2006 年第 2 期。

问题与理论体系建构不仅同等重要,甚至应该是解决具体问题优先于理论体系建构。"问题思考在前、体系思考在后"对当下中国刑法学研究而言更加重要。从现实发生的犯罪案件中总结出一般规律,更加重视刑法各论和刑法解释学的研究,对于扭转长期以来我国刑法重总论轻分论、重空洞理论说教轻实际问题解决的不良倾向至关重要。判例对理论的重要意义在于,从判例中可能发现、发展出理论,而理论体系的构建也必须接受判例的检验和完善。所以,判例具有发现、完善、检验理论的三大功能。

重判例的研究,对司法实践也有积极功能。由于学者重视判例的研究而容易得出切实的解决具体问题的观点和方法,司法实践才乐于去关注理论研究,在此过程中,需要加大对判例的公开和说理,淡化、减少对司法解释的依赖。当前,我国司法解释已经走向畸形发展的道路。司法官遇到问题,习惯于查找司法解释,而且司法解释还会面临再解释的问题。司法解释严重压抑了司法官探索和研究刑法学的积极性,养成了司法官对司法解释的过度依赖。由于司法官总是寄希望于最高司法机关给出司法解释来解决疑难案件,所以判决就无须阐述理由,因为司法解释就是最大的理由。司法实践中"不读书,不看报,只看司法解释"的司法官大有人在;对刑法学的基本概念、前沿理论闻所未闻、见所未见的司法官大有人在。这种现状的改观,需要从学界重视判例研究开始,因为司法官也是从高校法学院毕业的,也曾是这些理论学者的学生。

从我国刑法学发展的历史轨迹来看,刑法学研究的范式到了转向挖掘判例资源的时候了。我国刑法学研究的历史轨迹应该是这样的:"苏俄化→借鉴德日→转向实践。"我们已经走过了前两个阶段,我们现在已经站在了第三个阶段"转向实践"的十字路口。其中

"苏俄化""借鉴德日"的这两个阶段，我们主要是跟在别人后面亦步亦趋，人家几十年前甚至几百年前已经充分讨论过的问题，我们仍然要当作一个新问题去研究。当今中国，社会各领域、综合国力正在与大国形象相匹配，刑法学作为一国法治和文化的软实力，应该到了与大国形象相匹配的时候了，应该到了理论自觉的时候了，应该到了回归本土的时候了！回归本土向何处找寻学术资源？那就只能是判例和司法实践，"用世界的眼光，解决中国的问题"。

从重总论轻分论，到分论与总论并重、侧重分论；从重视外部资源引进到重视本土资源自觉；从轻视、批评判例到重视追随判例，这是一个国家刑法学成熟的必然过程。日本刑法学同样经过了这样一个过程。在日本，对于判例，刑法学界也曾经长期持批判态度，自20世纪70年代之后，刑法理论与刑事判例的关系逐渐发生了变化，以判例为前提展开刑法解释论的观点逐渐获得了有力支持。20世纪80年代之后，进一步重视判例、追随判例，积极尝试将判例理论合理化的学说开始出现。前田雅英教授指出："在过去的刑法学中，往往以为，在理论上仅总论是重要的……近来，总算从过去偏重总论的桎梏中解脱出来，因此似乎可以认为'各论的时代'正在实质化……只有将各论中每个犯罪的解释累积起来，那么总论的理论才能具有内涵。"①对于当今中国刑法学而言，我们应该意识到"各论的时代""刑法解释学的时代"已经来临。

比较研究不能仅局限于刑法学教义理论，还应包括研究方法。如前所述，我们强调回归本土，重视挖掘判例的研究资源，绝非排

---

① 〔日〕前田雅英：《日本刑法各论》，董璠舆译，五南图书出版公司2000年版，第3页。

外,更非排斥比较研究。但是,我们在进行比较研究的时候,不能一味地把国外的理论生吞活剥,不切实际地盲目套用,还需要比较该理论的生成背景及其赖以存在的实践基础,据此探究其研究方法。通过这样的比较,我们或许能够发现,德日这些崭新理论创造的源头恰恰在于其本国的实践和判例,这种研究方法的借鉴,可能比理论本身的借鉴意义更大。

就以刑法学教材和专著为例,无论是德国还是日本的,案例、判例随处可见,书中专门的"判例、案例索引"与"参考文献"同等重要,正是这些判例、案例成为反思、创立理论的源泉。而我国的刑法教材、著作,难觅真实的司法案例,有"案例索引"的著作凤毛麟角。我们比较研究了德日的刑法理论,但是却没有比较考察德日的刑法理论是从解决德日司法实践中的问题发展出来的;我们研究、传播的是德日的刑法学理论,而忽视了刑法学理论的来源。

众所周知,德国刑法学已经成为德国最为畅销的文化出口"产品",这些"产品"制造离不开德国的判例和司法实践。对此,德国著名刑法学家克劳斯·罗克辛指出,"德国刑法的发展,在很大程度上不仅是通过立法和学术,而且是通过司法判决来向前推动的"①。罗克辛先生的这句话,应该是无可反驳、不容置疑的,但是对照中国刑法学的现状却是难以理解的。因为我国的刑法学发展几乎不是通过司法判决向前推动的,长期以来,刑法学者们也不屑于靠司法判决来推动刑法学的发展。但是德国刑法学今日之如此发达,应该促使我们深思罗克辛先生的这句话。

---

① 〔德〕克劳斯·罗克辛:《德国犯罪原理的发展与现代趋势》,王世洲译,载《法学家》2007年第1期。

谁的刑法 *

为了体现刑法的公平、正义,后现代刑法应该从"下层阶级刑法向上层阶级刑法转变,在平等原则下依照社会损害的范围来适用刑法"。

刑事司法实践中,一直有这样一种司空见惯却又为我们所忽略的情况:我们每天办理的案件的被告人中有很多是无业人员、农村进城务工人员和社会底层人员。处于社会底层的人员屡屡成为刑法的制裁对象,这促使我们思考一个更深层次的问题——刑法是谁的刑法? 或者说,刑法保护什么样的人,制裁什么样的人?

在人类社会早期,由于生产力低下,物资匮乏,有限的社会物质资源被少数的上层阶级所占有,大多数的民众仅拥有少量的物质资源,甚至面临着生存危机。因此,财产生存利益是维持生存的最低利益,财产生存利益是当时人类的首要的、基础的和最后的利益,所以衣、食、住、行等财产生存利益便具有绝对不可侵犯性,而成为刑法主要的调整对象,而处于社会底层的为生存而以身试法的人就成为了刑罚主要的制裁对象,而统治阶级、上层社会人员因为财产分配制度的保障使得其根本没有实施财产性犯罪的必要。

---

* 原文发表于《法制日报》2013 年 3 月 6 日,第 10 版,发表时标题为《更加"平等"的现代刑法》。

到了近现代,这一点也并没有得到根本性的改变。19 世纪的工业革命带来了经济的快速发展,同时也带来了社会政治结构和文化传统等多方面的变革,工业化和城市化的进程开始了。尽管各个国家的经济模式和经济发展速度不同,但是其犯罪类型却有惊人的相似之处,那就是社会底层人员的财产型犯罪。德国犯罪学家施奈德指出,"随着一个地区的工业化和城市化,越轨行为、违法行为和犯罪行为也不断增加,不管该地区存在于一个社会主义还是资本主义、还是在一个发展中国家"①。在城市化和工业化进程中,由于农村的大量劳动力涌向城市,由于文化水平、接受教育程度、生活习惯的不同,他们面临巨大的生存压力,加剧了城市中的财产犯罪,进一步"壮大"了社会底层人员的犯罪基数。

德国刑法学者许迺曼敏锐地指出:"保护动产私人所有权免受于窃盗曾经是古典刑法的阿基米德支点,而且直到今天都能用来说明,为什么主要透过缺乏财产以及顶多有微薄收入来表明其特征的下层阶级成员是刑事司法所偏爱的当事人,或者比较不婉转地形容,不论是在犯罪统计中或是监狱内,他们都有明显突出的代表性。"②"自从现代刑法的诞生一直到现在,社会的下层阶级和他们的典型行为不仅成了刑法上的架构构成要件所偏爱的对象,而且实际上也成为刑事司法实务所偏爱的对象。"③

面对传统刑法的诸多困境和无奈,刑法向何处去? 德国学者

---

① 〔德〕汉斯·约阿希姆·施奈德:《犯罪学》,吴鑫涛、马君玉译,中国人民公安大学出版社 1990 年版,第 243 页。

② 〔德〕许迺曼:《从下层阶级刑法到上层阶级刑法——在道德要求中一种典范的转变》,载许玉秀、陈志辉合编:《不移不惑献身法与正义——许迺曼教授刑事法论文选辑》,新学林出版股份有限公司 2006 年版,第 99 页。

③ 同上注。

雅科布斯基于规范论提出了过激而令人难以接受的"敌人刑法"观。在他看来,刑法保障的对象是规范适用或者说是规范的效力,而不是法益。谁从根本上、原则上破坏了这个社会赖以维系的基本规范,谁要是不参与"团体的法律状态"下的生活,谁就不再是具有人格的人,而是被当作这个社会共同体(社会系统)的敌人,他就必须被驱逐出这个社会。"敌人刑法"主要特征是主张剥夺被国家权力的任何一个代表宣称为敌人的公民作为权利主体的身份,成为刑法制裁对象的敌人是"现实中的非人格","对待他们要像对付野兽那样预防其危险"①。

进入 20 世纪,随着市民社会的逐渐形成,平等公平理念的普及,"下层阶级刑法向上层阶级刑法转变"的趋势愈加明显。无论是立法上还是司法上,除了下层社会人员的"贫困犯罪"外,上层社会人员的"白领犯罪"也越来越多,主要体现在经济犯罪、环境犯罪、单位犯罪、职务犯罪等在立法和司法上的增加,这些犯罪的主要实施者是社会上层人员。这些犯罪所保护的法益体现为集体法益。这是现代刑法、后现代刑法与古典刑法的明显不同之处。

刑法除了保护个人法益之外,要更加注重集体法益的保护,而集体法益犯罪的实施者主要是上层社会成员。刑法的保护措施也必须针对共同生活不可弃缺的条件,如果刑法要维护各方面的社会运作或功能,"那么从这些复杂的运作或功能中鉴别出的法益必然也是公众的法益"②。惩罚环境犯罪,表面上看是为了集体法益,但是环境关系到每一个人的生存,甚至是子孙后代的切身利

---

① 〔德〕G. 雅各布斯:《刑法保护什么:法益还是规范适用?》,载《比较法研究》2004 年第 1 期。
② 钟宏彬:《法益理论的宪法基础》,元照出版有限公司 2012 年版,第 181 页。

益;同样,经济犯罪、职务犯罪、单位犯罪,最终都是维护国家机器
运转和社会功能正常发挥所必不可少的,而国家机器的正常运转、
社会功能的正常发生同样也关系到每个个体的切身利益。这种对
集体法益的保护,有利于平衡作为刑法制裁对象的下层社会人员
与上层社会人员之间的差异,从而体现刑法的公正和平等。

　　我国刑法立法和司法近十年来呈现出一种新的趋势。从
1998 年全国人民代表大会常务委员会《关于惩治骗购外汇、逃汇
和非法买卖外汇犯罪的决定》到 1999 年至今的十一个《刑法修正
案》,这些刑法立法变动的典型体现就是大量增设或修改证券期货
等金融犯罪、商业贿赂等经济犯罪、食品安全犯罪、环境资源犯罪、
职务犯罪等。中国与德国一样,近年来"越来越多的中间阶层,而
且越来越多中上阶层,部分甚至是上层阶级,成为刑法立法和刑事
追诉行动的焦点"①。

　　按照德国学者许逎曼的观点,为了体现刑法的公平、正义,后
现代刑法应该更加注重环境犯罪、经济犯罪、职务犯罪,从"下层阶
级刑法向上层阶级刑法转变……从而不仅对在社会下层边缘冒险
的人和贫穷的人的次文化悲惨生活用刑法的手段加以控制,而且
根据改革的目标,也广泛利用刑法的手段控制社会经济体系的最
大利益,以维系社会的和谐……必须合时宜,而且是合理的,也就
是说,必须在平等原则下依照社会损害的范围来使用刑法"。笔者
将这种刑法称为"平民刑法"。

————————

① 〔德〕许逎曼:《从下层阶级刑法到上层阶级刑法——在道德要求中一种典范的转
　变》,载许玉秀、陈志辉合编:《不移不惑献身法与正义——许逎曼教授刑事法论文
　选辑》,新学林出版股份有限公司 2006 年版,第 95 页。

对中国刑法学研究的三重追问 *

——兼评西田典之《日本刑法总论》

一、引 言

中国刑法理论虽然直接继受于苏联,但是一方面,苏联刑法理论的基本构造来源于德国;另一方面,近年来同为大陆法系的中国刑法对德、日刑法理论进行了大量的引入,因此,德、日刑法学对当今中国刑法学具有重要的借鉴意义。当今日本刑法学界一流学者、东京大学教授西田典之的《日本刑法总论》,对我国刑法学研究具有重要借鉴意义。正如西田教授所说,"刑法理论尤其是有关犯罪的一般成立要件的刑法总论,与该国的政治、经济、社会、文化密切相关,因而日本的刑法理论当然不能原样适用于中国。但作为同属汉字文化圈的刑法理论,想必多少还是有些参考价值"①。当今中国刑法学处于一个十字街头:是直接移植德、日,还是坚持自己原有的路线,抑或是在借鉴的基础上进行本土化改造。我们

---

* 原文发表于《刑法评论》(第 2 卷),法律出版社 2010 年版。

① 〔日〕西田典之:《日本刑法总论》,刘明祥、王昭武译,中国人民大学出版社 2007 年版,中文版序。

同样面临一个当下流行的"中国法学向何处去"的拷问,或许研究的方法是最根本的。西田教授的《日本刑法总论》一书关注实践、结果无价值论的立场贯穿始终、语言朴实简明的三大特点,足以让我们对当今中国刑法学的研究现状进行深刻反思,基于此,笔者冒昧对当下中国刑法学研究提出三重追问。

二、实践性到底是不是刑法学研究的品格

法学是实践科学,法学研究具有实践品格,为司法实践提供助力应是法学的首要关切。"法律人的才能主要不在认识制定法,而正是在于有能力能够在法律的——规范的观点之下分析生活事实。"①脱离作为生活事实的实际案件和刑法规范本身的刑法学研究也必将为刑法学所抛弃。西田典之的《日本刑法总论》最重要的特色之一就是关注实践,关注判例,讲求实用。综观西田典之的《日本刑法总论》,随处可见引用大量的判例,无论是深奥的理论学说,还是其自我观点的论证,都会引用司法判例进行立证、反驳和检验。比如,关于未必的故意与过失区别标准的学说,历来有意思说、表象说、容认说、盖然性说等之争,西田教授并没有对每一种学说进行长篇累牍的介绍,而是举例对每一学说之间的对立进行介绍,一目了然,最后西田教授倾向于采修正的动机说,并指出"无论采取何种学说,要判明行为人是否对结果的发生存在认识,最终还只得有赖于行为人的供认。要想不取决于行为人的供认,便只

---

① 〔德〕亚图·考夫曼:《类推与"事物本质"——兼论类型理论》,吴从周译,学林文化事业有限公司 1999 年版,第 87 页。

能由情况证据来决定"，紧接着又列举了好几个判例来论证采用修正的动机说具有合理性和实践可操作性。① 有时在论述完某一理论问题之后，还会用与该理论同级的标题进行"判例概述"，例如对于实行的着手、不能犯的各种学说进行概述后，来一个专门的判例概述。② 类似的论证模式在此书中随处可见，真正体现了刑法学研究的实践性品格。

事实上，很多刑法理论都是由判例发展而来的，刑法理论的发展始终离不开司法实践，比如刑法理论中的期待可能性理论直接起源于德国著名的癖马案。同样，醉心于外国刑法理论而不善于结合本国的司法实践进行创造性的思考，就不可能形成具有独立品格的刑法理论。日本刑法理论的基本构造来源于德国，但是善于结合本国实践进行创造性思考的日本刑法学者创造出了独具特色的日本刑法理论体系，比如日本著名的森永奶粉事件催生出过失论中的新过失说(畏惧感说)。

反观国内刑法学研究，脱离实践的抱怨声在实务界从来都没有停止过，越是被学术界推崇的刊物就越是令法官、检察官感到敬畏和陌生，这到底是司法实务者理论水平不高，还是法学理论学者研究实践的能力不强、关注实践的注意力不够？张明楷教授指出，"一方面，许多观点的提出，并没有考虑能否运用于司法实践。另一方面刑法理论研究者习惯于认为，具体案件如何处理，是法官、检察官的任务，不是学者的任务。一些根本不适用于司法实践的论著，能够得到许多人的欣赏。而许多具体疑难案件的处理，常常

---

① 参见〔日〕西田典之：《日本刑法总论》，刘明祥、王昭武译，中国人民大学出版社2007年版，第171—172页。
② 同上书，第245、254页。

只是一些法官、检察官在《人民法院报》《检察日报》上发表看法"①。君不见，国内比比皆是的刑法分论著作，关于分则罪名概念、构成要件、罪与罪之间的区分，都论证得头头是道，但一遇到具体案件，这些区分标准均没有实际意义。所以，从法学院毕业的学生一旦到了司法实践中办理案件，都有种"上当"的感觉。因为学者没有花心思来认真地研究具体的疑难案件，也没有对分则罪名进行脚踏实地、务实地研究。不知从何时开始，刑法分则罪名研究和案例分析成了低层次的学问，所以学者们更偏爱于"理性迷思"，痴心于构筑所谓的"恢宏而又深奥抽象的理性符号系统"。难怪有人批评"我们经常可以听到，中国的法理学者不无遗憾地坦言自己没有部门法的知识背景，但是，这并不会对他们构成妨碍"。不仅法理学者倾心于形而上的游弋，就连部门法学者也有一种对抽象性理论的迷恋。能写出一两本部门法学著作而不引用一个法条，成为不少学者的最高学术理想。今天，一个法学家可以理直气壮地批评另一个法学家不懂法。这就构成一个奇异的景象：在法学繁荣的背后，"法盲法学家"是完全有可能的。② 刑法学研究者应当知道，"刑法学是一门应用法学，它的生命力在于为刑事司法实践服务并与之密切结合。中国刑法学如果脱离中国的刑事司法实践，它提出的理论观点如果不能为刑事司法实践所接受，也就失去了它的价值"③。

---

① 张明楷：《刑法学研究中的十关系论》，载《政法论坛》2006 年第 2 期。
② 参见周少华：《书斋里的法学家》，载《国家检察官学院学报》2008 年第 3 期。
③ 马克昌：《改进中国刑法学研究之我见》，载《法商研究》2003 年第 3 期。

三、有没有一以贯之的立场

在 20 世纪初的大陆法系刑法学界,形成了以自由意志为基础、以人权保障为使命的古典学派,与以决定论为基础、以社会保障为使命的近代学派之间空前论战,两派的论争在犯罪论领域表现为客观主义与主观主义之争,这种规模空前的刑法学派之争对大陆法系刑法理论的深入持久发展产生了深远的影响。时至今日,客观主义刑法理论占据了支配地位,特别是对刑法规范以及刑法的机能的理解方法,以及由此而来的对违法的本质和刑罚的理解方法的不同,进而产生的客观主义刑法内部的行为无价值论与结果无价值论的对立。① 这种对立虽然集中体现在违法性领域,但并非仅此为已足,该对立进而在包括分则罪名在内的刑法诸问题上形成了对立格局,最终波及整个刑法理论体系。② 西田典之教授师从日本刑法学大师平野龙一先生,平野先生曾经是目的行为论的支持者,但其后改变了其立场,特别是在 60 年代以后,平野先生从刑法的任务是保护法益的立场出发,主张应该排除对行为无价值的考虑,重视结果无价值,这一见解一经抛出,给日本刑法学界带来了巨大的影响。可以说,今天日本所提倡的结果无价值论主要是 50 年代以后、在批判行为无价值论的过程中不断成熟起

---

① 参见〔日〕野村稔:《刑法总论》,全理其、何力译,法律出版社 2001 年版,第70 页。

② 日本学者前田雅英以图表的形式列出行为无价值论与结果无价值论之间的对立点:在保护对象上是道德伦理还是生活利益、违法性评价基准是主观的还是客观的、违法性评价对象是以行为为中心还是以结果为中心、违法评价的时点是行为时还是结果发生时、刑罚法规机能是行为规范还是裁判规范等。参见〔日〕前田雅英著:《刑法总论讲义(第三版)》,东京大学出版会 1998 年版,第 74 页。

来的,其中平野龙一先生是最有影响力的学者。① 西田典之与同样是平野龙一追随者的前田雅英一样,都是日本结果无价值论阵营中举足轻重的人物。

　　纵观西田典之教授的《日本刑法总论》,其结果无价值论的立场是贯穿始终的,从刑法的机能到故意与过失在构成要件中的定位、到违法性的本质、再到正当化事由、未遂犯论、共犯论……几乎在所有行为无价值论与结果无价值论存在交锋的地方,西田先生都明确表达了其结果无价值论的立场,甚至对于有些问题,自己的观点尚不成熟或存有疑问时,西田教授都秉承“存疑从平野学说”②之态度。

　　尽管人们一直批评国内刑法学缺乏批判精神,但是如果说中国刑法学研究中缺乏争论,这肯定是不客观的。君不见各种商榷文章层出不穷? 君不见最近关于犯罪构成理论是移植大陆法系的三阶层构成要件,还固守来源于苏联的四要件犯罪构成的争论,该争论以 2009 年国家统一司法考试大纲改革直接采德、日三阶层构成要件为引爆点,随即引发声势浩大的口水战? 除了以发表文章的形式进行“笔伐”外,还接二连三地拉拢众多学者集会进行“口诛”,甚至是上纲上线,这种“口诛笔伐”的场面甚是热闹。但是,这种论争表面浮华的背后,隐藏的是平淡和浅薄。学者们面对批评,很少直接予以反击,至多也就是重申一下以前说过的理由,缺乏一以贯之的基本立场,争论无法深入下去,难以摩擦出新的火

---

① 参见〔日〕山口厚:《日本刑法学中的行为无价值论与结果无价值论》,金光旭译,载《中外法学》2008 年第 4 期。
② 〔日〕西田典之:《日本刑法总论》,刘明祥、王昭武译,中国人民大学出版社 2007 年版,“前言”第 4 页。

花,真正意义上的学派之争始终未能形成。我国学者张明楷教授
早在《刑法的基本立场》一书中就极力倡导学派之争,①张明楷教
授也一直坚守着结果无价值论和实质刑法观的立场,努力地解释
着刑法,为原本枯燥的中国刑法学界注入一些生气。但是,正如张
教授所批评过的,很多学者在解释具体刑法问题和具体案件时,往
往出现同一解释者偏离自己主张或认同的刑法理念得出某种解释
结论,具体结论与其刑法理念、基本立场不一致的矛盾现象。② 说
得苛刻点,就是根本没有自己的立场,或者说没有立场意识,论者
自己都没有意识到自己到底坚持了何种立场,以至于出现这种前
后矛盾的现象。比如,有些学者可能在正当化事由问题上所持的
观点属于行为无价值论的观点,但在不能犯问题上所持的观点,甚
至还属于早已过时的主观主义学派的观点;在论述伪证罪时采用
的是属于结果无价值论的观点,但在论述强制猥亵妇女罪时又采
取了属于行为无价值论的观点,而其本人却浑然不觉。有人认为
当下中国刑法学界存在着实质刑法观与形式刑法观的学派之争,
其实这只是一个美丽的梦。事实上,被划归为形式刑法观的学者
自己并不一定就属于形式刑法观,这只是划分者自己的一厢情愿。
识破这一点并不是难事,只要将其所有的著作中的观点进行对照,
就会发现有些问题的论述属于实质刑法观的范畴,有些问题的论
述则属于形式刑法观的范畴。总之,缺乏一以贯之的立场,就不可
能有真正意义上的学派之争,而没有学派之争,就难以有系统性、
整体性的刑法学体系,也就难以构建成熟的刑法学,因为"学派具

---

① 　参见张明楷:《刑法的基本立场》,中国法制出版社 2002 年版,"序说"第 3—9 页。
② 　参见张明楷:《刑法学研究中的十关系论》,载《政法论坛》2006 年第 2 期。

有整体性、传统性、排他性等特点，使不同学派必然在学术上展开激烈争论与批评，从而推动学术创新、促进学术繁荣"①。

四、高深的理论是不是必须用晦涩复杂的语言来表达

"法律也是一个'世界'，或者我们可以说：当法律'被使用'，被实现，往往联系两个世界：与法有关的生活事实，这种日常真实的世界与一个应然规范为内容的法律世界。"②既然法律连接着日常真实生活与应然规范，那么法学研究的语言就不可能是不食人间烟火的。法律规范是借助于语言文字进行表述的，从这个意义上，也可以说刑法学是一门语言科学，而"法学思维方式的一个特征就是，语言与法律适用的实践之间存在着紧密联系"③。综观西田典之教授的《日本刑法总论》，全书语言朴实无华，贴近生活，亲切平和，简洁明了，对案例的描述更是采用了生活化的语言，文中大量引用日本最高裁判所及地方裁判所的判旨，通俗易懂，绝无艰深晦涩之感，更没看到"路径""向度"等所谓的"后现代词语"。事实上，最深奥的理论未必需要最艰深晦涩的语言才能表达，正所谓"真正的大雅就是大俗"。这一点，从西原春夫先生的《刑法的根基与哲学》一书中也可见一斑，尽管是关于刑法的根基和哲学这些看似宏大、深奥的问题，读了之后才发现，语言朗朗上口，平实简洁，但其背后蕴含的哲理却足以令人信服，就像耶林所说的"像哲

---

① 张明楷：《学术之盛需要学派之争》，载《环球法律评论》2005年第1期。
② 〔德〕考夫曼：《法律哲学》，刘幸义等译，法律出版社2004年版，第170页。
③ 〔德〕N. 霍恩：《法律科学与法哲学导论》，罗莉译，法律出版社2005年版，第39页。

学家一样思考,但像农人般的说话"①。

国内的法学研究,故作深沉、故弄玄虚者多矣。② 或许有人认为刑法学太浅露、不成熟的突出表现是没有建立起"专业槽",谁都可以把头伸进来吃上一口,因此需要构筑起一套恢宏深奥的抽象性理性符号。③ 笔者也认为刑法学需要一个精致、深化的体系,甚至是一个"专业槽",但是理论的精深绝不是靠故弄玄虚的语言表达来实现的,而是靠朴实的语言所表达出的深厚的理论体系。

刑法学界流行读不懂的"后现代"语言,很难说对刑法学的深入发展有多少助益。明明用一句话就可以说清楚的道理,非要用一段话不可;明明用人人都能明白的"地球"语言就可以表达的意思,非要创造出一个不食人间烟火的"外星"语言不可。似乎只有把一个简单的道理表达得复杂、抽象、玄乎其玄,才能真正显示出学问的深厚和力道,所以现在很多"有分量"的文章不仅很长,而且一般人还看不懂。学者张建伟一针见血地指出这种晦涩深奥的法学语言相当流行的原因:"一是受翻译语言的影响,满纸欧化,把夹缠不清错看成是学术的正宗;二是将晦涩当高深,喜欢把简单的思想表达得复杂,以便表示学问庞大。"④所以,法学论著中会出现一些颇为"新鲜"的词语,比如"分布"不叫"分布",而称为"布展";"角度"不叫"角度",而称为"向度";"实现"不叫"实现",而称为"达致";等等。不仅在这些较为常见的词语上进行"创造和

① 耶林称"立法者应该像哲学家一样思考,但像农人般的说话",〔德〕考夫曼:《法律哲学》,刘幸义等译,法律出版社 2004 年版,第 168 页。
② 在这一点上,法理学界和宪政学界表现得比刑法学界更为淋漓尽致。
③ 参见陈兴良:《刑法哲学》,中国政法大学出版社 1992 年版,"后记"。
④ 张建伟:《法学之殇》,载《政法论坛》2007 年第 1 期。

加工",就连一些刑法专业性术语也在被悄悄地改造,比如"'刑法基本概念'不叫'基本概念'而改称'刑法的基本粒子'"①。

五、结　语

实践性是刑法学研究应当具备的品格,但是当学者们说起原因自由行为时,能从历史渊源到理论基础说得天花乱坠,而当类似张明宝醉酒驾车酿成惨案时,却不能给出合理的司法解决方案,这不是刑法学发展的应有景象;真正有立场的学派之争,对刑法学的成熟和繁荣至关重要,但是理念与结论前后矛盾的论争,却对刑法学体系化、精致化发展没有多少好处;创新和深刻是包括刑法学在内所有法学研究都追求的目标,但以语言上的"创新"和晦涩博得新鲜感,却是要不得的。

---

① 张建伟:《法学之殇》,载《政法论坛》2007 年第 1 期。

坚守"李斯特鸿沟" *

"李斯特鸿沟"源自德国刑法学家李斯特提出的"刑法是刑事政策不可逾越的屏障",也被译为"罪刑法定是刑事政策不可逾越的藩篱"。这一命题被人们形象地称为"李斯特鸿沟"。有学者对"李斯特鸿沟"质疑,认为该论断已经过时,甚至认为李斯特一方面主张"刑法是刑事政策不可逾越的屏障",另一方面又倡导社会防卫、犯罪中止的观点,其理论体系自相矛盾。其实,这种观点是对"李斯特鸿沟"的误解。

表面上看,李斯特一方面提出了"整体刑法学"的理念,另一方面又主张"刑法是刑事政策不可逾越的屏障"。其实,后者中的"刑法"是指刑事司法,理由如下:

首先,从李斯特对刑法和刑事政策基本概念的界定来看,李斯特认为,刑事政策和刑法的性质和任务不同,刑事政策是"通过对犯罪人个体的影响来与犯罪作斗争的";而刑法是保护法益、维护自由法治国的手段。为避免刑法流于偶然和专断,刑法体系不允许被刑事政策等外在要素入侵。李斯特认为,刑法仅需要在实在法律规则的前提下进行概念的分析和得出体系上的结论。刑事政策则包括刑法的社会内涵及目的,不属于法律人探讨的事情。这

＊　原文发表于《检察日报》2016 年 2 月 25 日,第 3 版。

里的"实在法律规则的前提下进行概念的分析",显然是指刑法的适用和解释,即刑事司法;而刑事政策则是"包含了社会内涵及目的"的社会治理政策,不是刑事司法人员探讨的事情。正是在司法的意义上,刑法被认为是刑事政策不可逾越的屏障。

其次,从李斯特对刑事政策与立法之关系的论述来看,李斯特在《德国刑法教科书》中以"现阶段刑事政策的要求及其对最新法律发展的影响"为标题进行了详细的论述:"刑事政策要求,社会防卫,尤其是作为目的刑的刑罚在刑种和刑度上均应适合犯罪人的特点,这样才能防止其将来继续实施犯罪行为。从这个要求中我们一方面可以找到对现行法律进行批判性评价的可靠标准,另一方面我们也可以找到未来立法规划发展的出发点。"可见,他实际上是强调刑事政策对刑事立法的批判和导向作用。因此,当李斯特强调"刑法是刑事政策不可逾越的屏障"时,这里的"刑法"只能是指刑事司法,强调在刑事司法过程中,需要坚守罪刑法定原则,不能以刑事政策之名,随意超越法律。这也就不难理解,为什么"李斯特鸿沟"这句名言又被翻译为"罪刑法定是刑事政策不可逾越的藩篱"了。

即便德国刑法学家罗克辛于20世纪六七十年代主张将刑事政策导入刑法体系,也仅仅是主张将刑事政策导入刑法学理论体系,并不是将刑事政策直接作用于司法,不能在解释和适用刑法时打着刑事政策的幌子随意出罪入罪。因此,罗克辛也警告人们,"刑事政策原则的发展不可以脱离立法者的那些规定。如果真的脱离了现行规定,那么它就只属于应然法,从而就丢掉法律解释的基础了"①。

---

① 〔德〕克劳斯·罗克辛:《刑事政策与刑法体系(第二版)》,蔡桂生译,中国人民大学出版社2011年版,第41页。

如此看来,"李斯特鸿沟"的真正内涵是强调形式理性,强调罪刑法定。在刑事司法层面,当然需要以刑事政策作为指导,但是不能用刑事政策代替刑法本身,更不能在没有法律规定的情况下,以刑事政策代替法律,从这个意义上说,"李斯特鸿沟"必须被坚守。

第一,在我国政策主导司法的传统根深蒂固。新中国成立前后很长一段历史时期,对犯罪行为的认定和惩处,在相当大的程度上依据的是刑事政策甚至是政策,刑事政策直接起到法律规范的作用。即使1979年《刑法》颁布实施后很长时间,仍然没有确立罪刑法定原则,依然实行类推,政策超越、代替法律的做法屡见不鲜。

第二,罪刑法定作为刑法基本原则在我国立法上确立的时间并不长。罪刑法定原则还很脆弱,需要我们时刻坚守"罪刑法定是刑事政策不可逾越的藩篱",防止违反罪刑法定原则,防止打着政策的旗号徇私枉法、滥用职权,随意出罪入罪。

第三,司法实践中动辄以刑事政策之名违反法律的现象时有发生。当一个舆论热点事件发生后,刑法中又没有相应罪名的时候,司法实践习惯于根据政策来判断行为的社会危害性,打法律的"擦边球"进行定罪量刑。这种行为所产生的负面效果不容忽视,必须引起足够的警惕。

思索德国刑法学的魅力 [*]

德国当代著名刑法学家克劳斯·罗克辛的《刑事政策与刑法体系》这本"小册子",竟有如此魅力,至今已被翻译成 7 种文字,被誉为"刑法教义学史上划时代的著作"。笔者在阅读过程中,跟随着罗克辛教授以刑事政策导入刑法体系性建构的脉络,同时也在这样的阅读脉络里思索着德国刑法学何以有如此魅力。

一、刑事政策导入的空间

罗克辛是从批判李斯特的那句名言"刑法是刑事政策不可逾越的屏障"展开论述的。在罗克辛看来,刑法学固然需要体系性,"因为只有体系性的认识才能够保证对所有的细节进行安全和完备的掌控,从而不再流于偶然和专断"。体系性是刑法安定性的保证和罪刑法定的要求。但"如果刑事政策的课题不能够或者不允许进入教义学的方法中,那么从体系中得出的正确结论虽然是明确和稳定的,但是却无法保证合乎事实的结果"①。所以,罗克辛

---

* 原文发表于《法制日报》2011 年 04 月 27 日,第 11 版,收入本书时有删改。

① 〔德〕克劳斯·罗克辛:《刑事政策与刑法体系(第二版)》,蔡桂生译,中国人民大学出版社 2011 年版,第 7 页。

认为,既要坚持刑法的体系性和概念精确化,同时刑法也不该是完全自我封闭的体系,应当有刑事政策导入的空间,应当允许刑事政策对刑法体系的修正。

在罗克辛教授看来,犯罪论就是"人们对所有刑事政策立场进行提取和归纳,并加以描述性、实证化的方式进行形式上的归类,才设计出来的",甚至对于犯罪论来说,只有引入刑事政策的修正,才会有出路。罗克辛用刑事政策作为主导性目的设定来构建其刑法学体系,"构成要件符合性—违法性—罪责"进行观察、加以展开、加以体系化,从而发展出目的理性体系。

罗克辛这一崭新思路在构成要件理论中所带来的卓越成果是行为犯与义务犯的划分,颠覆了长期以来人们对行为类型的划分。在义务犯中,构成要件所保护的是那些生活领域的功效,而这些生活领域是人们在法律上精心构建的,如背信罪;而行为犯,是行为人通过破坏和平的方式,从外部入侵了为法律所保护的不容侵犯的领域,如故意杀人罪。义务犯理论最大的贡献在于解决了长期困扰刑法学的不纯正不作为犯的等价性问题。在义务犯领域,"若当事人违反基于其接受的社会角色而产生的义务,而这个义务又能使得构成要件得以确定,那么从罪刑法定原则的角度来讲,这个对义务的违反是通过作为方式来实现的,还是通过不作为的方式来实现,就变得并不重要了"。在行为犯的场合,在该行为犯的构成要件内包含义务犯的情况下,不作为就取得了与作为同等的地位,例如母亲将小孩饿死,违反了母亲的职责,发生了义务的违反。这样,作为犯与不作为犯的意义将完全取决于它们在社会关系中的价值,从而解决了不作为犯的等价性问题。

这种以刑事政策为基础的体系性思考,带来的第二个崭新成果是共同犯罪理论(参与理论)。罗克辛发现司法实践中对于正犯与共犯的区分有时并不是严格按照刑法体系性思考得出的,而是按照法官的自由评判来界分的,他按照支配犯和义务犯的界分发展出一个全新的共犯理论体系:在义务犯领域,例如背信罪,行为人作为财产管理者,如果隐匿了别人委托保管的财物,那么即便他几乎没有亲自参加行动,也一定构成背信罪的正犯(实行犯),即使这里出现了第三人,不管该第三人如何尽可能地操纵外部事实的发生,即便取得了犯罪行为的支配,也只能成为帮助犯;在支配犯领域,其核心人物是拥有犯罪支配的人,其支配了犯罪行为的因果流程,支配着各个构成要件行为,是正犯。

二、对有关学科的一体化考量

在构成要件阶段还有一个令人瞩目的成果——客观归责,即是否存在构成要件的行为,并不取决于因果关系,也不取决于目的性,而是取决于实现了不被容许的风险,归因这一事实判断与归责这一价值判断被区分开来。法秩序必须禁止人们创造对于受刑法保护的法益而言不被容许的风险,而且如果行为人在某个法益侵害的结果中实现了这种风险,那么就要作为一种符合构成要件的行为归属到该行为人身上。"这里的刑事政策性的主导思想是,借助在法律上不赞成或者说允许的风险,应当根据仔细制定的规则,来划分国家的干涉和公民个人自由之间的界限。"[1]

---

[1]　〔德〕克劳斯·罗克辛:《德国刑法总论(第 1 卷):犯罪原理的基础构造》,王世洲译,法律出版社 2005 年版,中文版"序言"。

在违法性范畴,罗克辛将目光重点投向了正当化事由。罗克辛批评了传统正当化事由的权利证明规则、自我保护规则和利益衡量规则缺乏更为本质的指导性观点,导致案件处理的不统一。例如在正当防卫的案件中,由于一般的公正衡量、内容空洞的期待可能性之公式或者必要性和需要性这些几乎无法解释的概念,缺乏教义学的指导,司法者必须艰辛地在困难中进行摸索,才能取得一个满意的结果,而这种结果又没办法稳定住,导致了诸多互不一致的判决。罗克辛教授所做的努力,就是从刑事政策角度为这些规则提炼出更为本质的东西,也就是在法定的价值选择范围内对刑事不法边界进行解释时,需要结合刑事政策的尺度,比如正当防卫应当止于何处,以及犯罪应该从何处开始成立,这不单单是个刑法教义学的问题,更是一个刑事政策问题。

总之,"移除刑事政策与刑法体系两者中间的那堵墙"是这本书的指导思想。在这种思想指导下,罗克辛构建的刑法学体系也为之面目一新,而且还提出了很多有创造性的观点,为刑法学研究带来生机。或许罗克辛的方论比其所构建的体系更值得钦佩,这可能就是罗克辛刑法学的魅力所在。由此,笔者不由得联想到李斯特提出的"整体刑法学",耶赛克提出的"同一个屋檐下的刑法学与犯罪学",这一学术传承并非偶然,将与犯罪和刑罚有关的学科做一体化的考量,或许正是德国刑法学向世人展示出百余年持久魅力的原因所在吧!

厘定法定犯与行政犯的界限 *

"法定犯时代已经来临。"①这对刑法理论以及刑事立法、司法都产生了重大影响。长期以来,人们不假思索地混用行政犯与法定犯,给刑法理论、立法和司法实践带来诸多困扰。其实,行政犯与法定犯是两个不同的概念,行政犯是与刑事犯相对应的概念,而法定犯是与自然犯相对应的概念,二者之间的界限亟待厘清。

一、法定犯与行政犯之概念界分

法定犯是相对于自然犯而言的,自然犯与法定犯的区分来源于意大利犯罪学家加罗法洛,他对自然犯是这样界定的:"在一个行为被公众认为是犯罪前所必需的不道德因素是对道德的伤害,而这种伤害又绝对表现为对怜悯和正直这两种基本利他情感的伤害。我们可以确切地把伤害以上两种情感之一的行为称为'自然犯罪'。"他对法定犯是这样解读的:"与此相对,法定犯即不证明他们缺少社会进化几乎普遍为人们提供的道德感,被排除的犯罪

---

*　原文发表于《检察日报》2020 年 7 月 2 日,第 3 版,收入本书时有删改。

①　李运平:《储槐植:要正视法定犯时代的到来》,载《检察日报》2007 年 6 月 1 日,第 3 版。

常常仅是侵害了偏见或违反了习惯,或只是违背了特定社会的法律。"①简言之,在犯罪学意义上,自然犯是侵害道德情感的犯罪类型,而法定犯是不侵害道德情感的犯罪类型。

行政犯是相对于刑事犯而言的,行政犯与刑事犯的区分来自德国的"警察犯"概念。一般认为,1794 年《普鲁士法律大典》中就有了犯罪刑法与警察刑法(或者行政刑法)的区分。长期以来,德国把违反秩序法视为广义刑法的一部分。"二战"前,德国立法者并没有给秩序罚与刑罚划出清晰的界限,均可由行政机构判处,后来被纳粹集团所利用。"二战"后,德国立法者重建法制的一个重要任务就是纠正秩序罚发展过程中的错误倾向,明确划定违反秩序行为与犯罪行为的界限。行政刑法之父戈尔德施密特指出:行政犯仅侵犯了公共秩序,这种公共秩序并非法益,因此,行政违法并没有侵犯法条所表达出来的意思表示,而只是侵犯了其执行,行政刑法应该独立于司法刑法,从刑法典中分离出来,并在程序上归行政法院管辖。1949 年的《德国经济刑法典》,明确刑事犯的处罚由法院判决,行政机关行使秩序犯的处罚权(但仍要接受法官的审查),但是在立法技术上仍然采取混合模式,把这两种处罚均规定在经济刑法典中。1952 年的《违反秩序法典》,将违反秩序的行为从犯罪刑法中分离出来。此后这一区分从经济领域全面扩展到其他社会生活领域。这样,许多轻微犯行被归为秩序犯(行政犯),由行政机关给予处罚;有刑事不法本质的提升为轻罪,作为刑事犯罪,由法院给予刑事处罚。从这个意义上说,行政犯更准确地称谓

---

① 〔意〕加罗法洛:《犯罪学》,耿伟、王新译,中国大百科全书出版社 1996 年版,第44 页。

应当是"秩序犯",是与刑事犯相对应的概念。至于如何区分行政犯与刑事犯,一直存在质的区别说与量的区别说之争。

从上述自然犯与法定犯、刑事犯与行政犯的发生、发展脉络可以看出,法定犯与行政犯是完全不同的两组概念,法定犯是与自然犯相对应的概念,法定犯和自然犯是从是否侵害人类自然形成的道德情感角度,按照犯罪学意义进行划分的;行政犯是与刑事犯相对应的概念,二者是从侵害行政秩序及其程度的角度进行划分的。由于两组概念的分类标准不同,存在一定的交叉重合是正常的,比如多数自然犯同时也是刑事犯,很多法定犯是行政犯,但是不能将这种交叉重合视为等同。刑法中类似的现象很多,比如正犯与共犯、主犯与从犯也是两组不同的概念分类,也存在一定的交叉重合,正犯多为主犯,共犯多为从犯,但是绝不能认为正犯就是主犯、共犯就是从犯。同样的情况还有行为犯与结果犯、危险犯与实害犯(行为犯很多是抽象危险犯,但不能说行为犯与危险犯是同一个概念)。

二、行政犯之合理内涵及其与法定犯的关系

在德国行政犯与刑事犯的发展历史中诞生了行政刑法的概念,狭义的行政刑法,仅指构成犯罪应受刑法制裁的部分;广义的行政刑法则兼指构成行政秩序之违反、应受行政罚锾之情形。所以,广义的行政犯、行政刑法还包含了行政违法而不构成犯罪的行为。值得注意的是,这种广义的行政刑法有误导之嫌,容易导致行政处罚与刑事处罚的混淆。例如《德国经济刑法典》其实是行政处罚与刑事处罚混合模式。时至今日,在德国,违反秩序的行为

"无论从何种角度考虑,都不是犯罪行为"。法国、意大利、日本等国,在行政法中对违反行政规范、危害严重、应当作为犯罪处罚的行为直接规定了法定刑。但是,这种混合立法模式未必是最优的。在日本,尽管规制经济活动的行政法规都设有刑罚罚则,但是在实践中真正适用刑罚的情况"几乎不存在",于是2005年《日本反垄断法》引入了课征金这一行政处罚措施,课征金属于行政制裁金,被认为比单纯给予刑罚处罚效果更好。对于经济犯罪以外的其他行政犯也是如此。

与之不同,我国行政法并没有对违反行政法的行为直接规定刑罚。我国将一些违反行政法且危害性严重构成犯罪的行为统一规定在刑法典之中。换言之,通过设置加重要素,使行政违法行为的法益侵害程度达到值得科处刑罚的程度,才在刑法典中规定为犯罪行为。对于我国而言,不存在广义的行政刑法,1997年《刑法》的制定,形成了统一的刑法典(刑法一元化),并不存在类似于德国的经济刑法、环境刑法、税收刑法等。

三、行政犯的合理内涵及基本特点

因此,在我国的语境下,讨论行政犯只能是狭义的,其合理的本质内涵是以违反行政法的前置性规定为前提,且危害严重,需要动用刑罚处罚的犯罪类型。其基本特点是:①以违反行政法为前提;②危害严重,行政法规及行政处罚不足以惩治;③应当承担刑事责任,给予刑罚处罚;④其范围显然要小于法定犯,主要集中在经济犯罪、环境犯罪等领域。大量不违反自然道德情感的法定犯或者是侵害集体法益的法定犯,因为并不以违反行政法为前提,而应被排除在行政犯概念之外。

可以肯定的是,行政犯都属于法定犯,但是法定犯未必都属于行政犯。行政犯的范围要比法定犯狭窄,行政犯必须以违反行政法规为前置性条件,而法定犯只是道德伦理色彩不明显但并不以违反行政法规为前置性条件。法定犯与自然犯的区别是动态转化的,很多原本不具有违反道德伦理性的犯罪,经过一段时间之后,随着社会观念的转变和发展,就具有了违反道德伦理性。比如污染环境罪,可以说是法定犯,但是随着人们对环境污染之害的认识不断加深、民众环保意识普遍增强,该罪就具有了违反道德伦理性。就此而言,法定犯本身就是个似是而非的概念,法定犯与自然犯区别的理论价值和实践意义不大。但是行政犯由于以违反行政法规为前置条件(即行政犯的从属性),其立法和司法意义重大。

准确厘定行政犯内涵的意义在于凸显行政犯的行政从属性价值,合理划定刑行界限,这在经济犯罪领域体现得更为重要。行政犯以违反行政法的前置性规定为前提,这决定了在司法认定上,行政犯构成要件符合性的判断要依赖行政法的规定,没有行政法依据的,不得轻易将某一行为认定为犯罪,这对于防止机械司法、盲目入罪具有重要意义;在立法上,只有当某种行为用行政法中的处罚措施不足以保护法益的时候,才能动用刑法,不得轻易将在行政法中尚属空白的行为直接上升到刑法立法,这对于抵御积极主义刑法观可能导致的风险具有重要意义。

"风险刑法"看上去并不那么美[*]

　　自从德国学者乌尔里希·贝克提出"风险社会"的概念后,德国刑法学界以乌尔斯·金德霍伊泽尔、乌尔里希·齐白等为代表的学者们提出了风险刑法(安全刑法)概念。近年来,德国的相关研究成果传入我国,很快风靡中国刑法学界,成为刑法学界的热点,众多学人追随之。但在笔者看来,风险刑法看上去并不那么美。

　　"风险刑法"是为应对风险社会而提出的,风险社会是风险刑法的存在基础和根据,因此,风险社会本身是否真实就显得尤为重要。人们普遍认为风险社会已经来临,只有极少数学者持怀疑态度,如张明楷教授认为,"风险社会并不是社会的真实状态,而是文化或治理的产物,不应将风险社会当作刑法必须作出反应的社会真实背景。"在笔者看来,我们是否处于风险社会之中确实可疑。当大家都在跟风呼喊"狼来了"的时候,我们应该冷静地观察它是否真的来了。正如德国学者威廉姆斯所言"自社会化的最初时期以来,'风险'不是一直在改变着社会吗?"面对这样的问题,风险社会的创始人乌尔里希·贝克也不得不承认"这是一个能轻易使此概念(指风险社会——引者注)的创造者陷入尴尬境地地问

＊　　原文发表于《法制日报》2012 年 3 月 28 日,第 10 版。

题"。事实上，人类从产生之时，人类进行的任何活动都存在风险，原始人用棍棒围捕野兽取食的风险与现代人用农药、化肥种植蔬菜可能带来的风险是一样的；古人用火药开山与现代人利用核能，在各自时代的人们眼里，其风险是同样的。只是在现代社会，这种人为的风险被夸大了。这种夸大既有人们认识水平提高、文化普及等因素，也有现代社会普遍焦虑的原因，更有媒体渲染的导向作用。从这个意义上来说，风险社会可能只是一种恐惧和焦虑的社会心理，一种虚构的概念，而并非一个真实社会状态的描述。

　　一般认为风险刑法是为应对风险社会而产生的一种刑法观念，它是对所谓风险犯予以规制的刑法，也有学者称为象征刑法、功能刑法或安全刑法，受到众多学者的追捧。风险刑法认为，犯罪"不是以导致什么样的具体损害作为实施制裁的前提条件，而是以没有促使安全状态的形成或者这类犯罪的步伐来表述的，它不是一个具体的损害，而是一种慌乱不安"。而对于"慌乱不安"如何进行判断，乌尔斯·金德霍伊泽尔教授告诉我们，"这种慌乱不安的不法更多地被理解为在主观上具有罪恶的意图或者客观上对所有生活领域的安全造成损害的行为"①。这样的风险刑法是以行为人的主观罪恶意图和社会安全防卫需要作为支柱来理解犯罪本质的。这与行为人刑法、主观主义刑法是何其相似？这已经不单单是极端的行为无价值论的立场了，而是与主观主义刑法直接勾连。在风险刑法那里，法益侵害的犯罪本质论被淡化甚至是抹去了。乌尔斯·金德霍伊泽尔露骨地指出，"法益侵害不再是犯罪必

---

① 〔德〕乌尔斯·金德霍伊泽尔：《安全刑法：风险社会的刑法危险》，刘国良译，载《马克思主义与现实》2005 年第 3 期。

备的构成要件,危险状态的出现是对这个行为惩罚的必备的构成要件,行为方式本身似乎是可罚的,而不是行为所引起结果被认为是可罚的"①。风险刑法理论以抵御社会风险为己任,以追求人类安全为目标,对于危害社会安全的行为即使没有出现法益侵害的结果,也主张动用刑罚处罚。这与新派的社会防卫论如出一辙。更可怕的是,风险刑法主张过失危险犯、严格责任等,放弃了罪责原则。风险刑法的最终走向不会止于行为无价值论的立场,而是在某种程度上就是主观主义刑法的复活,而这与刑事法治是背道而驰的。这是中国刑事法治在初创阶段更应该警惕的。

在风险刑法观看来,由高速交通、科技、医疗、食品卫生、恐怖主义等带来的风险无处不在,传统刑法已疲于应付,等到风险已经实现、出现危害结果时才启动刑法已经不能实现社会的保护了,有必要实行法益保护的早期化和抽象化,微观层面的典型表现就是立法上大量增设抽象危险犯,甚至是增设过失危险犯,司法层面实行严格责任等。近年来我国刑法频繁修改,特别是增设危险驾驶罪,将部分生产、销售伪劣产品的犯罪由结果犯改为危险犯,由具体危险犯修改为抽象危险犯,不少学者据此认为,立法上在践行着风险刑法观。风险刑法的赞成者一般在论述风险社会的刑法规制时基本上都倾向于扩大处罚范围,亦即建议将刑法的防卫线前置。

笔者认为,所谓的我国近年来的刑法立法是在践行着风险刑法观念可能只是一种假象。仅以增设危险驾驶罪、将部分食品犯罪由具体危险犯修改为抽象危险犯,就认为我国的刑法立法是在

---

① 薛晓源、刘国良:《法治时代的危险、风险与和谐——德国著名法学家、波恩大学法学院院长乌·金德霍伊泽尔教授访谈录》,载《马克思主义与现实》2005 年第 3 期。

印证着风险刑法的理念,过于武断。其一,我国刑法本身法网不够严密,与国外相比,我国的犯罪圈是小了,而不是大了,所以在立法上总体上呈现犯罪化的趋势,这是正常现象。以危险驾驶罪为例,世界上多数国家均规定了这一罪名,而我国一直没有,立法上填补这个漏洞并非风险刑法的直接后果。其二,抽象危险犯是刑法立法和刑法学理中一直存在的概念,并不是有了风险社会之后才有抽象危险犯,因此从逻辑上并不能认为增设抽象危险犯就是风险社会、风险刑法的产物。其三,我国近年来的刑法修改,是增加了抽象危险犯,但是相比之下,增加的实害犯显然要多于危险犯。

同样,我们也不宜推行在司法层面贯彻风险刑法的观念。一方面,如前所述,风险刑法观在某种程度上是主观主义刑法的复活,对刑事法治不利;另一方面,我国的司法实践"政策主导"的传统积重难返,学界对刑法刑事政策化的稍微鼓动,都可能成为司法实践违法司法的借口。

轻罪治理体系应激活《刑法》第37条的非刑罚处罚 [*]

近年来,我国刑事犯罪结构发生了明显变化,轻罪治理体系逐步形成。在实体法层面,刑法立法中增设的新罪名大多是轻罪;司法实践中,危险驾驶罪、帮助信息网络犯罪活动罪等轻罪案件占比较高。在程序法层面,贯彻落实少捕慎诉慎押刑事司法政策取得了一定成效,不起诉案件增多,相对不起诉案件数量明显上升。但是,不起诉不等于无责,不起诉的"后半篇文章"应当如何跟进?在轻罪治理体系逐渐形成、不起诉率不断提高的背景下,应充分运用《刑法》第37条规定的非刑罚处罚措施,做好不起诉案件的"后半篇文章"。

一、非刑罚处罚措施的性质理解

相对不起诉的实体法依据是我国《刑法》第37条规定的"犯罪情节轻微不需要判处刑罚的,可以免予刑事处罚";程序法依据是我国《刑事诉讼法》第177条第2款规定的"对于犯罪情节轻微,

---

* 原文发表于《检察日报》2022年9月19日,第3版,发表时标题为《运用非刑罚处罚 做好不起诉案件"后半篇文章"》。

依照刑法规定不需要判处刑罚或者免除刑罚的，人民检察院可以作出不起诉决定"。《刑法》第 37 条后半句"但是可以根据案件的不同情况，予以训诫或者责令具结悔过、赔礼道歉、赔偿损失，或者由主管部门予以行政处罚或者行政处分"的规定在理论上属于非刑罚处罚措施，是指对犯罪情节轻微不需要判处刑罚的犯罪人给予实体刑罚以外的处罚方法。

非刑罚处罚措施在性质上属于刑事责任承担的方式，这里的训诫、责令具结悔过，不是一般的批评教育，而是刑事责任的承担方式；责令赔礼道歉、赔偿损失也不是一般的民事责任，而是一种犯罪处罚后果；这里的行政处罚、行政处分也不是一般意义上的行政责任追究，而是刑事责任的实现方式。实践中，将上述非刑罚处罚措施机械地理解为民事责任、行政责任的观点是片面的。

二、非刑罚处罚措施的规范适用

《刑法》第 37 条和《刑事诉讼法》第 177 条第 3 款对非刑罚处罚措施的具体适用范围、条件和程序未作出详细规定，相关司法解释也没有规定，有必要对非刑罚处罚措施的适用程序予以规范。

1. 适用前提和范围

如前所述，非刑罚处罚措施在性质上属于刑事责任的实现方式，这决定了其适用前提是构成犯罪，适用范围包括法院单纯宣告有罪而免除刑罚处罚和检察机关的相对不起诉。需要特别指出的是，检察机关的相对不起诉是追究刑事责任的方式，也是一种刑法上的否定评价。无罪判决、存疑不起诉、绝对不起诉均不得适用非刑罚处罚措施。对于因数额或情节未达到相关罪名的构罪标准、构成行政违法的,即使司法机关移交行政机关给予行政处罚,这样的行政处罚也绝非《刑法》第 37 条意义上的行政处罚。

2. 适用条件("必要性"审查)

《刑法》第 37 条规定的非刑罚处罚的种类,由轻到重依次为训诫、责令具结悔过、赔礼道歉、赔偿损失、行政处分、行政处罚。在适用条件上,应当注意以下两点:第一,并非所有的单纯宣告有罪和相对不起诉案件均须给予非刑罚处罚,而是要结合个案的性质、情节、再犯可能性、预防必要性等进行"必要性"审查,不能对所有相对不起诉案均提出检察意见移交行政机关。例如,邻里纠纷引发的故意伤害案件,双方已经和解,检察机关作出相对不起诉后,如果再移交公安机关给予行政拘留的行政处罚,不仅没有必要,反而会进一步激化矛盾,将刑事和解的功能和效果抵消。第二,遵循比例原则,避免重复处罚。所给予的处罚应当与行为的法益侵害性及预防必要性成比例。例如,行为人在刑事和解过程中已经对被害人进行赔偿,被害人也已经接受并表示谅解,司法机关就没有必要在宣布不起诉或免除刑罚宣判时再责令被不起诉人、被告人赔偿损失;在案件侦查过程中,对已经被刑事拘留的犯罪嫌疑人、被告人,在相对不起诉决定宣布或免除刑罚宣判时就没有必要再建议行政机关给予行政拘留。

3. 适用程序

作为一种刑事责任的实现方式,非刑罚处罚毕竟是犯罪的一种法律后果,也是一种刑事制裁,因此其适用程序应当是严格的、严肃的;同时,非刑罚处罚的目的与刑罚处罚一样都是为了预防犯罪,规范且具有"仪式感"的程序更能体现其惩罚性,进而实现特殊预防和一般预防的效果。例如,应当细化规定训诫的内容、方式、场所、知悉范围等,体现出一定的"仪式感"。

三、非刑罚处罚措施的立法完善

目前,我国刑法中非刑罚处罚措施的体系、结构还须在立法上进一步完善。

1. 增设社会服务令

社会服务令就是要求犯罪人在一定时间内为社会提供某种形式的无偿劳动以实现改造罪犯、预防犯罪的方法。在国际上,社会服务令在替代短期自由刑方面发挥着重要作用。在立法没有明确规定社会服务令的背景下,只能采取犯罪人自愿参加社会服务的方式,司法机关只能在尊重犯罪人意愿的基础上建议其参加社会服务,这在本质上是社会服务"建议",并非严格意义上的社会服务"令"。劳动改造是自由刑实现预防效果的基本方式,社会服务令通过非监禁的劳动改造不仅能达到同样的预防效果,更能防止监禁场所的交叉感染。社会服务令有助于解决免除刑罚和相对不起诉的"后顾之忧",反过来又促进轻罪案件免除刑罚和相对不起诉的扩大适用,形成轻罪治理体系的良性循环。

2. 建立轻罪前科消灭制度

在我国,即使是单纯的宣告有罪而免除刑罚处罚,犯罪人依然会留下犯罪前科。前科消灭是对受到有罪判决的人,在服刑期满或免除刑罚后、满足一定的条件时消除其犯罪记录的制度设计。在用好用足非刑罚处罚措施的前提下,预防再犯的效果通过非刑罚处罚方法能够实现的情况下,建立轻罪的前科消灭制度也就顺理成章了。

治理食品安全问题不应一味指望刑法 *

　　当前,我国处于社会转型期,各种社会矛盾、社会问题凸显,食品安全问题无疑是这些问题中最为敏感、最受关注的问题之一。治理好食品安全问题的需要现实而紧迫。不过,面对这类社会问题,人们习惯于依赖刑法手段,这种惯性思维根深蒂固。应该认识到,对食品安全问题的刑法治理,要严格把握边界。

　　首先,须厘清食品安全问题到底是法律问题还是社会问题。我国经历了 30 多年的高速发展,经济、社会进步之快世界瞩目,与此同时也催生了很多社会问题和社会矛盾,比如环境恶化、道德滑坡、诚信缺失、贫富差距拉大等。食品安全问题只是这些社会问题中的一环,也是这些系统性社会问题的缩影。比如农药、杀虫剂、除草剂、化肥等的大量使用,在极大地提高农产品产量的同时,也诱发了大量的食品安全问题和环境污染问题。但这些问题更多的是社会问题而非法律问题。互联网经济催生的食品安全新问题,也是社会发展问题,比如,网络销售食品、保健品的现象已经非常普遍,这些产品当中鱼龙混杂,有毒有害食品、假药、不符合安全标准的食品很多。这是典型的社会发展过程中出现的社会问题。食品安全问题乃至犯罪现象,绝不只是法律本身的问题,也不是刑法

＊　原文发表于《检察日报》2016 年 2 月 15 日,第 3 版。

立法疏漏导致的。它是一个社会问题,社会问题需要以社会的视野和路径来救治。寄希望于刑法将更多行为入罪化、重刑化,将刑法规制前置化,无非是以刑治恶、以暴制暴,却无法根治,并非良策。

其次,须厘清食品风险是风险社会之风险还是传统之风险。关于食品安全的刑法治理,主张重刑化和法益保护的早期化是比较流行的观点,一方面主张对食品安全犯罪加重刑罚,另一方面主张大量增设行为犯、抽象危险犯,实行严格责任,甚至有人提出增设非法持有有毒有害食品罪、过失生产销售有毒有害食品罪。这种观点的理论基础是风险刑法和风险社会理论。德国学者乌尔里希·贝克在 1986 年出版的《风险社会》一书中,将当代社会概括为"风险社会",认为全球性风险开始出现,人类日益生活在文明的火山口上,面临着越来越多的威胁其生存的由社会所制造的风险。为应对现代风险社会,在德国刑法学者乌尔斯·金德霍伊泽尔、乌尔里希·齐白等人的推动下,风险刑法(又称安全刑法)应运而生。暂且不论风险刑法本身是否存在反法治的问题,关键要研究的是我国目前的食品安全风险是不是风险社会理论中的风险?事实上,贝克眼中的风险社会之风险是全球性的、不可见的、不可被感知的且只出现在物理和化学的方程式中。回过头来看我国的食品安全问题,主要都是人为的问题,也就是说都是"人祸",不是某种有害有毒的物质依靠现有的科学技术无法被检测与证实,而是无良商家直接添加了有毒有害的物质,这并非风险社会中的"风险"。所以,以风险社会和风险刑法为理论基础主张用刑法主动出击来治理食品安全问题是不妥当的。食品安全事故的频发绝不仅仅是源于法律的缺失,而是社会管理制度的失灵。

最后，须厘清刑法之药方能否治得了食品安全之病。当某种行为引起社会关注的时候，习惯性地寄希望于动用刑法手段，这种惯性思维的最大好处是可以舒缓公众的怒气、安抚民众的情绪，但是对所要解决的问题作用并不明显。重刑化与入罪化并没有使食品犯罪减少，也并未吓阻食品生产者、经营者的违法犯罪行为。《刑法修正案(八)》加大了对食品安全犯罪的打击力度，但是食品安全问题并未得到明显缓解；相反，在某个领域一旦加大行政执法力度，其效果立马显现。行政处罚作为刑法的前置手段，刑法作为行政法等其他法的"保障法"，这种关系决定了在行政处罚未有效发挥作用的情况下，一味地指望刑法的打击效果，并非治理良策。

简而言之，食品安全问题的治理主要是社会管理问题，社会问题的解决要用社会管理的手段，过度刑法化并不利于提升社会治理水平。

客观归责：刑法实质化的表现与结果 *

　　受 19 世纪实证主义哲学的影响,法律实证主义盛行,它试图将价值考虑排除在法学研究之外,将法学的任务限定在分析和剖析实在法的范围内,着重分析实在法的结构和概念。贝林—李斯特古典犯罪论体系正是这个背景下的产物,将自然的因果法则运用到行为和结果的判断中;将行为理解为一种自然的因果现象;认为构成要件是客观的、中性的、无价值色彩的;等等。20 世纪以来,受新康德主义哲学思想的影响,德国刑法思潮呈现出实质化倾向。流行于 19 世纪末 20 世纪初的新康德主义哲学,以价值和事实的严格区分为前提,强调哲学的首要问题不是实在问题,而是应有问题即价值问题。注重价值、规范的视角,以扭转实证主义风潮,使古典犯罪论体系受到了冲击,目的行为论、不法构成要件、实质违法论、实质的罪刑法定等理论兴起,整体上呈现出形式主义向实质主义发展的趋势。兴起于 20 世纪 70 年代德国刑法学界的客观归责理论,实际上正是刑法学实质化思潮的表现,也是刑法学实质化思潮的结果。客观归责理论近来成为我国刑法学的热点问题,客观归责理论对我国当前形式刑法观与实质刑法观之争以及

*　原文发表于"悄悄法律人"正义网法律博客 http://liyong5556.fyfz.cn/b/543224,访问
　　日期:2010 年 3 月 19 日。

对犯罪构成的实质化改造具有重要意义。

第一,从客观归责理论的起源上看,客观归责的缘起与因果关系理论的发展有着密切关系,甚至可以说客观归责理论直接来源于相当因果关系。相当因果关系理论的出发点是为了给条件说设定限制,以控制条件说"若无前者即无后者"的判断公式可能导致的扩大打击面:只有那些根据一般人的社会生活经验,在通常情况下,某种行为产生某种结果被认为是相当的场合,才是刑法上的因果关系。在客观归责论看来,相当因果关系理论这一思路是将原因问题与归责问题混淆,试图将因果关系的判断与归责判断毕其功于一役。事实上,行为与结果之间是否具有因果关系,只是一个事实的、形式的判断,在符合条件关系时,即具有因果关系(条件说是德国的通说),至于这种具有因果关系的结果是否要归责于行为人,则是一个价值的、实质的判断。客观的归责以行为与结果之间存在条件关系为前提,当该行为产生不被法律所容许的风险,并且该风险实现了符合构成要件的结果时,才被承认。换言之,由条件说进行第一次过滤后留下的因果关联,再经过客观归责的第二次过滤;前者是形式意义上的事实判断,后者是实质意义上的价值判断。

因此,从客观归责的起源上看,其与条件说和相当因果关系说有密切关系,而条件说的理论基础是建立在自然科学形式理性之上的,依赖于自然法则进行判断。耶赛克就条件关系的判断明确指出,"一个行为是否能够与在时间上随后发生于外部世界的变化相联系,并且,这种变化应当根据我们所知道的自然法则与这个行为必然地相联系和表现为符合构成要件的结果"①。可见,条件关系的公式本来是确定自然科学、物理学的因果关系的标准。相当因果关系理论则加入了社会生活经验法则来限制条件说的无限制扩张,将因果关系理论朝实质化的方向推进。客观归责理论则将相当性这一实质的价值判断独立出来,与因果关系相并列,并赋予其更加丰富的内涵,从而使实质化思想贯彻得更加彻底。从19世纪下半叶自然科学主导下的因果思想在很大程度上毁灭了归责理论,到20世纪70年代归责理论的复兴,其背后隐含了刑法实质化思潮的演进。

第二,从客观归责的基本构造上看,客观归责理论的领军人物罗克辛教授认为,客观归责中的根本归责要素是客观目的性,客观目的性决定于两个彼此互相决定的要素——规范保护目的和行为的风险制造能力。② 如果行为具有风险制造能力,而且在规范保护目的的范围内,则行为就具有了客观目的性,是客观构成要件中的行为。根据这两个要素,客观归责原则包含三个判断规则,即制造不被允许的风险,实现不被允许的风险和构成要件的效力范围。如何判断是否创设了法所不容许的风险,按照罗克辛的观点,是按照相当性和客观目的性原则进行价值判断的。例如,在暴风雨就要来时,派人到森林去,希望他会被雷劈死,结果此人果然被雷劈死。这种情况下,尽管该行为根据条件说具有因果关系,但是派人去森林并没有创设一种在法律意义重大的威胁法律所保护的法益的行为,因此,不能归责于行为人,没有该当于构成要件的行为。

---

① 〔德〕克劳斯·罗克辛:《德国刑法学总论(第1卷):犯罪原理的基础构造》,王世洲译,法律出版社2005年版,第235页。
② 参见许玉秀:《当代刑法思潮》,中国民主法制出版社2005年版,第391页。

可见,客观归责理论是用"制造法所不容许的风险"将构成要件实质化,这与实质构成要件论用"对法益的侵害或威胁"将构成要件实质化具有相同的旨趣。正如我国台湾学者许玉秀所说的,"罗克辛所提出的规范保护目的、被容许的风险、构成要件的效力范围等原则,都是尝试将法秩序的要求具体化,而它们本身都是实质标准,所以客观归责理论和实质的违法性理论,同属于20世纪以来刑法学思潮乃至法学思潮实质化的一环"①。

　　从这个意义上说,客观归责理论也是一种实质的构成要件理论。

---

① 许玉秀:《主观与客观之间——主观理论与客观归责》,法律出版社2008年版,第208页。

严格限制牵连犯的认定[*]

所谓牵连犯,是指在数个行为中,犯罪的手段行为或结果行为触犯其他罪名的情况。牵连犯认定的核心在于对牵连关系的理解和认定。我国刑法理论界对牵连关系的界定向来比较宽泛,实践中更是存在滥用牵连犯的倾向,往往一人实施的数个行为间只要存在关联,只要行为人辩解主观上有为实现另一个行为而为此行为的想法,便会被认定为牵连犯,我国司法实践中实际上自觉不自觉地采用的是主观说。正如我国学者吴振兴说的"通观我国当前对待牵连犯的理论与实践,对牵连犯的构成解释过宽,对犯罪打击不力";我国台湾地区学者柯耀程也指出:"对于学理及实务上,太过于扩张牵连关系的适用,应审慎再加检讨。"这种扩大牵连关系的倾向必将冲击罪数的区分乃至罪刑均衡的基本原则。司法实践不能机械地理解牵连关系,动辄认定为牵连犯。

一、牵连关系理论概说

在德、日等大陆法系刑法中,关于牵连关系的认定历来就有主

---

[*] 原文发表于"悄悄法律人"正义网法律博客 http://liyong5556.fyfz.cn/b/544905,访问日期:2010 年 5 月 15 日,收入本书时有删改。

观说、客观说、折中说之间的对立。

1. 主观说

主观说认为,牵连关系的认定,应当以行为人的主观意思为标准,即行为人具有将数罪作为手段或结果进行牵连的意思为已足。主观主义学派一般采用此学说,如日本刑法学家牧野英一指出:"但就犯人之主观论之,解为只需犯人以手段、结果之关系使其相牵连,且以此为已足。"

2. 客观说

客观说以某种犯罪和手段或结果之间必须具有通常关系为标准,只有在行为人所采取的手段通常是该犯罪所采取的手段时,或结果属于该犯罪当然所产生的结果时,必须存在密切的因果关系,才能认定具有牵连关系,只是偶然处于手段、结果关系上时,不能说是牵连犯。这是德、日刑法理论的通说。

3. 折中说

该说认为,对牵连关系的判断应该从主、客观两方面进行界定,一般认为,数行为在性质上通常来说,具有手段或结果的关系,并且行为人主观上也具有牵连意思时,才成立牵连关系。

二、对各种学说的批判

首先,主观说是主观主义学派的观点,将行为人的主观意思绝对化。按此说,只要行为人主观上具有将数行为进行手段、目的或原因与结果牵连的意思,即使客观上数行为之间没有任何牵连关系,也可以认定为牵连犯。这无疑会使牵连犯的范围无限扩大,在客观主义刑法理论占主导地位的今天,主观说已经没有市场。

其次,客观说试图克服主观说的缺陷,从客观事实上来限定牵连关系的认定,但结果并不理想。一方面,客观说"按照经验法则,牵连关系处在某种犯罪通常可以看成是作为其他犯罪的手段或者结果而进行的这种关系之上"。这种"通常"如何认定?以什么为标准?这无益于解决人们对个案中牵连关系认定的纷争,比如,因受贿而帮助犯罪分子逃避处罚,受贿到底是否是帮助犯罪分子逃避处罚的"通常"的手段?这显然是个见仁见智的问题。另一方面,客观说置主观意图于不顾,单纯从客观面界定牵连关系,认为即使行为人当初没有作为手段、结果而实施其他犯罪的意图,也构成牵连犯,这也会不当地扩大牵连关系的范围。按照客观说,伪造文书时并没有想用来诈骗,在文书伪造出来后才临时起意利用伪造的文书实施诈骗,也成立牵连犯。事实上这种情况应该属于数罪。

最后,折中说试图从主客观两方面限制牵连关系,出发点是正确的,如何进行折中,如何从主客观两方面限定,仍是个悬而未决的问题。

三、以直接关联性限制牵连关系

客观方面之限制——前后相继的两行为存在近似结合犯的直接关联性。传统通说认为我国刑法中并不存在结合犯,但是国外关于结合犯的理论可以为牵连关系的限制提供借鉴。所谓结合犯是指刑法将两个以上的行为结合规定为一罪的情况。结合犯中的数行为原本可以独立构成犯罪,但是由于该数行为间存在密切关系,容易同时发生,刑法才将其结合起来规定成一罪。例如日本刑法规定抢劫过程中杀人,不成立抢劫罪和杀人罪,仅成立抢劫杀人罪。我国刑法并无抢劫杀人罪这一结合犯,对于此种情况可以看作是牵连犯,即只成立抢劫罪一罪并从重处罚。又如为实施诈骗而伪造公文证件,伪造证件,接着使用伪造的公文证件进行诈骗,这里的伪造、使用、诈骗之间存在前后相继的关联性,加之进行诈骗的最终目的具有同一性,因此是牵连犯。再如日本有判例广泛认同的,行为人企图盗窃而侵入了他人的住所,是侵入住宅罪和盗窃罪的牵连犯。这里的侵入住宅与入室盗窃存在前后相继的近似结合犯的牵连关系。至于串通投标罪与受贿罪之间、帮助犯罪分子逃避处罚罪与受贿罪之间并不存在牵连关系,而是一般的数罪。

厘清内涵重塑责任理论构造[＊]

长期以来,我国刑法理论和实践在不知不觉中混淆了"责任"与"刑事责任"两个概念,对大陆法系中的"有责任""责任"是何关系没有厘清。这种状况对刑法学基础理论和刑事司法实践造成了一系列困惑,有必要对这个问题进行探讨。

"责任"和"刑事责任"二者含义到底是否相同? 如果不同,区别何在? 我国刑法理论中的刑事责任与大陆法系的"责任"或"有责性"是何关系? 这是研究刑法中"责任"问题的前提。责任和刑事责任是两个不同的刑法学概念。在德语中,责任与刑事责任分别是"Schuld"和"Verantwortlichkeit"。在德、日等大陆法系刑法学中是严格区分责任与刑事责任的。日本学者大塚仁指出,所谓责任是指能够就犯罪行为对其行为人进行非难……为了成立犯罪,除了构成要件符合性、违法性之外,还需要行为人存在责任。大陆法系刑法也使用刑事责任的观念,但是这不是指上述意义的责任,而是指所谓罪责,即应该科处的刑罚,也称刑责。^① 在大陆法系刑法学中责任与刑事责任是两个不同的概念,前者是三阶层(即构成要件符合性、违

＊ 原文发表于《检察日报》2016 年 9 月 27,第 3 版。

① 参见〔日〕大塚仁:《刑法概说(总论)(第三版)》,冯军译,中国人民大学出版社 2003 年版,第 400 页。

法性和有责性)中作为罪成立条件之一的有责性,是一种非难可能性,是指"对行为人所实施的违法行为进行谴责或责难的可能性";后者是指作为犯罪的后果,应科处的刑罚。但是,我国刑法中所说的刑事责任年龄、刑事责任能力是在作为谴责可能性即"责任"的意义上使用的,而我国刑法中所说的"应当承担刑事责任""刑事责任是犯罪和刑罚的桥梁"等,是在作为犯罪的后果、应科处刑罚即"刑事责任"意义上使用的。这种混淆可能是由日语对德语的翻译、而汉语又对日语的翻译几经辗转、以讹传讹造成的。我国学者张明楷教授认为,应该将德、日刑法中的"Schuld""责任"翻译为"罪过"才合适。① 无独有偶,冯军教授也认为将"Schuld"翻译为"罪过"可能更妥当;②而学者陈忠林教授在翻译《意大利刑法原理》时也将相当于德、日刑法学中"责任"或"有责性"翻译为罪过。③ 诚然,将 Schuld翻译为罪过有利于区别于刑事责任,但是,我国刑法理论中一般将故意、过失称为罪过,加之约定俗成的缘故,其结果可能是适得其反。

用语上的混乱必然带来理论上的一系列误区,概括起来主要有以下表现:

误区之一:责任论内容的空洞化。大陆法系责任论的内容大致包括责任的基本理论即关于责任本质的学说、责任能力、故意和过失、违法性意识及其可能性、期待可能性等,责任论的内容具有丰盈性和深刻性,并把责任作为犯罪成立条件之一,充分体现了责

---

① 参见张明楷:《犯罪论体系的思考》,载《政法论坛》2003 年第 6 期。
② 参见〔德〕雅科布斯:《行为·责任·刑法——机能性描述》,冯军译,中国政法大学出版社 1997 年版,"译者后记"。
③ 参见〔意〕杜里奥·帕多瓦尼:《意大利刑法学原理》,陈忠林译,法律出版社 1998 年版,第 179 页。

任主义作为刑法的基本原则、责任问题是刑法基本问题的理论品质。而我国传统"刑事责任"理论，无论是法律责任说、刑罚处罚说，还是刑事义务说、法律后果说等，无论怎样变换用语，其实都没有任何新意，说到底"刑事责任"都是作为犯罪的必然后果，是一种刑事负担和应科处的刑罚而已。既然如此，其内容就只能是刑罚和非刑罚措施，因为它们是刑事责任的实现方式，也是其基本内容。笔者注意到，近年来关于刑事责任的论著不少，从形式上看不可谓不是长篇大论，但是其内容除去"刑事责任的历史"和刑事责任的概念之争以及基于误解而塞进去的大陆法系的社会责任论、行为责任论、道义责任论等内容，剩下的大概也只有刑事责任的实现方式即刑罚和非刑罚措施了，而作为"责任"真正内容的故意过失、违法性意识、期待可能性等理论却鲜有论及，这样所谓的"刑事责任论"只是一个空壳而已。

误区之二：责任论在犯罪论体系乃至整个刑法学体系中地位的虚置化。在大陆法系刑法理论中，责任作为犯罪成立条件的三要件之一，在犯罪论体系中当然占据了相当重要的地位，而我国的通说理论把责任混同于"刑事责任"，当然只能游离于犯罪构成之外，在犯罪论中无一席之地也就不可避免。然而学者们对此似乎并不甘心，强烈呼吁要提高刑事责任的地位，其结果又怎样呢？无论怎么强调其重要性，刑事责任都只能在犯罪与刑罚的夹缝中生存，要么是犯罪与刑罚的桥梁，要么是刑罚的上位概念，要么是刑罚的下位概念，而以此为基础的刑法学体系就要么是"罪—责—刑"平行说，要么是"罪—责"说，要么是"罪—刑"说。可是无论怎样，刑事责任都无法在犯罪论中找到自己应有的位置。

误区之三：使作为刑法基石之一的"责任主义原则"无从凸

显。众所周知,责任主义或称责任原则是现代刑法的重要基石,"责任原则,和罪刑法定原则相并列,是保障犯罪人以及国民的一般权利、自由的近代刑法的基本原则"①。责任主义的内容集中反映在"没有责任就没有刑罚"的法律格言中,进一步说是指行为人存在主观的并且个人的责任即归责可能性,如具有责任能力、故意过失等才成立犯罪,承担刑罚,这一格言的德文"keine strafe ohne schuld"中使用的是 schuld(责任)而非 Verantwortlichkeit(刑事责任)。可见,这里的责任绝非我国通说理论所说的作为犯罪后果的刑事责任。

笔者认为,要走出误区,必须重塑责任的理论构造。一方面,由于我国的犯罪构成及犯罪论体系不同于大陆法系的三要件,不能完全照搬德、日大陆法系的责任构造;另一方面,又不能把我国的刑事责任仅仅作为犯罪的必然后果和应科处刑罚的地位。如果不从根本上动摇以四要件为基础的犯罪体系,那么,我国的刑事责任就应该既不同于大陆法系三要件之一意义上的"责任",也不应该维持混淆责任与刑事责任的现状。笔者提出"刑法责任"这一广义的概念,内容包括归责可能性与作为犯罪后果(或应科处的刑罚)的刑事负担,从而融合了责任(schuld)与刑事责任(Verantwortlichkeit)。这一概念的优势在于:一是在用语上,"刑法责任"避免了责任与刑事责任相混淆的局面;二是在内容构造上兼容了责任与刑事责任,避免了内容的空洞;三是完善了犯罪论体系乃至刑法学体系。德、日刑法中的责任的内容诸如故意、过失、违法性意识、期待可能性属于"刑法责任"中的"归责可能性"的要素,可以在我国传统犯罪构成四

---

① 〔日〕曾根威彦:《刑法学基础》,黎宏译,法律出版社 2005 年版,第 44 页。

要件的主观方面中找到对应的位置。换言之,把归责可能性的要素(故意过失、期待可能性、刑事责任能力等)放在犯罪主体和主观方面中研究;至于道义责任论、社会责任论等基本理论部分可以作为责任主义的内容之一定位在刑法论部分,使责任主义与罪刑法定主义一道作为刑法的两大支柱。而作为犯罪的后果和量刑基准意义上的刑事责任(Verantwortlichkeit)属于"刑法责任"中的"刑事负担"部分,放在刑罚论中研究。这样,整个刑法学的体系仍然是"刑法论—犯罪论—刑罚论",既避免了刑事责任内容的空洞,又避免了刑事责任地位的虚置,同时又协调完善了我国的刑法学体系。

帮助信息网络犯罪活动罪的司法适用误区 *

一、关于帮信罪的口袋化问题

根据最高人民检察院 2021 年 1—9 月公布的数据来看,起诉罪名排在第一位的是危险驾驶罪 263281 人,同比上升 30.6%;排在第二位的是盗窃罪 150922 人,同比上升 6.7%;排在第三位的是诈骗罪 82105 人,同比下降 10.9%;排在第四位的是帮助信息网络犯罪活动罪(以下简称帮信罪)79307 人,同比上升 21.3 倍。

帮信罪在司法实践中呈现井喷之势,原因有很多,比如打击力度加大,但是不容忽视的是,该罪名有泛化、口袋化倾向,是不是很多案件定性为该罪名是法律适用错了?! 实践中竟然还有观点认为对掩饰、隐瞒犯罪所得罪的帮助犯罪也是帮信罪,还有观点认为定帮信罪省时省力又省事,只要查到银行卡或二维码一律定帮信罪。实践中,很多不应该定帮信罪的案件被定罪了。这样导致的后果不仅仅是法律适用的混乱,更为重要的是导致消极侦查、消极指控,进而导致打击不力。帮信罪无论是侦查还是指控都很容易,这样导致本该进一步侦查、深挖上游共同犯罪的,却因为帮信罪而导致侦查行为就此停止,也存在一些没有达到帮信罪的证据标准

＊　部分内容发表于《检察日报》2022 年 1 月 18 日,第 7 版。

或可以不作为犯罪处理的也被定为帮信罪了。帮信罪的立法目的本来是兜底的，现在反而变成打前阵的了，这违背立法意图。所以，严格限制帮信罪适用，迫在眉睫。

二、帮信罪与掩饰、隐瞒犯罪所得、犯罪所得收益罪的关系

帮信罪与掩饰、隐瞒犯罪所得、犯罪所得收益罪的界限在于上游犯罪是否既遂。换言之，上游犯罪的既遂与否是帮信罪与掩饰、隐瞒犯罪所得、犯罪所得收益罪的"分水岭"。

首先，从刑法理论角度来看，通说认为，帮信罪是帮助犯在立法上的正犯化，就是将上游犯罪的帮助犯在立法上独立出来作为一个单独的罪名，因此，帮信罪本质上属于共同犯罪。刑法中的共同犯罪只有事前共犯、事中共犯，不存在事后共犯，共犯关系只能在既遂之前形成。而掩饰、隐瞒犯罪所得、犯罪所得收益罪及洗钱罪是赃物犯罪，就是犯罪既遂之后对赃物的处置行为，本质上就是把犯罪所得赃款赃物"洗白"。如此一来，帮信罪就只能形成于上游犯罪既遂之前，而掩饰、隐瞒犯所得、犯罪所得收益只能形成于上游犯罪既遂之后。根据因果共犯论，帮助犯承担刑事责任的根据和范围是帮助行为对正犯行为及其法益侵害结果的因果性（作用力），因此，以既遂与否作为"分水岭"，提供银行卡、收款码等帮助行为是在上游诈骗等犯罪既遂之前还是之后产生并发挥作用力是判断帮信罪与掩饰、隐瞒犯罪所得、犯罪所得收益罪的根本标准。

其次，从相关司法解释角度来看，最高人民法院、最高人民检

察院、公安部《关于办理电信网络诈骗等刑事案件适用法律若干问题的意见》(以下简称《意见》)第3条第5项规定:"明知是电信网络诈骗犯罪所得及其产生的收益,以下列方式之一予以转账、套现、取现的,依照刑法第三百一十二条第一款的规定,以掩饰、隐瞒犯罪所得、犯罪所得收益罪追究刑事责任……"最高人民法院、最高人民检察院、公安部《关于办理电信网络诈骗等刑事案件适用法律若干问题的意见(二)》(以下简称《意见二》)也有同样的表述。这里使用的表述是"明知是电信网络诈骗犯罪所得及其产生的收益",既然是"所得和收益",当然是犯罪既遂之后才可能产生所得和收益。也就是说,掩饰、隐瞒犯罪所得、犯罪所得收益罪的成立只能在上游犯罪既遂之后。《意见》第4条第3项又规定:"明知他人实施电信网络诈骗犯罪,具有下列情形之一的,以共同犯罪论处,但法律和司法解释另有规定的除外……"这里使用的表述是"明知他人实施电信网络诈骗犯罪",既然是"实施"就是准备实施或正在实施,是在上游犯罪既遂之前。

综上所述,实践中,如果证据表明被害人的钱款直接转入行为人提供的银行卡、收款码账户,此时被害人是在上游犯罪人的欺骗之下正在处分财产,犯罪尚未既遂,当被害人的钱款进入行为人提供的银行卡、收款码账户之后,犯罪才既遂,属于帮助行为在上游犯罪既遂之前产生并发挥作用力,是上游犯罪既遂不可或缺的一部分,要么属于帮信罪,要么属于上游犯罪的共同犯罪(具体区分见下文);如果证据表明被害人的钱款并没有直接进入行为人提供的银行卡、收款码账户,而是经过其他转账后再转入行为人提供的银行卡、收款码账户,则是在上游犯罪既遂之后发生作用力,属于掩饰、隐瞒犯罪所得、犯罪所得收益罪。就主观故意而言,行为人提供银行卡、收款码等，只要概括地明知可能用于上游犯罪即可，具体是用在既遂之前还是之后，是用来帮信还是洗钱，都在其故意内容的涵摄范围之内。这种概括故意与行为在客观上发挥作用的阶段（既遂之前还是之后）结合起来，就实现了主客观相统一。例如，当其帮助行为发生并发挥作用力在上游犯罪既遂之前时，认定为帮信罪，结果在其概括的故意之内；当帮助行为发挥作用力在上游犯罪既遂之后，认定为掩饰、隐瞒犯罪所得、犯罪所得收益罪，结果也在其概括故意之内。

　　总之，帮信罪与掩饰、隐瞒犯罪所得、犯罪所得收益罪之间的区别规则：①帮信罪的明知应当是在事前（包括事中），不包括事后；②帮信行为中的提供银行卡或二维码等帮助行为发生在上游犯罪既遂之前（包括事前、事中，不包括事后）；③帮信罪的提供银行卡或二维码等帮助行为的因果力发生在既遂之前。

三、帮信罪与上游犯罪的共犯关系

　　如前所述，行为人提供的银行卡或收款码在上游犯罪既遂之前发生并发挥作用才可能成立帮信罪或上游犯罪的共犯，帮信罪与上游犯罪的共犯二者之间的界限是个难点。全国人大常委会法工委雷建斌在解读帮信罪立法背景时指出，网络犯罪的帮助行为专业化、产业链化，帮助行为具有相对独立性，犯罪人之间互不相识，按照共同犯罪规定追究，存在困难，如按照共犯处理一般需要查明帮助者的共同犯罪故意，但网络犯罪不同环节人员之间往往互不相识，没有明确的犯意联络。根据上述立法背景的说明，并结合司法实践，笔者认为，帮信罪与上游犯罪共犯之间界限的基本判断标准:一是上游犯罪客观行为的确定性;二是上、下游犯罪主观意识联络的确定性。具体来说,首先,在主犯没有被抓获甚至没有被确定的情况下,但有足够证据证明上游行为构成犯罪,且本罪的行为人实施了帮助行为和联系的密切程度。其次,意思联络不确定或者不明确,在这种情况下,应当认定为帮信罪;反之,如果上游犯罪的客观行为已经查清,共同行为及其分工已经查清,同时,上、下游犯罪人事前通谋、意识联络明确,就应当认定为上游犯罪的共同犯罪。

帮信罪与上游共犯之间的区别规则:①看上游客观行为的确定性程度,帮信罪一般是不确定的,而共犯是确定性程度更高的;②看意识联络的确定性程度,帮信罪意思联络不确定,是概况性的(当然,网络犯罪和有组织犯罪中单向意思传递,可以认定为共同犯罪故意的意思联络);③看上、下游行为之间关联性的紧密性程度,帮信罪的行为与上游正犯行为之间联系松散,没有形成相互作用、相互促进的紧密联系,甚至"同心一体"。

四、罪数问题

实践中的情况纷繁复杂,罪名之间的交叉、重叠是常态,上述帮信罪与掩饰隐瞒犯罪所得罪、上游犯罪共犯之间也存在这样的问题。具体包括以下情况:

(1)行为人提供的银行卡、收款码等,被上游犯罪既用于实施上游犯罪,也被用来转移赃款。这种情况,对于行为人而言,出于一个概括的犯罪故意,实施了一个提供银行卡、收款码的行为(即使一次提供多张、多个银行卡、收款码也属于刑法中的一个行为),属于典型的一行为触犯数罪名,系想象竞合,从一重处。

（2）行为人提供银行卡或收款码的行为在既遂之前发生并发挥作用力，同时，行为人还按照上游犯罪人的指令再次转移资金或线下取现金。这种情况下，前行为的提供银行卡、收款码等属于帮信，后行为的再次转移资金、线下取款属于掩饰、隐瞒犯罪所得、犯罪所得收益，两个行为之间相互独立，应当按照帮信罪与掩饰隐瞒犯罪所得罪数罪并罚。

（3）行为人与上游犯罪意识联络明确、事先通谋，符合上游犯罪的共同犯罪。理论上来说，符合上游犯罪的共同犯罪原则上都符合帮信罪，对于同时符合帮信罪和上游犯罪共同犯罪的，属于想象竞合，从一重处。

五、关于量刑平衡问题

很多人认为定掩饰隐瞒犯罪所得罪或定上游共同犯罪太重了，而帮信罪很轻，量刑不平衡。这个问题，客观上确实一定程度上存在，主要是因为司法解释对犯罪数额标准规定不平衡，但是也有很多是"假象"。为什么是假象呢？是因为把本该定上游犯罪共同犯罪的行为定成了帮信，把本该定掩饰隐瞒犯罪所得罪的行为定为了帮信罪，就感觉到不平衡。其实，有的本该定上游共同犯罪，有些可以不作为犯罪处理。

六、关于"黑吃黑"问题

实践中，一些案件，行为人明知用于犯罪而向上游犯罪提供银行卡，赃款到账后，行为人收到短信提醒，至银行挂失补办新卡并将钱款全部取现,俗称"黑吃黑"。这种情况,前面的提供银行卡的行为属于帮信罪或掩饰隐瞒犯罪所得、所得收益罪(具体二者区别见上文),后面的挂失取现行为是定盗窃罪还是侵占罪、信用卡诈骗罪,存在争议,分析如下:

首先,不成立信用卡诈骗罪。信用卡的特点是具有身份专属性,本人使用或授权他人使用的,不属于冒用。即便将物理卡片交给他人,持卡人依然是原持卡人,持卡人的身份属性并没有发生变化。银行以持卡人的身份专属性为识别机制,持卡人本人使用银行卡,银行没有被骗,不存在信用卡诈骗罪。

其次,不成立侵占罪。侵占罪的本质在于将合法占有变为非法占有,而财产犯罪保护的占有,是一种平稳的财产秩序,否则不利于财产秩序的保护。就这个意义而言,当行为人将卡交给上游犯罪人的时候,卡内他人的钱系他人占有,行为人并不占有,没有侵占罪成立的基础。持卡人把出"售""租"给上游犯罪人时就约定卡及卡内的资金均由上游犯罪占有,当行为人把卡交给上游时,卡内资金就已经转移给上游。银行卡在某人的名下并不意味着卡内的资金绝对由此人占有。

最后,后行为构成盗窃罪。盗窃罪的本质是违背财物占有人的意志,以平和的方式改变占有,即使是盗窃、抢劫等所得的赃款,其他人也不能任意抢或者偷。原因在于刑法要保护这种平稳财产秩序,故有相关案件将"黑吃黑"定为盗窃罪。在电信网络诈骗罪中,"黑吃黑"行为也不能例外。在上游行为人不知情的情况下挂失取款,违背上游行为人意志改变钱款的占有,是盗窃行为。因此,前面的提供银行卡的行为属于帮信罪或掩饰隐瞒犯罪所得、所得收益罪(具体二者区别见上文),后面的挂失取现行为是另起犯意的盗窃罪,数罪并罚。需要说明的是,实践中还有一种情况,银行卡被冻结,上游犯罪跟提供银行卡的行为人说,"卡被冻结,你有本事把钱取出来的话,就是你自己的"。这种情况下,行为人如果通过各种方式真地把钱取出来了,就不存在盗窃罪,因为没有违背财物占有的意志。但是由于卡内的资金是上游犯罪的赃款,行为人取出来的行为是一种掩饰、隐瞒犯罪所得行为,应当对该行为认定为掩饰隐瞒犯罪所得罪。

运用共犯理论区分电信网络诈骗犯罪责任*

近年来,电信网络诈骗犯罪作为一种新型犯罪"异军突起",其犯罪手段、方法有别于传统犯罪,在法律适用上面临诸多困境,对传统刑法理论也提出了新的挑战。

一、关于正犯与共犯的理论反思

犯罪集团是电信网络诈骗案件犯罪主体的基本形态,一般按照骗术分组,如快递业务组、"政法"业务组等。各组人员是对本组的犯罪数额承担责任还是对整个犯罪集团承担责任,这涉及共同犯罪的基本理论问题。

1."部分实行全部责任"原理

"部分实行全部责任"是正犯的归责原理,在共同正犯的场合,各正犯的行为在客观上相互利用、相互补充,使自己的行为与其他人的行为一体导致了结果的发生。因此,即使只分担了一部分实行行为的正犯者,也要对全部结果承担正犯的责任。该原理适用的前提是分清正犯和共犯。我国刑法理论按照共同犯罪人的地位和作用分为主犯、从犯,并没有从正犯和共犯的角度来区分。

---

* 原文发表于《检察日报》2017 年 4 月 23 日,第 3 版,收入本书时有删改。

这种弊端在电信网络诈骗犯罪中就显现了出来。

按照"部分实行全部责任"的要求,只要是正犯,就应当对共同犯罪的全部后果负责。《意见》规定:"多人共同实施电信网络诈骗,犯罪嫌疑人、被告人应对其参与期间该诈骗团伙实施的全部诈骗行为承担责任……上述规定的'参与期间',从犯罪嫌疑人、被告人着手实施诈骗行为开始起算。"从着手实施诈骗行为开始起算,就是强调正犯;对团伙实施的全部诈骗行为承担责任,就是强调"部分实行全部责任"。但是,《意见》根据《刑法》第 26 条的精神,还规定:"对犯罪集团首要分子以外的主犯,应当按照其所参与的或者组织、指挥的全部犯罪处罚。"如果把该规定理解为分组负责,似乎也存在问题,因为普通共同犯罪参与人"应对其参与期间该诈骗团伙实施的全部诈骗行为承担责任",而作为更为严重的集团犯罪却只是分组负责。可见,如何认定正犯是问题的关键。

2. 正犯与共犯的区分

正犯又叫实行犯,直接支配构成要件的实现,是共同犯罪的核心人物;对正犯的行为进行加功的是共犯,是共同犯罪的边缘人物。狭义的共犯包括教唆犯和帮助犯。

正犯和共犯在具体案件中如何区分?传统刑法理论上有主观说和客观说。这些学说对于电信网络诈骗案件而言均存在弊端。笔者认为可以引入目前德国通行的支配理论。按照支配理论,正犯是具体犯罪事实的核心角色,犯罪过程的关键人物,决定性地支配犯罪过程的人;共犯是配角,不能支配整个犯罪过程,是通过教唆而引发正犯的构成要件行为(教唆犯),或者通过提供帮助对其做出贡献(帮助犯)的人。正犯的成立条件,一是客观上有共同实行的行为(行为的分担),对实现构成要件具有支配作用;二是主观上有共同的行为意思(意思联络)。按照支配关系来理解正犯，前述犯罪集团的"部分实行全部责任"问题就能得到妥善解决，解决的基本方案就是"正犯的行为支配到哪里就定到哪里"。在一般的共同犯罪、犯罪团伙中，正犯的行为支配整个共同犯罪活动，承担全部责任。在犯罪集团中，如果正犯的行为支配整个集团就承担整个集团的犯罪数额，如首要分子；如果正犯的行为只能支配到某一领域，则对该领域内的全部犯罪数额承担责任，例如诈骗犯罪集团按照组分工，各自为战，互不交叉，该组的组长对本组实施的全部犯罪数额负责。

需要特别说明的是共谋共同正犯，其是指二人以上共谋实行犯罪，但只有一部分人基于共同的意思实行了犯罪，没有直接实行犯罪的共谋人构成共同正犯。这主要是为了解决有组织犯罪、集团性犯罪中处于幕后策划、指挥的人员的责任归属问题，他们虽没有亲自参与犯罪的实行，但仍处于整个犯罪活动的支配地位，具有正犯性。但也不能随意将参与预谋的人都定为共谋共同正犯，因为共谋共同正犯不仅要参与共谋，更需要具有"正犯性"，即在共同犯罪中起到支配作用。没有起到支配作用的共谋者不能按照"部分实行全部责任"原理进行归责。

二、共犯处罚根据论反思

电信网络诈骗犯罪中的取款人、提供技术服务的人员责任如何认定？这涉及共犯处罚根据理论，理论上有责任共犯论、违法共犯论和因果共犯论。其中因果共犯论是目前德国、日本刑法通行的主张，以因果论为基础，与法益侵害或危险的结果相关联来理解共犯的处罚根据,共犯只对与自己的行为具有因果性的结果承担责任。

运用因果共犯论原理,可以有效地解决电信网络诈骗案件的归责问题:①教唆犯的教唆行为和帮助犯的帮助行为都必须在实行犯罪之前,否则不成立共同犯罪。取款人如果在事先有通谋,就构成诈骗罪的帮助犯;如果事先没有通谋,属于犯罪既遂之后掩饰、隐瞒犯罪所得。钱款进入行为人控制的账户,诈骗行为就既遂,至于银行冻结止付则是通过法定程序恢复合法状态,属于追赃挽损。那种将取款视为诈骗罪实行行为一部分的观点不可取。因此,取款人在诈骗犯罪既遂之前加入并提供帮助的,按照因果共犯论,构成诈骗罪的共犯,只对其帮助行为具有因果性的数额承担责任,即其承担的数额是取款的数额,而非集团的全部犯罪数额,这与正犯不同。②提供技术支持的人,只要明知对方实施诈骗犯罪,而提供技术支持,不管被帮助者是否知道(不知道的情况下是片面帮助犯),都起到了物理上的帮助作用,具有因果性,而应当作为帮助犯处罚,其犯罪数额只能是其提供技术支持所获得的数额。对于单纯从事技术研发、产品销售、符合中立性要求的,按照中立行为,不作为犯罪处理。

三、罪数理论的反思

关于罪数问题,《意见》规定了三种情况:①在实施电信网络诈骗活动中,非法使用"伪基站""黑广播",干扰无线电通讯秩序,符合《刑法》第288条规定的,以扰乱无线电通讯管理秩序罪追究刑事责任。同时构成诈骗罪的,依照处罚较重的规定定罪处罚。

②使用非法获取的公民个人信息,实施电信网络诈骗犯罪行为,构成数罪的,应当依法予以并罚。③冒充国家机关工作人员实施电信网络诈骗犯罪,同时构成诈骗罪和招摇撞骗罪的,依照处罚较重的规定定罪处罚。以上三种情况,有的数罪并罚,有的从一重罪处罚。我国传统刑法关于罪数理论的混乱规定在电信网络诈骗案件中凸显。

1. 关于想象竞合犯与牵连犯的关系

想象竞合犯与牵连犯的本质区别在于行为个数,想象竞合是一行为触犯数罪名;而牵连犯是数行为触犯数罪名,只不过数行为之间存在牵连关系。问题在于如何确定行为个数?理论上有主要部分重合说、一部重复说和着手一体说等。主流观点是主要部分重合说。《意见》中的第一种情况,非法使用"伪基站""黑广播"发送诈骗信息与诈骗罪的欺骗行为具有高度的重合性,属于一行为,应当认为属于想象竞合犯从一重处。第二种情况窃取或者以其他方法非法获取公民个人信息,使用非法获取的公民个人信息实施电信网络诈骗犯罪,这里的获取信息的行为与利用信息实施诈骗的行为之间是相互独立的,非法获取公民个人信息成立独立的犯罪,二者不具有重合性,属于数行为,显然不可能成立想象竞合犯。

2. 牵连犯与数罪并罚

牵连犯是存在手段与目的、原因与结果关系的数个行为触犯不同罪名的情况。牵连犯的核心在于牵连关系的认定,由于实践中滥用牵连犯现象突出,呼吁废除牵连犯概念的呼声较高。域外曾在刑法中规定牵连犯的,现在已逐步废除。笔者认为,应当严格限制牵连犯的认定。只有行为之间客观上存在近似结合犯的直接关联性、一般社会观念上的密切联系、主观上存在最终目的同一性的,才能成立牵连犯。结合《意见》中的第二种情况,窃取或者以其他方法非法获取公民个人信息后,再使用非法获取的公民个人信息,实施电信网络诈骗犯罪,如前所述,属于数行为,两个行为之间并不存在类似结合犯的牵连关系,因此,应当数罪并罚。

3. 想象竞合与法条竞合的关系

诈骗罪与招摇撞骗罪之间是法条竞合还是想象竞合?我国传统刑法通说认为二者之间是法条竞合的关系。但是由于诈骗罪刑罚设置更重,如果认为是法条竞合,适用特殊法条,会导致冒充国家工作人员诈骗比普通诈骗反而受到的处罚更轻。

笔者认为,关于想象竞合与法条竞合的区分,可以从形式标准和实质标准两个方面进行区分:①形式标准。从形式上看,法条竞合不取决于案件事实,而是法条之间本来就存在包容和交叉关系,而想象竞合取决于案件事实,是因为案件事实中的行为触犯两个不同的法条。比如,诈骗罪与合同诈骗罪两个法条之间就存在竞合关系。但是诈骗罪与招摇撞骗罪之间,如果冒充国家工作人员骗色就不会触犯诈骗罪条款,只有在冒充国家工作人员骗财时才可能触犯诈骗罪,这种竞合取决于案件事实,就不属于法条竞合。②实质标准。法条竞合只有一个法益侵害事实,而想象竞合则有多个法益侵害事实。换言之,法条竞合用其中一个法条就可以全面评价其违法性;而想象竞合侵害多个法益,一个法条不足全面评价其违法性。因此,冒充国家工作人员进行电信网络诈骗,不仅侵害了被害人的财产权,还侵害了国家工作人员的信誉,用其中任何一个法条都不能全面评价其违法性,所以,该行为属于想象竞合,应当从一重罪处罚。

Web 3.0 时代
"机器不能被骗"是伪命题*

当前,网络盗刷交易犯罪频繁,理论界和实务界对其罪名适用多有分歧。实践中,为了逃避定性困扰甚至出现了"一盗到底"的蛮干现象。定性混乱的根本原因,一是割裂刑法与金融法的关系,或是单纯从刑法的角度"自说自话",而没有从金融法的角度穿透涉案金融产品的本质属性;或陷入金融及互联网金融的泥淖而背离基本的刑法教义学立场。二是固执坚持"机器不能被骗"。在Web 3.0 时代,人们的生活方式已经发生重大变化,侵财犯罪的形态也发生重大变化,我们必须正视科技对诈骗罪行为构造带来的冲击,刑法概念应展现开放姿态,应当在坚持盗窃罪与诈骗罪实质上分属取得型犯罪和交互(沟通)型犯罪的基础上,承认在信用卡诈骗罪、对贷款诈骗罪等特殊诈骗罪中"网络终端、机器"可以被骗。

一、盗窃罪与诈骗罪的实质界限

盗窃罪是以平和方式违背财物占有人的意志改变占有,诈骗

---

* 节选自李勇等:《网络盗刷交易犯罪的定性分析——基于实质解释与"穿透式"审查的双重思路》,载《中国检察官》(经典案例版)2021 年第 24 期,收入本书时有删改。

罪是财物占有人基于错误认识"自愿"处分占有,具体可以从以下三个方面把握:首先,盗窃罪与诈骗罪在财产法益保护方向上有所差别。盗窃罪的本质是违背权利人的意志,改变他人的占有,保护法益是财物的所有权及占有权,尤其侧重于保护被害人对财物的占有和支配。诈骗罪所保护的不是权利人对财物静态的占有和支配,而是权利人在对财物进行处置和利用的动态过程中,能够基于正确的信息进行理性决定,并由此维护自己的财产。因此,诈骗罪的本质是基于权利人有瑕疵的自愿处分而改变占有关系。其次,盗窃罪是取得型犯罪,违背权利人的意志,属于"偷你没商量"。诈骗罪是交互型(沟通型)犯罪,需要与被骗人就财产决策的具体事项发生意思沟通,在该意思沟通过程中,行为人使用了欺骗手段,使对方陷入认识错误,进而"自愿"处分财产,属于"骗你有商量"。最后,有无处分行为是区别盗窃罪与诈骗罪的关键。至于是否需要处分意识,存在争议。但是在 Web 3.0 时代,"处分意识不要说"越来越有力。在德国,"处分意识必要说"仅仅被限制在传统的"物品诈骗"场合。在欺骗他人放弃债权或负担债务的场合,并无人主张"处分意识必要说",而"计算机诈骗罪"更是典型的不需要处分意识。

二、互联网终端、机器能否被骗

机器不能被骗是从普通诈骗罪的本质和构造中推导出的传统结论,因为机器无法进行真正意义上的交流沟通,也不存在陷于错误认识"自愿"处分财物。该观点对于传统"线下"诈骗行为以及《刑法》第 266 条普通诈骗罪而言是可行的,但是在 Web 3.0 时代,这种观点必然造成处罚漏洞。德、日等国采取增设计算机诈骗罪等特殊诈骗罪、准诈骗罪的方式来解决这一问题,实际上是变相承认在这些特殊诈骗罪、准诈骗罪中"机器可以被骗"。《德国刑法典》第 263 条规定的是普通诈骗罪,1986 年又在第 263a 条中增设了"计算机诈骗罪",即意图为自己或第三人获取违法财产利益,透过程序之不正确形成、不正确或不完整数据之使用、数据之无权使用或其他对流程的无权作用影响数据处理之结果,而损害他人财产者。该条款实际"系为填补以不正方式操控计算机进而获利之行为,无法以第 263 条诈欺罪规范之漏洞"。依德国通说与实务之见解,这里"无权使用"之"无权",必须朝向诈骗的特性加以解释。换言之,对计算机诈骗罪的构成要件要素应当按照诈骗罪的构造进行解释,普通诈骗罪中的"基于认识错误处分财产"在计算机诈骗罪中体现为"计算机处分(计算机由于数据处理结果受到干扰而作出直接关乎财产的反应)"。《日本刑法典》在第 246 条之后增加第 246 条之二"利用计算机诈骗罪","本罪(利用计算机诈骗罪——引者注)之所以作为诈骗罪的一种类型,是因为在行为形态上和其他欺骗他人获取财产性不法利益的诈骗罪类似……可以说是从立法上排除了所谓'机械不能陷入错误'这种认定诈骗罪不成立的根据"。

事实上,我国刑法也有自己的解决方案。2008 年最高人民检察院《关于拾得他人信用卡并在自动柜员机(ATM 机)上使用的行为如何定性问题的批复》中规定,拾得他人信用卡并在自动柜员机(ATM 机)上使用的行为,定信用卡诈骗罪,这里实际上就是承认了 ATM 机"可以被骗"。2009 年最高人民法院、最高人民检察院联合发布的《关于办理妨害信用卡管理刑事案件具体应用法律若干问题的解释》第 5 条第 2 款第 3 项进一步规定，"窃取、收买、骗取或者以其他非法方式获取他人信用卡信息资料，并通过互联网、通讯终端等使用"属于《刑法》第 196 条第 1 款第 3 项所称"冒用他人信用卡"，构成信用卡诈骗罪。这一规定进一步认可了互联网、终端设备"可以被骗"。我国《刑法》除了第 266 条的普通诈骗罪之外，还有信用卡诈骗罪、合同诈骗罪、贷款诈骗罪等特殊诈骗罪，这些特殊诈骗罪在 Web 3.0 时代完全存在"被骗"可能性。这与德、日刑法可谓殊途同归，都是在维持普通诈骗罪基本构造的前提下，通过承认特殊诈骗罪中"机器可以被骗"来弥补处罚漏洞。只不过，德、日刑法通过增设新罪来实现，而我国刑法由于已经存在信用卡诈骗罪等特殊诈骗罪，足以解决这个处罚漏洞。

　　我们必须正视科技对诈骗罪行为构造带来的冲击，刑法概念应展现开放姿态。在 Web 3.0 时代，"机器不能被骗"已是个伪命题！

怎样把握 P2P 网络借贷触刑的标准 *

P2P 网络借贷平台,就是 P2P 技术与民间借贷相结合的互联网金融(ITFIN)服务网站,它是随着互联网的发展和民间借贷的兴起而发展起来的一种新型金融模式。P2P 小额借贷将小额度的资金聚集起来借贷给有资金需求的人群,其社会价值主要体现在满足个人资金需求、提高社会闲散资金利用率、解决小微企业贷款难及融资难的问题。但规范这一新生事物的法律、法规相对滞后。那么,如何在现有法律框架下把握 P2P 网络借贷刑事处罚的边界与标准?笔者以为,有两个基本的判断标准。

(1)实质标准,即 P2P 网贷平台是中介机构还是非法金融机构?对于这个问题,虽然理论界有争议,但答案非常明确:只能是中介服务机构。逾越这一实质界限将涉嫌违法犯罪。

首先,从 P2P 网贷的原始含义来看,其本质是一种中介平台,P2P 网贷原本就是点对点信贷,是社会主体利用中介机构的网络平台将其资金出借给资金短缺者的新型商业运营模式。因此,中国人民银行等 10 部门《关于促进互联网金融健康发展的指导意见》明确规定:"个体网络借贷要坚持平台功能,为投资方和融资方提供信息交互、撮合、资信评估等中介服务。个体网络借贷机构

* 　原文发表于《检察日报》2016 年 7 月 27 日,第 3 版,收入本书时有修改。

要明确信息中介性质,主要为借贷双方的直接借贷提供信息服务,不得提供增信服务,不得非法集资。"

其次,为保证金融安全、防范金融风险和保障存款人、投资人利益以及社会稳定。在我国,金融机构的设立实行严格的依法批准制度。《商业银行法》第 11 条规定:"设立商业银行,应当经国务院银行业监督管理机构审查批准。未经国务院银行业监督管理机构批准,任何单位和个人不得从事吸收公众存款等商业银行业务……"并且,法律对于金融机构的设立设定了很高的门槛。比如,全国性商业银行的注册资本最低限额为 10 亿元,设立城市商业银行的注册资本最低限额为 1 亿元,而且实行实缴资本,并有具备任职专业知识和业务工作经验的董事、高级管理人员,还须有健全的组织机构和管理制度等。以此标准检视 P2P 网贷平台,其离金融机构设立的要求相去甚远,根本无法保证金融安全和投资者利益,不可能获得金融机构的身份。

司法实践中,对于 P2P 网贷平台的法律认定,实质标准就在于,判断其单纯的中介机构还是变相的金融机构。中介机构的功能仅限于为出借方和借贷方提供信息、咨询等中介服务,收取相应的服务费。如果超出中介服务的范畴,变相吸收存款、集资,就可能涉嫌非法吸收公众存款、集资诈骗等刑事犯罪。

(2)形式标准,即是单纯提供中介服务还是变相吸收资金?非法的 P2P 网贷平台在形式上主要表现为:第一,直接或间接接受、出借资金,通过绑定银行账户、在平台的第三方支付账户或指定的专用账户接受资金。第二,建立资金池,通过将借款需求设计成理财产品出售给放贷人,或者通过先归集资金、再寻找借款对象等方式,使放贷人资金进入平台账户,产生资金池。换言之,是否直接或间接接受资金和有无资金池成为判定 P2P 网贷平台合法与非法的重要形式标准。第三,以高息回报、提供担保为诱饵,向非实名制注册的不特定社会公众宣传或推介融资项目,承诺还本付息,高额收益;向不特定多数人募集资金,用于投资房地产、股票、债券、期货甚至放高利贷,借旧还新,拆东墙补西墙。

与上述情况形成鲜明对比的是,合法的 P2P 网贷平台在形式上主要表现为:第一,根据借款人的委托要求,将其发布的借款目标公布在平台上,为借款人的资金需求提供宣传并寻找出借人(投资人),再由出借人根据投资需求浏览平台选择投资对象,从而促成双方交易完成。第二,为出借人与借款人提供直接借贷信息的采集整理、甄别筛选、网上发布,以及资信评估、借贷撮合、融资咨询、在线争议解决等相关服务。第三,对出借人与借款人的资格条件、信息的真实性、融资项目的真实性、合法性进行必要审核。第四,在不经手资金的前提下,为投资人和借款人提供订立合同的机会并促成合同签订,从借款标的额度中收取一定比例的服务费。

综上所述,对于 P2P 网贷平台这一新型金融模式,在鼓励其良性发展的同时,必须坚守"中介信息服务机构"这一实质标准,对于超出此界限,擅自以银行等金融机构角色自居,欺骗投资者,非法集资的,符合非法吸收公众存款罪或者集资诈骗罪构成要件的,以相应的罪名追究刑事责任。P2P 网贷作为互联网金融的主要表现形式,属于金融创新的一种,其开创了吸引金融消费者和融资者的新型投融资模式,具有快捷高效、交易成本低的特点,有利于小微企业的融资。创新与风险从来都是并存的,我们既不能因为 P2P 网贷非法集资犯罪现象严重,就谈"P2P"色变,甚至把

"P2P"等同于非法集资,也不能对正常的 P2P 公司因经营不善而破产引发投资者"上访"就动辄将其入刑,同时,也不能任由一些打着 P2P 旗号从事"圈钱"的违法犯罪行为肆意猖獗。当务之急是划定刑事红线,同时还要着眼于长效治理。

盗窃罪与职务侵占罪区分的实质解释路径*
—— 以快递分拣员抗诉改无罪案为切入点

一、案例导入

盗窃罪与职务侵占罪的区分一直是个难点，而下面这个案例，则将这个难点全景式地暴露出来。案情如下：

顺丰公司，经营范围为国内及国际快递等业务。2012 年 12 月 1 日，顺丰公司与仕邦人力公司签订《劳务派遣协议》，约定仕邦人力公司向顺丰公司派遣劳务人员，顺丰公司为劳务派遣工提供劳动岗位并支付工资、奖金、加班费等劳动报酬，劳务派遣工须接受顺丰公司的管理。2013 年 8 月 23 日，被告人杨某与仕邦人力公司签订《劳动合同》，约定由仕邦人力公司派遣杨某至顺丰公司工作，派遣时间从 2013 年 8 月 27 日起至 2016 年 8 月 31 日止，该时间与劳动合同的期限一致。同日，杨某在顺丰公司提供的《员工保密承诺书》《派遣岗位录用条件告知书》《保证书》上签字，后顺丰公司向杨某发出《员工入职通知书》，通知杨某于 2013 年 8 月 27 日到顺丰公

---

* 原文发表于《刑法解释》(第 3 卷)，法律出版社 2018 年版。

司位于四川省双流县公兴镇的"成都中转场"上班,担任运作员,负责快递包裹的分拣工作(分拣员)。

2013 年 11 月 15 日凌晨,杨某在顺丰公司的"成都中转场"上夜班,负责快递包裹的分拣工作。凌晨 3 时许,杨某在分拣快递包裹的过程中,将自己经手分拣的一个外有"M"标志、内有一部小米 3TD 手机的快递包裹秘密窃走。20 日,顺丰公司发现托运的包裹丢失,经调取、查看"成都中转场"的监控录像,发现被本单位人员杨某窃取,遂于 26 日向公安机关报案。当日下午,杨某被抓获,公安人员从杨某身上搜出被盗的手机,后带杨某前往其暂住地四川省双流县空港 4 期 63 栋 2 单元 11 号房,从房内查获被盗手机的充电器和发票。经鉴定,被盗手机价值 1999 元。杨某归案后如实供述了自己在分拣工作时窃取手机包裹的事实,并赔偿顺丰公司 1999 元。①

四川省双流县人民法院于 2014 年 5 月 22 日作出(2014)双流刑初字第 338 号刑事判决,认定被告人杨某犯盗窃罪,判处罚金 3000 元。主要理由是"被告人杨某趁在位于双流县公兴镇的四川顺丰速运有限公司分拣线上班之机,采取大物件掩藏小物件以躲避扫描的方式,盗走输送带上一部小米 3TD 手机……",属于"以非法占有为目的,秘密窃取他人财物"。宣判后,四川省双流县人民检察院以量刑畸轻为由提出抗诉。四川省成都市中级人民法院于 2014 年 9 月 12 日作出(2014)成刑终字第 293 号刑事判决,居然撤销四川省双流县人民法院(2014)双流刑初字第 338 号刑事判决,宣告被告人杨某无

---

① 四川省成都市中级人民法院(2014)成刑终字第 293 号刑事判决书。

罪。主要理由是：原审被告人杨某作为顺丰公司的工作人员，利用经手本单位财物的职务之便，采用盗窃方法侵占本单位价值1999元的财物，其行为应属职务侵占性质，但因侵占的财物价值未达到职务侵占罪数额较大的定罪起点1万元，依法不应以犯罪论处。盗窃罪和职务侵占罪的区别在于行为人实施犯罪时是否利用了职务上的便利。所谓职务上便利，是指行为人因在本单位具有一定的职务所产生的方便条件，即管理、保管、经手本单位财物的便利。杨某正因为是顺丰公司的工作人员，在顺丰公司的安排下负责顺丰公司快递包裹的分拣工作，具体经手涉案财物，才具有了职务上的便利条件，其利用经手财物这一职务上的便利，采用秘密手段将本单位即顺丰公司的财物窃为己有，其行为符合职务侵占罪的犯罪行为特征，仅因侵占的财物价值1999元未达到定罪起点，依法不应以犯罪论处。

　　四川省人民检察院按照审判监督程序于2015年1月6日提出抗诉，认为原审被告人杨某作为顺丰公司的运作员，除了谨慎注意避免货物破损、按运单指定发货地点分拣货物外，对货物并没有管理、监督的职责。运作员仅负责在运输传送带上分拣货物、码货归类，对货物的接触时间相当短暂，且有监控摄像头负责监督货物分拣工作，这使杨某的工作是在监控之下进行，其对货物不可能产生实际控制的权利。利用仅因工作关系熟悉作案环境或易于接近作案目标等方便条件侵吞单位财物的，不属于利用"职务便利"。原审被告人杨某作为运作员，其对货物处理无选择权和决定权，对货物也不具有看管职责，因此，其对货物的接触仅仅是其工作岗位的要求，而没有任何实际的控制权，属于"因工作关系产生的作案地点、作案机会便利"。原审被告人杨某利用自己能够接触到货物的"工作便利"，采取用大件遮挡小件的方式躲避扫描，秘密将货物转移并藏匿，并未侵犯职务的廉洁性，而系利用不为监管人员（监控）知悉、发觉的方式窃取财物，其行为应构成盗窃罪。四川省高级人民法院认为杨某作为顺丰公司的工作人员，受顺丰公司安排，负责公司快递包裹的分拣工作，具体经手涉案财物，对本单位财物具有临时的实际控制权，其利用这一职务上的便利，将财物非法占为己有，其行为符合职务侵占罪的犯罪行为特征，但因侵占的财物价值 1999 元并未达到职务侵占罪的定罪起点，故依法对其不以犯罪论处。[①] 2015年 7 月 28 日四川省高级人民法院裁定维持四川省成都市中级人民法院(2014)成刑终字第 293 号刑事判决。

上述案例因其曲折的诉讼过程——抗诉、改判、再抗诉、再驳回抗诉——而引发广泛热议。在笔者看来，此案改判无罪明显不妥，两级法院的无罪判决（以下简称无罪判决）说理严重不足，对刑法用语的解释过于机械化和形式化，该判决所导致的负面效果远远超过案件本身，值得深入批判和反思。

二、被误解的"经手"

根据我国《刑法》第 271 条的规定，职务侵占罪是指公司、企业或其他单位人员，利用职务上的便利，将本单位财物非法占有，数

---

① 参见四川省高级人民法院(2015)川刑提字第 2 号刑事裁定书。

额较大的行为。根据《刑法》第 264 条的规定,盗窃罪是指以非法占有为目的,窃取他人财物,数额较大的行为,或者多次、入户、扒窃他人财物的行为。一般认为职务侵占罪与盗窃罪的区别关键在于是否"利用职务上的便利"。前述案例中,无罪判决的核心理由就在于此,无罪判决认为"盗窃罪和职务侵占罪的区别在于行为人实施犯罪时是否利用了职务上的便利。利用职务上的便利盗窃本单位财物的,不应以盗窃罪论处,而应依照《刑法》第 271 条第 1 款的规定以职务侵占罪定罪处罚"。

那么如何认定"职务上的便利"呢？传统通说认为,利用职务上的便利是指利用自己主管、管理、经手的便利。前述案例的判决也采取了这一观点,无罪判决指出"所谓职务上便利,是指行为人因在本单位具有一定的职务所产生的方便条件,即管理、保管、经手本单位财物的便利。杨某正因为是顺丰公司的工作人员,在顺丰公司的安排下负责顺丰公司快递包裹的分拣工作,具体经手涉案财物,才具有了职务上的便利条件,其利用经手财物这一职务上的便利,采用秘密手段将本单位即顺丰公司的财物窃为己有,其行为符合职务侵占罪的犯罪行为特征"。在笔者看来,即便传统观点将"职务上的便利"界定为"主管、管理、经手的便利"是可取的,本案判决在引用这一观点时也是机械的、存在误解的。

"利用职务上的便利"是指"主管、管理、经手的便利"这个观点来源于贪污罪中"利用职务上的便利"。笔者也认为,这个界定在当前是可取的,也是妥当的。最高人民检察院 1999 年《关于人民检察院直接受理立案侦查案件立案标准的规定（试行）》第 1 条对贪污罪"利用职务便利"的规定是"利用职务上主管、管理、经手的权力和方便条件"。职务侵占罪中的"利用职务上的便利"的内涵之所以借用贪污罪中的"利用职务上的便利",是因为在立法沿革上职务侵占罪脱胎于贪污罪。1979 年我国《刑法》将职务侵占行为规定在贪污罪中,改革开放之后,涌现出大量私营企业等非公有制经济主体,为了规制非公有单位工作人员利用职务上便利的侵占行为,1995 年 2 月全国人大常委会通过《关于惩治违反公司法的犯罪的决定》(已失效),将公司人员利用职务侵占公司财物的行为规定为侵占罪。该决定第 10 条规定:"公司董事、监事或者职工利用职务或者工作上的便利,侵占本公司财物,数额较大的,处五年以下有期徒刑……"1997 年《刑法》第 271 条在《关于惩治违反公司法的犯罪的决定》的基础上增设了职务侵占罪。

　　了解上述立法沿革,对于正确解释"主管、管理、经手"具有重要意义。无罪判决对于"经手"的理解过于形式化、机械化,仅仅从字面含义进行形式解释,这是不妥当的,需要用实质解释的方法来纠偏。

　　这里的"经手"的实质内涵带有管理属性。"利用职务上的便利"包括"主管、管理、经手",这里的"经手"与"主管、管理"是并列关系,无论是"主管"还是"管理",其实质内涵都要体现对财物的一定程度的自我处分的权力和职权,也即利用本人职务上所具有的"自我决定或者处分单位财物的权力和职权,而不是利用工作机会"①。日本学者山口厚教授指出,业务侵占罪(相当于我国的职务侵占罪——引者注)中的业务,是指接受委托,以对物进行管理(占有、保管)为内容的事务,相当于业务上的占有者。即便是附随性业务也必须与本职业务具有密切关联性。② 在贪污中,这

---

① 张明楷:《刑法学》(第五版),法律出版社 2016 年版,第 1021 页。
② 参见〔日〕山口厚:《刑法各论(第 2 版)》,王昭武译,中国人民大学出版社 2011 年版,第 366—367 页。

种实质内涵体现为"公务",正因为如此,《全国法院审理经济犯罪案件工作座谈会纪要》中进一步强调:"……公务主要表现为与职权相联系的公共事务以及监督、管理国有财产的职务活动。如国家机关工作人员依法履行职责,国有公司的董事、经理、监事、会计、出纳人员等管理、监督国有财产等活动,属于从事公务。那些不具备职权内容的劳务活动、技术服务工作,如售货员、售票员等所从事的工作,一般不认为是公务……"根据同类解释的规则,最高人民检察院《关于人民检察院直接受理立案侦查案件立案标准的规定(试行)》在解释"职务上的便利"时,将"经手"与"主管""管理"并列,这意味着,"经手"与"主管""管理"具有同等含义。换言之,这里的"经手"应当与"主管""管理"一样带有公务性质,带有管理属性,带有一定自我处分权力和职权性质,而不可能仅仅是"过手"。

刑法用语是普通用语与规范用语的结合,对刑法用语的解释,不仅要注意其字面的普通含义,更要关注其规范含义。对刑法用语的解释,不能仅仅靠字典和词典来解释其字面含义,更需要结合立法目的探究其实质内涵。极端形式解释的表现就是根据字典或词典来解释刑法用语。无罪判决书对"经手"的解释就是这种极端形式解释的体现。根据现代汉语词典,"经手"是指"经过某人的手"。其实,"经手"还有一层引申的意思是"亲手办理",指"亲自经管、办理",如《北齐书·恩幸传·韩凤传》中的"军国要密,无不经手"。无罪判决,采用了词典中的第一层意思,将"经手"解释为"经过某人的手"。正因为如此,无罪判决才把被告人杨某在流水线上的分拣包裹、码货归类的行为解释为"经手"。按照这个逻辑推导下去,就会形成公司人员中所有用手摸过快递的人都可以成为职务侵占罪的主体之荒唐结论。

不论是主管、管理还是经手,都应从行为人工作职责的角度作实质判断。应当结合案发当时的情形,从行为人的职务身份、职责内容、财物所处状态、监管措施等方面,判断行为人是否基于职责范围内的权限或者其他合法的根据,实际地支配、管理该财物。如果作为犯罪对象的财物属于行为人本人经管,行为人利用此种便利秘密窃取,无须克服他人控制、支配、监视等障碍就可实现秘密转移占有的犯罪意图,那就是利用职务便利的窃取行为,属于职务侵占性质。反之,如果被侵犯财物不属于行为人经管,即便"过手",但是与其职务行为没有密切关联性,对该财物没有一定程度自我决定的处分权限和地位,那么行为人想要实现非法占有的意图,必须采取不为财物的所有者、保管者、监视者发觉的秘密方法,窃取财物,就属于盗窃性质。

回到本文开头导入的无罪判决,被告人杨某只是个分拣员,他的工作内容和职责仅是负责在运输传送带上分拣货物、码货归类,并且还有摄像头等监控措施监管被分拣的货物,杨某对其处理的物品本身没有刑法意义上的控制和支配权。

三、被忽视的"占有"

"财产犯是侵害他人对财物占有的犯罪,因此,占有在财产犯的认定中具有举足轻重的地位。"[①]也可以说,占有问题是财产罪的核心问题,占有的有无和占有的归属成为财产犯罪的罪与非罪、此罪与彼罪的核心问题。令人遗憾的是,前述案例的判决书忽视

---

① 　黎宏:《论财产犯中的占有》,载《中国法学》2009年第1期。

了这个问题。

(一) 谁占有是盗窃罪与职务侵占罪的实质界限

职务侵占罪区别于盗窃罪的关键在于谁占有,确定占有关系是区分盗窃罪与职务侵占罪的本质标准。盗窃罪是违背财物占有人的意志,剥夺他人的占有,建立自己的占有的行为;而侵占罪、职务侵占罪以合法占有为前提,变合法占有为非法占有。侵占罪与职务侵占罪的相同点在于都是以合法占有为前提,不同点在于职务侵占罪是由于职务原因而占有财物,而侵占罪是由于受他人委托、他人脱离占有等原因而占有他人之物。职务侵占罪在理论上属于侵占罪的特殊类型,国外刑法中又叫业务侵占罪。因此职务侵占罪的主体是"双重身份犯",一方面是占有者的身份;另一方面是业务、职务上的身份。换言之,职务侵占罪以被告人先占有他人的财物为前提。跟侵占罪一样,职务侵占罪的本质不仅是侵害财产的本权,更在于侵害信任关系,本质上是背信行为。这与贪污罪不仅侵害财产权,更侵害职务行为的廉洁性具有相同的旨趣。必须从这个实质角度理解职务侵占罪,才能看得清楚这个罪名与盗窃罪的差别。

什么是占有呢?"占有是指事实上的支配,不仅包括物理支配范围内的支配,而且包括社会观念上可以推知财物的支配人的状态。"①不仅要从"物理的角度加以考虑"(包括财物的种类、形状、所处位置、控制的物理手段等),也要从"规范的角度即社会生活的一般常识和规则的角度加以考虑"(如几个接触财物者之间的关系等)。② 德国学者威尔泽尔(Welzel)认为,占有由三个要素组

---

① 张明楷:《刑法学》(第三版),法律出版社 2007 年版,第 724 页。
② 参见黎宏:《论财产犯中的占有》,载《中国法学》2009 年第 1 期。

成:①物理的现实支配要素,即事实上的支配;②规范的、社会的要素,即应根据社会生活的原则判断事实的支配;③精神的要素,即占有的意思。①

　　根据上述标准来分析本文开头引入的案例,被告人杨某到底有无取得合法的占有权。被告人杨某作为分拣员,其工作职责就是在运输传送带上分拣货物、码货归类,且有监控摄像头监督货物分拣工作。①在物理上,杨某只是流水线传输带上的短暂"过手",谈不上对这些流水线上瞬间传输的物品取得直接、现实的"支配";②根据社会一般观念,显然不能说一个分拣员对这些快递包裹具有了占有权;③即便是杨某本人或许也不会认为传输带上经过他手的物品,他都有保管、占有权限的认知。换言之,他经手的这些物品如果丢失,杨某不会认为自己具有赔偿的责任。

　　如果一定要说这种物理上的"过手"是某种程度上的占有,那杨某至多也只是辅助占有,也就是辅助快递公司的负责人、管理层或者有一定管理权限的班组长、包裹保管员等其他对快递包裹具有一定管理和保管权限的人员进行占有。辅助占有者窃取财物构成盗窃罪这是个没有争议的问题。辅助占有的典型例子是店员与店主的例子。店主与店员是主从关系,店员看起来似乎"占有"店里的东西,但是这种"占有"只是辅助店主占有,不具有独立的占有,这与本文开头案例中的被告人杨某分拣包裹的"占有"是类似的。店员窃取店内物品显然是定盗窃罪而不是职务侵占罪。因为店员并没有独立的占有,没有先合法占有这个前提,就没有侵占罪或职务侵占罪成立的余地,这与被告人杨某没有独立的占有是一

---

①　转引自童伟华:《论日本刑法中的占有》,载《太平洋学报》2007 年第 1 期。

样的。"在占有的数人中存在上下级关系的情况下,占有属于位于上级的占有者。例如店主与店员的场合,即便店员事实上管理着店内的货物,但店员也只是占有的辅助者,占有仍属于店主,因此店员的取得行为就不是侵占而是盗窃。"仓库管理员所保管的政府控制之下的米的占有属于农业会长(判例)。[①] 在共同占有的场合,"委托者与受托者共同占有物品时,受托者的侵占行为成立盗窃罪"[②]。总之,本案中,即便算是辅助占有和共同占有,也没有成立侵占罪、职务侵占罪的余地。

(二)关于"单一手段"问题

有人提出,如果从占有的角度实质解释职务侵占罪,就会将职务侵占罪的手段行为单一化,进而排除了盗窃和欺骗行为。也确实有人提出将职务侵占罪的手段行为单一化而排除盗窃和欺骗的行为方式的观点,如张明楷教授提出"为了使职务侵占罪、贪污罪与盗窃罪、诈骗罪保持协调关系,应当将窃取、骗取行为排除在职务侵占罪之外"[③]。还有人主张职务侵占罪的行为手段只包含"侵占"一种方式,并将盗窃(盗取)、诈骗(骗取)以及其他方式排除出职务侵占罪的行为手段范围。[④]

这种"单一手段说"的观点目前难以被司法实践所接受,也为

---

① 参见〔日〕西田典之:《日本刑法各论(第三版)》,刘明祥、王昭武译,中国人民大学出版社 2007 年版,第 115 页。

② 〔日〕佐伯仁志、〔日〕道垣内弘人:《刑法与民法的对话》,于改之、张小宁译,北京大学出版社 2012 年版,第 189 页。

③ 张明楷:《贪污贿赂罪的司法与立法发展方向》,载《政法论坛》2017 年第 1 期。

④ 参见苏云、张理恒:《快递公司分拣员窃取邮包行为定性盗窃罪之刑法教义学可行性路径分析——以杨某窃取邮包二审无罪案展开》,载《中国刑事法杂志》2015 年第5 期。

笔者所不采。如前所述,职务侵占罪在立法沿革上来源于贪污罪。贪污罪的客观行为是"利用职务上的便利,侵吞、窃取、骗取或者以其他手段非法占有公共财物",刑法上对职务侵占罪行为方式未作限制,而根据《刑法》第271条第2款也规定"国家工作人员有前款行为的",以贪污罪论。这表明,在立法上,职务侵占罪中将单位财物"非法占为己有"的行为包括侵吞、窃取、骗取等行为。这也是司法实践的共识。

在笔者看来,从占有角度实质解释职务侵占罪并不会必然导致采取"单一手段说"。换言之,单一手段说与是否从占有的角度实质解释职务侵占罪之间没有关系。职务侵占罪以合法占有为前提,这是由其本质特征所决定的,并不会因为其手段行为的不同而发生变化。因为无论是侵占罪还是职务侵占罪,其行为根本特征是变合法占有为非法占有,至于这个"变"的实现方式和手段在所不问,既可以是明目张胆地"拿"走,也可以是鬼鬼祟祟地"窃"走,还可以是弄虚作假地"骗"走。"在非法占有他人财物之前即已经持有他人的财物,是世界各国和地区包括我国的刑法理论公认的侵占犯罪的定型性……对于职务侵占来说,即使是采用秘密的'窃取'手段、隐瞒事实真相或虚构事实的'骗取'手段,也都是将原为自己持有的本单位财物转变为自己非法占有,因而都属于侵占行为的范畴。"[1]比如,公司的会计负责保管现金,其显然对现金具有合法的占有,如果该会计将其保管的现金非法占有,那就构成职务侵占罪。至于这个会计如何非法占有这些现金在所不问,既可以大摇大摆地打开抽屉将现金"拿"回家,也可以是趁同事上厕所悄

---

① 黎宏:《论财产犯中的占有》,载《中国法学》2009年第1期。

悄将现金塞进包里"偷"走,还可以涂改账目虚构开支"骗"取现金。那种认为一旦将职务侵占罪界定为侵占罪的特殊类型,从占有的角度实质解释职务侵占罪,就会导向"单一手段说"的观点,既是对占有理论的误解,更是对侵占犯罪实践表现形式的误解。

(三)关于封缄物的问题

受托人将他人委托的封缄物非法占有的行为如何定罪?问题的关键同样在于占有问题,历来存在争议:①委托人占有说,认为无论是包装物本身还是其中的财物,都是由委托人占有,受托人非法占有的,均定盗窃罪,理由在于既然财物被封口包装起来,则不管包装物本身还是其中的内容都属于委托人占有;②受托人占有说,认为不管包装物整体还是内容都属于受托人占有,因此,受托人擅自将上述物品据为己有的行为构成侵占罪;③区别说,认为包装物的整体归受托人占有,而其中的财物仍然属于委托人占有,即将包装物整体和内容物分别开来看待。按照这种观点,受托人将整个包装物整体据为己有的话就要构成侵占罪,而将其中的内容物据为己有的话则构成盗窃罪。

在笔者看来,本文开头引入的案例,杨某作为分拣员并没有占有财物的前提,因此也不存在委托封缄物的问题。当然,可以作进一步的延伸思考,就是如果快递公司的送件员或者其他具有保管、管理包裹权限的人员,取得对财物的保管权利,具有占有的前提,如果其将包裹中财物窃取,是定盗窃罪还是侵占罪或职务侵占罪呢?我国《刑法》第253条规定:"邮政工作人员私自开拆或者隐匿、毁弃邮件、电报的,处二年以下有期徒刑或者拘役。犯前款罪而窃取财物的,依照本法第二百六十四条的规定定罪从重处罚。"根据上述规定,破坏邮件本身的,构成私自开拆、隐匿、毁弃邮件罪,而盗窃邮件内的财物的,构成盗窃罪,但是对于将整个邮件本身都据为己有的怎么处理,则没有规定。这似乎采取了封缄物区别说的立场。

笔者认为,从社会一般观念来看,委托人对寄存财物采取封口、上锁等封缄措施的事实,对于判断占有的归属具有重要意义。委托人采取封口、上锁等封缄措施,就是为了防止受托人对内容物的占有进行侵害的措施,表明委托人对其中的内容保留支配的余地,不具有高度的信任关系,因此该内容物的占有仍然在于委托人,因此受委托人占有其内容物的,应当成立盗窃罪。

四、被轻视的"公平"

近年来,多次出现机械适用刑法甚至机械套用司法解释的"奇葩"案例,没有从实质的违法性和公平正义的角度解释刑法、理解司法解释,从而出现了很多严重背离社会公众一般认知的案例。这或许就是我们常说的办案的"社会效果"没有把握好吧。前述案例的无罪判决,可以说是法律效果不佳,社会效果更差。

(一) 低职位的人与高职位的人的公平问题

如前所述,被告人杨某作为分拣员并不具有对分拣财物的占有权,其将分拣财物窃取的行为构成盗窃罪,而分拣站的负责人因为具有对财物的占有权,其将财物窃取、骗取等,则构成职务侵占罪,而盗窃罪的处罚显然要重于职务侵占罪,这难道不是职位越高处罚越轻,职位越低处罚越重吗? 这公平吗? 无罪判决判处职务低的分拣员无罪不是很公平吗?

　　这里面有两个误解:其一,是否具有对财物的合法占有权,并非都取决于职位高低,比如快递公司的仓库保管员、银行的现金管理员等,虽然职位和被告人杨某相差无几,但是由于具有对财物的占有权,其窃取保管的财物依然可以构成职务侵占罪。因此,问题的关键是从实质上判断占有的归属,而并不必然取决于职位高低。其二,盗窃罪的处罚重于职务侵占罪具有法理根据。职务侵占罪、侵占罪之所以处罚比盗窃罪轻,原因在于"侵占并没有侵害占有,而且一般观点也会认为被害人'信任那样一个家伙是不对的'……与不论意思而被夺走财物相比,侵占的可罚性较小"①。换言之,侵占罪、职务侵占罪以合法占有为前提,没有直接剥夺他人的占有,而是侵害信任关系;盗窃罪直接侵害占有,直接粗暴地剥夺他人的占有。我国台湾地区学者林东茂指出,盗窃必须入侵他人的占有,包括入侵他人的单独占有,以及他人与自己的平行共同占有;侵占则无须入侵他人的占有,因为占有早已经移转至行为人自己。盗窃既然必须入侵他人的支配势力范围,其犯罪能量必大于侵占,处罚应当更重。②

　　(二)盗窃罪数额标准与职务侵占罪数额标准的公平问题

　　最高人民法院、最高人民检察院 2016 年 4 月 18 日公布的《关于办理贪污贿赂刑事案件适用法律若干问题的解释》(以下简称《解释》),大幅度提高了贪污罪、受贿罪的定罪量刑数额标准,连带地把职务侵占罪的数额标准也大幅提高了,但没有提高盗窃、诈

---

① 〔日〕佐伯仁志、〔日〕道垣内弘人:《刑法与民法的对话》,于改之、张小宁译,北京大学出版社 2012 年版,第 190 页。
② 参见林东茂:《刑法综览》(修订五版),中国人民大学出版社 2009 年版,第345 页。

骗、侵占罪的数额标准,这就导致贪污罪、职务侵占罪与盗窃罪、诈骗罪之间在定罪量刑方面出现明显的不均衡。职务侵占罪的入罪起点数额为 6 万元,而盗窃罪的起点数额为 1000 元至 3000 元(各个省不同)。一个数额在 5 万元的案件,如果认定为职务侵占行为就不构成犯罪,而认定为盗窃行为,则可能面临 1 年以上有期徒刑的处罚,天壤之别! 如何解决这个问题确实是一个难题。本文开头导入的判决将这种不公平推向极致,社会效果极差。

互联网经济已经成为我国经济的重要增长点,其快速发展的配套产业必然是快递、物流行业。与快递、物流行业快速发展相生相伴的"内盗"犯罪案件呈现快速增长势头,这或将成为互联网经济发展的一大毒瘤。在这种趋势下,"侵占单位财物价值没有达到 6 万元的行为都不以犯罪论处,怎么可能保护公司、企业的财产法益? 在万众创业的时代,小公司、小企业日益增多,但一位公司、企业职员侵占单位价值 5 万多元的财物居然不构成犯罪,何等不可思议!"[1]在没有更加彻底的解决方案之前,对于这种"内盗"案件要谨慎把握,更不能轻易将原本属于盗窃罪的案件动辄认定为职务侵占行为而作无罪处理,这不仅损害个案正义,更损害人民群众对正义和法治的信仰,损害司法公信力!

---

① 张明楷:《贪污贿赂罪的司法与立法发展方向》,载《政法论坛》2017 年第 1 期。

刑法学研究的悠闲之道*
——评我国台湾刑法学者林东茂教授的《刑法综览》

刑法学是一门研究恶的学问，时刻带着一副严峻、冷酷、不容亲近的面孔，无处不彰显着神秘、精致、深不可测的内涵，难道就总是与轻松悠闲无缘，与温情幽默对立？深奥的刑法学大厦，是否也有穿越其间的悠闲之门？这种期盼并非不能实现，我国台湾学者林东茂先生的《刑法综览》为深奥的刑法学打开了悠闲之门，作者在该书的序言中开宗明义地指出，此书就是"让读者悠闲地通往更精奥博大的刑法之林"，并希望"读者不必用沉重的心情看这书，读书地点亦可不拘，咖啡厅、草地上、卧榻之旁、行旅之中，皆无不可。"①

一

《刑法综览》作为教科书式的刑法教义学著作，其体系架构与众不同，在第一章导论中简介刑法的概念后，接着就是第二章"刑罚论"，而非"犯罪论"。这种非同一般刑法教义学著作的体系安

---

* 原文发表于《人民检察》2012 年第 7 期。
① 林东茂：《刑法综览》（修订五版），中国人民大学出版社 2009 年版，"序言"。

排,看起来似乎有些"另类",实则体现了作者试图让读者"悠闲地通往精奥博大刑法之林"的匠心独运。这种体系安排符合人们的一般常识和朴素观念,便于理解。因为"刑法"语词的本来含义就是作为刑罚之法,刑法区别于其他部门法的根本标志不在于"法"而在于"刑"。刑法是其他法的保障法和制裁法,刑法之所以区别于其他部门法的根本就在于其制裁手段即刑罚的特殊性,刑罚可以剥夺自由、财产甚至生命,这是其他部门法所无法比拟的。德国刑法学大师李斯特对此精辟地指出:"反映刑法本质的不是属于不同法律部门的法益的种类,而是法律保护的特征本身———一切利益均毫不例外地受到刑罚的最强有力的保护。"①

刑法学中的一系列基本概念必须从刑罚的概念和功能去理解。作为一部"休闲式"的刑法学著作,穿过"刑罚论"之门到达"犯罪论"的深深庭院,这种体系安排是睿智的。犯罪和刑罚无疑是刑法的两个基本范畴,但是犯罪论中的一些问题都是由刑罚论引申而来的,犯罪论的一系列概念和理论也必须从刑罚的角度进行理解。诚如李斯特所言:"就形式法学分类而言,犯罪和刑罚是并列的两个基本概念……刑法及其基本概念的本质特征必须从刑罚的概念和社会功能去理解。"②如刑法的目的是保护法益、保障人权,还是维护社会秩序、伦理秩序,就直接与刑罚的目的和功能相关;犯罪论中的决定论和非决定论就是刑罚的本质和根据的延伸;刑罚论中报应刑论和目的刑论的对立直接导致了犯罪论上的一系列对立和纷争。刑法学发展的历史轨迹和学派之争的焦点都

---

① 〔德〕弗兰茨·冯·李斯特:《德国刑法教科书》,徐久生译,法律出版社 2000 年版,第 8 页。
② 同上书,第 81 页。

在于刑罚问题,引人注目至今仍对刑法理论影响深远的学派之争的焦点和导火线就在于刑罚观的不同,即报应刑论和目的刑论的对立。可以说,整个刑法学发展的历史呈现在人们面前的就是一部刑罚进化演变史。刑法学作为一种社会科学,其研究对象是犯罪与刑罚,而研究的目的和归宿是要实现刑罚的预防犯罪的目的。因此,刑法科学的大厦是奠基在刑罚论之上而非犯罪论之上,刑法学大厦的悠闲之门从刑罚论开启也就顺理成章了。

二

　　刑法是一国文化的体现,是一国文化的一面镜子。刑法理论不是也不该是不食人间烟火、高高在上的尊神,而应该是植根于芸芸众生、下接人间地气的凡人。"如何采用刑罚,是文化与价值观的反应,必须尊重文化的独特性,西方文明不能当成四海皆准。"[1]为说明这一点,林东茂先生举了两个通俗易懂的例子,寥寥数语,就阐明了刑法与文化的关系:一个是新加坡的鞭刑,鞭刑"不表示新加坡的刑罚野蛮";另一个是死刑问题,关于死刑存废这个注定要花大量笔墨才能论证清楚的问题,在林东茂教授的笔下,竟变得如此轻松,"废除死刑的国家,不能一律赞之为和平进步。""保留死刑的国家不能称为落伍与野蛮。"保留死刑的日本、美国,相较于废除死刑的英国"谁能指其落伍与野蛮"[2]?

　　林东茂先生对文化与刑法关系的深刻领悟,也映射在其对刑

---

① 林东茂:《刑法综览》(修订五版),中国人民大学出版社 2009 年版,第 16 页。
② 同上书,第 17 页。

法诸多问题论述时所表现出的对社会生活的亲切体悟,以及对传统文化的谙熟活用。《刑法综览》一书中贴近生活的案例随处可见,这些案例有的来自真实的社会生活,有的来自电影作品,甚至经典名著中的故事也被活用为案例,巧妙地阐释刑法法理。在论述间接正犯时,林教授引用了《红楼梦》第六十九回中王熙凤刻意策动贾府上下排挤折磨尤二姐,致使尤二姐自尽。若王熙凤明知尤二姐不堪折磨必会选择自尽,那么王熙凤是否为间接正犯?①在论述教唆犯时,林教授引用了《金瓶梅》中的故事:潘金莲与西门庆私通,被武大郎撞见,吓得西门庆躲到床底下,潘金莲激将西门庆"平日里舞枪弄棒,关键时刻没啥用",于是西门庆飞起一脚将武大郎踢伤,潘金莲就是故意伤害罪的教唆犯。武大郎受伤卧床,王婆告诉西门庆用砒霜放在药中结束武大郎之性命,王婆成立故意杀人罪的教唆犯。②再如在论述妨害行动自由罪时,犯罪手段包括捆绑等私行拘禁手段和其他手段。对于其他手段,林教授又巧妙运用了《西游记》第七十二回中的一段,即盘丝洞多名女妖精脱光衣服在河中洗澡,孙悟空变作一只老鹰将衣服叼走,女妖精们动不得身,出不得水。这就属于以其他手段实施妨害行动自由罪。③相信读者读到此处,都会会心一笑。有"刑法理论绝望之章"称号的共同犯罪理论,在林教授的笔下,竟然如此轻松,在这里,刑法学研究少了一分的严肃、呆板,多了一分轻松、幽默。

---

① 参见林东茂:《刑法综览》(修订五版),中国人民大学出版社 2009 年版,第 178—179 页。
② 同上书,第 213 页。
③ 同上书,第 244 页。

三

中国内地刑法学研究正在经历去苏俄化、继受德日的转变历程。无论是内地还是台湾地区，翻译成中文的德国刑法学著作，一般都艰深晦涩。林东茂先生留学德国多年并获得德国慕尼黑大学法学博士学位，精通德国刑法学，其《刑法综览》也是以德国刑法教义学理论为基础的，但其成功、精妙的语境转化让人叹服。笔者一直在思索：区区 50 万字、400 余页的一本书何以能囊括了刑法总论和分论？这需要何等的语言驾驭能力！林东茂教授在其另外一本著作中曾经说过："法律论述当如何表达，值得深省。任何语言，无论文言或白话，都贵在简洁、清楚与亲切。智慧可以自然流露，无须出于不可高攀的姿态，有些读者天真胆怯，以为喋喋不休、艰涩难懂才叫说理，以为借洋人的嘴巴说话才叫深邃。"①《刑法综览》以简洁明快，通俗易懂的语言为我们了解德国刑法学开启了一扇悠闲之门。既没有故作深沉的修饰，更没有让人喘不过气的长句表达，一切都是那么地自然，那么地行云流水，让我们见识了中文表达刑法知识的魅力。例如，关于间接正犯的处罚根据问题，刑法学争论由来已久，未曾解决，林教授寥寥数语道出真谛，"直接正犯阳刚，间接正犯阴柔。间接正犯并不规定于刑法，这概念是为了填补可罚性的漏洞而创用"②。这里的"阳刚""阴柔"等极富"中国风"的词汇用得恰到好处，省去了诸多费尽口舌也难以达意的词汇。

---

① 林东茂：《一个知识论上的刑法学思考》（增订三版），中国人民大学出版社 2009 年版，"再版序"。

② 林东茂：《刑法综览》（修订五版），中国人民大学出版社 2009 年版，第 175 页。

　　关于刑法理论的立场,林教授持论公允,语言表达爱憎分明,毫不掩饰,嬉笑怒骂,信手拈来。比如关于罪刑法定原则的自由主义基础问题,林教授毫不客气地指出:"现代意义的自由思想授予国家干涉更多的借口。到这里我们逐渐领会,即使是讲人性尊严口沫横飞、谈刑罚最后手段原则热情洋溢的德国,犯罪化的工程远远大过除罪化。即使是自由主义的模范生如美国,也有令人难以赞同的反犯罪法案,如三振出局法、梅根法案(在社区或网路公布性犯罪的法案)。"①这一客观公允、行侠仗义的直言是何等的酣畅淋漓!对于盗窃罪的手段问题,林教授毫不客气地直指:"认为窃取就是秘密而取的说法,是法律门外汉的认知。"②好一句爽直之言。

　　总之,林东茂教授《刑法综览》向我们展示了刑法学研究的悠闲之道,蓦然发现:刑法之路,可以有如田园牧歌,悠缓并富含生活情调。

---

① 林东茂:《刑法综览》(修订五版),中国人民大学出版社 2009 年版,第 59 页。
② 同上书,第 292 页。

人本主义刑法观[*]

人本主义刑法观对于推动中国刑事法治和刑法现代化具有重要意义。树立人本主义刑法观,需要从理念、实质、实践多层面入手。

一、理念转变:刑法的存在根据与目的

刑法的存在根据即刑法的本质,也即刑法何以存在、人类为什么要有刑法的问题。现代法治国家普遍实行民主代议制,立法机关是国家的最高权力机关。法律包括刑法是通过人民选举的代表制定并通过的,是民意的体现。对于某种行为是否应该作为犯罪、对该行为规定何种刑罚都是由人民通过自己的代表决定的。人民为何要把该行为作为犯罪并处以刑罚呢? 因为"人性的首要原则,是要维护自身的生存,人性的首要关怀,是对自身所应有的关怀"①。另外,刑罚作为一种最严厉的制裁手段,没有比借助国家的刑罚权对公民权利和自由的侵害更为严重的侵害了。既然这

---

* 原文发表于《检察日报》2011 年 8 月 10 日,第 3 版,发表时标题为《树立人本主义刑法观可从三方面入手》,收入本书时有修改。

① 〔法〕卢梭:《社会契约论》,何兆武译,商务印书馆 2003 年版,第 9 页。

样,国民在制定刑法时,必须要把国家作为刑法的制约对象,因为国民自身随时可能受到刑罚处罚,从而把国家的刑罚权限制在保护人权的必要限度内,刑罚权的发动必须以刑法的明文规定为依据。可见,刑法的存在根据,一方面在于保护公民的权利和自由不受来自犯罪的侵扰;另一方面在于限制国家刑罚权对公民权利和自由的恣意侵扰,确保刑法的谦抑。

二、实质保障:罪刑法定主义

罪刑法定主义是人本主义刑法的实质性保障。罪刑法定主义的内容包括形式的侧面(法律主义、禁止类推、禁止事后法、禁止绝对不定期刑)和实质的侧面(禁止不明确的刑罚法规、禁止处罚不当罚行为、禁止残酷刑和不均衡刑)。形式侧面的意义在于严格限制司法权的滥用以保护人的权利与自由。实质侧面的每一具体内容都在于限制国家的刑事立法权,防止"恶法",以保护人权,体现人道。

罪刑法定主义不仅在内容上体现了以人为本的旨趣,其思想基础更体现了人本主义的精神。一般认为罪刑法定的现代思想基础是民主主义和人权尊重主义。民主主义要求由人民决定什么样的行为是犯罪以及对其处以怎样的刑罚,因此刑法是民意的体现,司法只不过是民意的实现过程而已。所以司法机关要顺从民意就必须严格适用成文法、禁止类推、禁止事后法和绝对不定期刑。

违背罪刑法定就是违背民意,反之亦然。既然由人民来决定犯罪与刑罚,人民当然要最大限度地保护自己的人权,因为出于自我保护的本能不会做"对不起自己的事情"。所以,要禁止不明确的刑罚法规、禁止残酷刑和不均衡刑、禁止处罚不当的行为。罪刑法定主义的另一思想基础——尊重人权主义,要保护人权、不妨碍公民的自由,必须使人民能事先预测自己行为的性质与后果。

可见罪刑法定主义的思想基础就在于保护人的权利和自由,与人本主义具有根本的一致性。

三、实践推动:刑法解释观念的适度转变

首先,从形式解释到实质解释的转变。形式解释论过于依赖于刑法的确定性,强调探求立法原意,偏重抽象人权的保护而忽视现实人权的保障,缺乏对犯罪人的人文关怀;实质解释论以法益限定将某种行为解释为犯罪的可能性,注重对犯罪人的人文关怀,同时也关注被害人的法益保护。因此,人本主义刑法要求刑法解释由形式解释论向实质解释论的转变。可实践中,司法者有意无意地过于关注形式解释,使很多案件的处理背离法治,过于机械化地关注刑法条文的字面解释。有时形式解释论也会不当缩小打击面从而忽视对被害人权利的保障,也不符合人本主义的要求。

其次,适度关注刑法解释的公众认同。对犯罪的认定,必须考虑一个社会的现实,要考虑国民的规范意识或刑法认同感,以寻求结论的合理性。这就要求刑法理论和实践充分考虑公众的认同感,即考虑哪些判决结论或论理解释是一般国民可以接受的,符合一般国民的规范意识。刑法解释关注公众的认同感,并不是说完全迁就于民众的情感,特别是当这种情感非理性的时候,就更不能将这种非理性的情感宣泄等同于公众认同。因此,需要理性分析公众的真实感受,把握适度原则。

刑法学术语翻译规则探讨 *

随着对外开放水平的提高和刑法学术国际交流深度的扩展，德日等国外刑法翻译作品大幅增加。由于刑法学的专业性极强、专业术语很多，翻译用词很不统一，既不利于读者阅读，也不利于学术交流。

陈兴良教授在《德国最高法院判例刑法总论》一书的序言中对于这种术语的个性化翻译进行了严肃的批评。笔者读到此处也深有此感。在笔者看来，法学翻译还是应该坚持以下原则：

(1)当外国刑法学著作中的术语与我国刑法典有对应术语时，应该用我国刑法典的术语进行翻译。比如，我国刑法中明确使用了"未遂"的术语，非要翻译成"力图"就没有必要。再比如，"中止"也是我国刑法典的法定用语，翻译德日著作时非要翻译为"从力图中回撤"，就不是一句通顺的中文。同样，"共同犯罪"都是我国刑法典中的法定术语，翻译德日著作时，非要翻译成"犯罪参与"，不见得是好事。

(2)当外国刑法学著作中的术语与我国刑法学通常使用的术语有对应关系，且不会造成误导的情况下，应该坚守我国刑法通常使用的术语。比如实施构成要件的行为，称为实行行为，这是我国

* 原文发表于《检察日报》2013 年 8 月 15 日，第 3 版。

刑法学一直使用的,也不会造成误解,如果非要翻译成"构成行为"就让人百思不得其解。在"行为"前加上"构成"这个限定词实际上是个错词、病句。

（3）当外国刑法学中的术语翻译成我国刑法学中约定俗成的术语,可能造成误解的,应当摒弃后者,但是需要译者进行详细的说明。比如,"客体"一词,日本刑法学中的行为客体相对于我国刑法学中的犯罪对象;保护客体相对于我国刑法学的犯罪客体。由于受苏俄刑法学的影响,我国刑法学中犯罪客体意指社会关系而非法益。翻译就没有必要削足适履来采用苏俄刑法学的"遗产"。又如,我国传统刑法学受苏俄刑法的影响使用"犯罪构成"一词,与德日刑法中的"构成要件"截然不同,这种情况下将构成要件翻译为"犯罪构成"就会造成误导。

快播案的不作为共犯理论检视*

 不作为犯处罚的实质依据在于其设定了对侵害或威胁法益结果的具体、现实的支配。这个观点应该体现了不作为理论实质化发展的趋势和最低程度的共识。那么问题来了,快播公司对淫秽物品的扩散和传播有现实、具体的支配力吗? 能够将面向结果的因果发展掌握在自己手中吗? 它能具体、现实地支配因果发展流程吗? 或许每个人都会有不同的认识。

 "快播案"的争论已经从程序之争走向实体之争,其中实体之争中的一个重要问题是不作为共犯问题。对于他人的作为犯罪具有阻止义务而不予阻止,这种以不作为的形式参与他人作为犯罪的类型,在理论上被称为"不作为共犯"。不作为犯罪本身就是一个理论难题,而共同犯罪又有"刑法理论绝望之章"的称号,那将这两个理论难题合在一起的不作为共犯就是难上加难。

一、不作为共犯的成立范围如何划定

 1. 不作为教唆犯

 "不作为共犯",这里的"共犯"是狭义的共犯,是相对于正犯

---

* 原文发表于"悄悄法律人"正义网法律博客 http://liyong5556.fyfz.cn/b/878965,访问日期:2016年1月27日。

(实行犯)而言的。狭义的共犯包括教唆犯和帮助犯,那不作为共犯理论上也应该包括不作为的教唆犯和不作为的帮助犯。但是由于教唆犯的本质是通过唆使行为唤起正犯的行为决意,而不作为不足以唤起他人行为的决意,所以,通说均否认不作为的教唆犯。快播案中,也不存在不作为的教唆犯问题,因此没有讨论的必要。

2. 不作为帮助犯

不作为帮助犯则是理论通说都承认的,这一点无论是德日通说还是国内通说均无例外。当然,值得注意的是,司法实践中对于不作为共犯极其陌生。作者曾为参加十佳公诉人比赛的选手们串讲刑法总论时重点讲述了不作为共犯,并举了自己办理的案件为例进行说明,但是从他们的反应来看,他们认为不作为帮助犯在实践中被认定得寥寥无几。这是令笔者感到意外的。但是有人会说,既然实践界对于不作为共犯是排斥的,那么快播案为什么会被起诉呢? 其实大家应该很清楚,无论是从起诉书还是庭审辩论中均可以看出,起诉的依据是司法解释,并非不作为共犯理论,不知是不知用,不敢用,还是不屑用。当然,笔者这么说,并非认为快播案就是可以不作为理论进行定罪处罚,而是认为无论是否构罪都应该用到这个理论工具进行检视,因为定与不定取决于被告人是否具有保证人地位(下文详述)。

3. 不作为片面帮助犯

也有人提出此案的被告人王欣与上传淫秽视频者即便没有共同犯意联络,按照不作为片面帮助犯也可以定罪处罚。那么不作为片面帮助犯在理论上是否能站得住脚呢? 关于片面共犯问题在理论上确实争议很大,有人全面否定,有人全面肯定,有人只承认片面帮助犯。全面否定说,既不承认片面正犯,也不承认片面帮助犯;帮助犯肯定说否认片面共同正犯而仅肯定片面帮助犯;全面肯定说不仅承认片面帮助犯还承认片面共同正犯。那通说咋样呢?这就复杂了。德、日通说是承认片面帮助犯的,而否认片面的共同正犯,司法实践也有片面帮助犯的判例。但国内就乱了,因为按照四要件的理论,共同犯罪是所有的共同犯罪人都符合某一个罪名的犯罪构成,要有共同的行为和共同的故意,而共同的故意表现为相互的意思联络和沟通,犯意联络是双向的、全面的,而不能是单向的、片面的。这样一来,哪里还有片面共犯的存在余地呢?国内传统理论通说持如此立场,司法实践固然是不会轻易认同片面共犯的。既然不会承认片面共犯,那就更不会轻易承认不作为片面共犯了,自然而然不会承认片面帮助犯了。但是这种传统通说"一统天下"的局面已被打破。国内承认片面帮助犯的学者越来越多,通说地位已经不保,而实践中也出现了运用了片面帮助犯的判例(只是没写进判决书而已),比如笔者就指导他人运用此理论起诉过案件,并被判决,那真是"法律效果与社会效果的统一"。

总结一下,不作为共犯的成立范围,可以是不作为帮助犯,也可以是不作为的片面帮助犯。

二、不作为共犯的成立条件是什么

1. "保证人"是个啥?

实践界对于不作为犯罪理论,据笔者所知,相当陌生,这个"据笔者所知"应该是准确的,因为笔者就是基层一线的办案人。陌生到何种程度?很多人甚至没听说过"保证人"这个词,很多人以为这个"保证人"是取保候审的那个"保证人"。他们所理解的不作为义务还仅停留在"三分说"的阶段。如前所述,不作为共犯的成立范围限于不作为帮助犯。作为义务是成立不作为犯罪的必要前提条件,所以不作为帮助犯的成立也必须以帮助者有作为义务为前提条件。有作为义务的人就是保证人(或者叫保障人)。这样,保证人的义务来源,就成为定案的关键了。

2. 腐朽老旧的三分说

关于保证人的义务来源,我们很多司法实践人士所理解的学说还停留在形式三分说阶段,哪三个呢?即法令、契约、危险前行为(先前行为)是保证人义务的三大来源。这个三分说是啥时候提出的呢?那是19世纪初期。这个三分说在20世纪50年代前在德国都处于通说地位,在国内其通说地位却一直支撑到今天?国内传统刑法理论还有个四分说,与三分说相比,变化不大,只是加了个职务或业务的义务来源而已。那这个三分说有啥不好呢?它最大的缺点就是没有回答:你凭啥说这三个义务来源就是保证人的义务来源?有这三个义务凭啥就要保证危害后果不发生?比如,基于法令的义务,违反了其他法律的行为,并不一定直接成立刑法上的犯罪。

3. 实质的法义务理论兴起

不作为理论发展的历史就是刑法理论从形式化到实质化发展的历史,它是刑法理论实质化发展的缩影。实质法义务说为实质违法性说一派所倡导。因与纳粹勾连而臭名昭著的德国基尔学派提出,不作为之刑事责任取决于不作为之违反义务性和不作为者依健全国民感情显然为特定犯罪之行为,从整体秩序和伦理来界定不作为义务的实质来源。虽然基尔学派的实质违法论随着纳粹的倒台而倒台,但是在不作为义务来源上该学术遗产却被继承下来了,他们所主张的共同生活团体作为义务来源,为日后的理论和实务所接受,且迄今成为通说。1930 年,德国刑法理论在保证人义务来源中加入了"密切生活关系与危险共同体",例如家庭成员重病而不予救助、登山团队成员对陷入危境的队员不予救助。实践中,丈夫看妻子服毒自杀而故意不予救助的案例时有发生,还记得那道全国公诉人与律师辩论赛中的题目:男子眼看同居女友跳楼自杀而不予救助。可惜的是,控辩双方在不作为保证人地位上并没有展开应有的理性交锋。1950 年,德国的阿明·考夫曼将保证人地位的来源分成两类:一是基于照顾义务;二是基于监督义务。20 世纪 70 年代左右,德国著名的刑法学家罗克辛提出了"支配说",该说一经提出,追随者众多。支配说认为,只有当行为人居于主控支配地位时,才有保证人地位,才有保证人义务,包括保护性支配和监控性支配。目前,在德国占通说地位的观点是机能二分说,该说将作为义务分为对脆弱的(无助的)法益的保护义务和对危险源的监督义务。总结起来,保证人地位来源有:①基于法律;②契约;③先前行为;④基于密切的生活关系和危险共同体;⑤基于自愿承担保护义务;⑥基于危险源的监控义务。

可以看出,这个发展过程就是一个从形式到实质的发展过程,人们试图找到一个单一的实质性标准作为不作为义务的来源。罗克辛的得意门生许迺曼提出"对造成结果的原因有支配"的对等原则,他认为仅有当不作为人针对造成法益受侵害之事实的法律地位,以对于结果归责具决定性的观点,与作为行为人的法律地位可加以比较时,那么以作为犯的构成要件处罚不作为才属适当。①

---

① 参见〔德〕许迺曼:《德国不作为犯法理的现况》,陈志辉译,载许玉秀、陈志辉合编:《不惑不惑献身法与正义——许迺曼教授刑事法论文选辑》,新学林出版股份有限公司 2006 年版,第 656 页。

所以,与作为对等的不作为的前提要件是,对于法益侵害的重要条件(造成结果的原因)具有与此种支配在强度上可相比较的意志力,也就是对于时间有实际控制。我国台湾地区学者黄荣坚认为,"不作为犯的基本事实形态是对于自然的放任,是对于已经存在的风险的放任。作为犯的基本事实形态是对于自然的干涉,是制造原本不存在的风险"。因果的危险前行为是保证人地位的唯一来源,通说所认为的各种保证人类型多数都可以还原为危险的前行为,个别不能还原的不应当成为保证地位的来源。[1] "基于法益保护的目的,法律上一个合理的要求,也是一个合乎期待可能性的要求是,制造风险的人有义务把风险控制在容许限度的范围内,质言之,制造风险的人,必须控制风险;破坏自然的人,必须恢复自然。承此,行为人违背控制风险义务即可能构成犯罪,也就是所谓不作为犯罪。"[2]无独有偶,日本西田典之也认为,"如果作为是指向结果的因果设定,不作为便属于因果过程的放任。为此,不作为要与作为具有构成要件性等价值,不作为者就必须将正在发生的因果流程控制在自己的手里,即获得基于意思的排他性支配"。对于获得的排他性支配并非基于自己的意思这种"支配性"的场合,才考虑必须存在父(母)子关系、建筑物管理人、安保人员等社会持续性保护关系,如早上起来发现门口有弃婴,由于是自己的大门口,应该说具有排他性支配,但是这种支配并非基于自己的意思。[3]日本结果无价值论者曾根威彦也认为,"在放任不管的话就会向侵

---

①　参见黄荣坚:《刑罚的极限》,元照出版有限公司 1999 年版,第 50—51 页。

②　黄荣坚:《基础刑法学(下)》,中国人民大学出版社 2009 年版,第 477 页。

③　参见〔日〕西田典之:《日本刑法总论(第三版)》,刘明祥、王昭武译,中国人民大学出版社 2007 年版,第 94—95 页。

害结果方向发展的法益保护、事实上被托付给了特定的不作为人的时候,即只有在和不作为人之间具有防止结果的紧密关系的场合,才能将不防止结果的不作为和作为引起结果的场合同等看待"。"不作为人将面向结果的因果发展掌握在自己手中,即具体、现实地支配了因果经过。"①笔者认为,犯罪的本质在于法益侵害或危险,这一点无论是对作为犯而言,还是不作为犯而言都是一样的,其差别仅在于作为犯是制造了原本不存在的法益侵害的风险,而不作为犯是对已经存在风险的放任。

因此,笔者认为,不作为犯处罚的实质依据在于其设定了对侵害或威胁法益结果的具体的、现实的支配。这个观点应该体现了不作为理论实质化发展的趋势和最低程度的共识。那么问题来了,快播公司对淫秽物品的扩散和传播有现实、具体的支配力吗?能够将面向结果的因果发展掌握在自己手中吗?它能具体、现实地支配因果发展流程吗?或许每个人都会有不同的认识。读完此文,你心里已经有了自己的答案了,不是吗?

---

① 〔日〕曾根威彦:《刑法学基础》,黎宏译,法律出版社 2005 年版,第 124 页。

利用互联网传播淫秽物品之"牟利"认定[*]
——关键看其经营方式是否与经济利益直接挂钩

一、基本案情

被告人郭某系某广告公司业务员,从事《××晚报》的广告代理业务。2007年年初郭某通过QQ认识了赵某,赵某告诉他开办网站就相当于有了"网络名片",有利于开展业务。郭某便建立了一个名为"××晚报广告网"的网站,在网页上公布自己的联系方式,以求更多的人找他代理投放该晚报的广告。为了增加网站的点击率和提高知名度,从而更好地开展广告业务,2007年5月至2007年12月,郭某在该网站上发布淫秽文章30余篇,无须注册就可以免费点击阅读,实际点击数达100余万次。

二、分歧意见

本案争议的焦点在于:郭某的行为是构成传播淫秽物品牟利罪还是传播淫秽物品罪。第一种意见认为,郭某在自己建立的网

---

* 原文发表于《检察日报》2008年3月26日,第3版。

站上传播淫秽文章的目的,表面上是为了增加点击率和提高知名度,但是其真正的目的是获得更多的广告业务,从而获取利益,相当于赚取广告费,具有牟利的目的,构成传播淫秽物品牟利罪。第二种意见认为,郭某在自己网站上传播淫秽文章的目的只是提高知名度,既没有让阅读者支付信息费,也没有通过网站本身作广告赚取广告费,不具有牟利的目的,只构成传播淫秽物品罪。

三、评析

笔者认为,第二种意见是妥当的。郭某的行为只构成传播淫秽物品罪而不构成传播淫秽物品牟利罪。对本案的准确定性需要把握以下几个关键问题。

(一)网络传播淫秽物品"牟利"方式具有新颖性

互联网是个新事物,利用网络传播淫秽物品的牟利方式不同于传统意义上的有偿放映、展览、出租、借阅等形式,其具有"新颖性"。利用网络传播淫秽物品牟利主要有两种方式:一是收取色情信息服务费,具体表现为在用户浏览信息后,网站要求用户注册加入色情网站成为会员,并要求使用银行卡、手机等网上结算手段支付费用,或者表面上说是免费观看,但是需要输入手机号码扣取话费等。二是通过网站或网页本身赚取高额广告费。对于利用互联网传播淫秽物品来说,所谓以牟利为目的是指行为人为了收取信息费而传播淫秽物品的行为;所谓非以牟利目的传播淫秽物品的行为是指传播者传播淫秽物品的行为只是为了增加自己网站或者个人主页的点击率或提高知名度,其传播淫秽物品的行为本身不以牟利为目的。本案中,郭某既没有收取信息服务费,也没有通过其开办的网站本身作广告赚取广告费,而只是为了开展自己工作上的业务,其所得到的利益只是从自己所在的广告公司领取的更多一点的薪水而已,不能将领取的薪水认定为刑法意义上的"牟利"。

(二)犯罪目的与犯罪动机的区分

根据刑法理论通说,犯罪目的和犯罪动机是两个不同的概念,犯罪目的是指犯罪人主观上通过犯罪行为所希望达到的结果,即以观念形态预先存在于犯罪人大脑中的犯罪行为所预期达到的结果。而犯罪动机是刺激、促使行为人实施犯罪行为以达到犯罪目的的内心起因或思想活动,是其行为成功后进一步的利益追求。正所谓天下熙熙,皆为利来,天下攘攘,皆为利往。人的任何行为背后都存在利益的支撑,这也就是所谓经济学上的理性人,不能将这种意义上的利益追求直接"移植"为刑法意义上的"牟利"。本案中郭某发布淫秽文章的终极目的,当然也是追求经济上的利益,但是,这并非刑法意义上的犯罪目的,而是促使其在网络上传播淫秽物品的内在动机,其目的仅在于提高网站的知名度,让更多的人知道其从事《XX 晚报》的广告代理业务。第一种观点将犯罪动机与犯罪目的混为一谈。

(三)刑法的谦抑性和刑罚的均衡性

在现代法治社会中,刑法的品格是谦抑,只有在迫不得已的情况下,才动用刑法,具有最后手段性。对于传播淫秽物品、卖淫等"风化性犯罪",除了传播给未成年人外,社会对其容忍度增大,从而促使其走向轻刑化和非犯罪化的进程,这是世界刑法发展的思潮。而我国刑法对于传播淫秽物品牟利罪和传播淫秽物品罪的法定刑的规定差距过大,前者最高刑可达无期徒刑,后者最高刑不过2年有期徒刑。仅一个主观目的就导致法定刑出现如此差距,这是行为无价值论的体现,与法治理念下的结果无价值论不相符合,在配刑论上也不能不说是一种缺陷。面对前述刑法思潮以及立法现状,如果将前述案例中郭某的行为定性为传播淫秽物品牟利罪,那么根据最高人民法院、最高人民检察院《关于办理利用互联网、移动通讯终端、声讯台制作、复制、出版、贩卖、传播淫秽电子信息刑事案件具体应用法律若干问题的解释(一)》,点击次数25万次以上的,属于情节特别严重,应在10年以上量刑,则显然违背刑罚的均衡性。

别争了，"调包二维码案"定诈骗！*

　　法律人的微信圈出了一个二维码引发热议的"大案"。这里的"大案"之所以加引号，是因为本是一个小案，被热议成了大案。案情是行为人将店家的付款二维码调换为自己的二维码，顾客不知情，扫描付款，结果钱都进了行为人的腰包。

　　长期以来，国内对于盗窃罪与诈骗罪的区分标准把握不准。早期理论来源于苏联的传统观点，对于盗窃罪与诈骗罪的本质特征几乎没有取得什么值得称赞的成果，靠着"虚构事实隐瞒真相"与"秘密窃取"混迹刑法江湖多年，导致诈骗罪与盗窃罪混乱多年。

　　后来以张明楷和陈兴良为领军人物的刑法学者引入德、日刑法理论，对财产性犯罪的本质特征进行了深入研究，为盗窃罪与诈骗罪划定了相对清晰的界限。但是很多人特别是司法实务人员理解往往不得要领，甚至有人一看到盗骗交织的案件，就说"按照张明楷老师的观点就是定盗窃罪，按陈兴良老师的观点就是定诈骗罪"；还有人一看到骗盗交织的案件，就说"按照德、日刑法的观点就定盗窃罪，按我国传统观点就是定诈骗罪"。问题就出在，对刑

＊　原文发表于"悄悄法律人"微信公众号 https://mp.weixin.qq.com/s/A4Gfn2z67Gzyjtf1j34 GXA，访问日期：2016 年 9 月 25 日。

法理论理解不透,把握不深,导致听风就是雨。

一、盗窃罪与诈骗罪的本质区别是什么

盗窃罪的本质是违背财物占有人的意志,改变占有关系,属于取得型财产犯罪;诈骗罪的本质是财物占有人因受骗陷入错误认识自愿交付财物,也就是形式上并没有违背财物占有人意志而改变占有关系。之所以说形式上没有违背财物占有人意志,是因为陷入错误认识,财物是自愿处分给犯罪人的,而实质上如果财物占有人知道真相就不会处分和交付,其行为的基本特征是:行为人实施欺骗行为(包括虚构事实和隐瞒真相)→财物占有人陷入错误认识→基于错误认识交付(处分)财物。

所以,二者的本质区别在于是自愿交付处分还是违背意志强行改变占有关系。至于谁是被害人?谁受损失?谁被骗了?都是辅助判断标准,而非本质判断标准。那些不谈本质区别,上来就谈谁是被害人的观点,可谓舍本逐末,终究难得要领。

尽管上述标准是明确的,但是在具体案件中,很多人往往理解不透,把握不准。

二、二维码案应当定诈骗罪

依照上述标准,我们来看二维码案这个"大案"到底怎么定。先看案件事实:犯罪人调包二维码——顾客扫描——钱进入犯罪人账户。就这么简单!就这么简单,定什么罪?一目了然,定诈骗罪!主要理由如下:①完全符合诈骗罪的构造。犯罪人调包向顾

客隐瞒了该二维码不是店家的二维码的事实——导致顾客误以为是店家的二维码而进行扫码支付——行为人取得财产。这完全符合诈骗罪的构造。②本质上看，顾客是自愿支付的，并未违背财物占有人的意志。被骗的当然是顾客，而非店家，试想：如果顾客知道这个二维码被人恶意调包还会付款吗？显然不会。为什么会付款呢？因为犯罪人调包二维码隐瞒了不是店家二维码的事实，导致顾客陷入错误认识而扫码支付。③谁是财产占有人？当然是顾客了，钱是顾客的，顾客在扫码那一刻就是在处分财产，一旦扫码成功，就相当于把钱付出去了。那种认为店家是财物占有人的观点是错误的！钱在支付之前在顾客手中，支付之后在犯罪人手中，试问整个过程中，店家何时控制过、占有过钱呢？！

为什么那么多人会错误地坚持定盗窃罪？笔者认为，主张定盗窃罪的人至少陷入了以下几个误区。①纠结谁是被害人。刑法中的被害人与现实生活中的谁受损失不是一个概念。主张定盗窃罪的人老是想这样一个问题，那就是："这个案件，最终谁受损失？"现实中，顾客肯定不可能重新付款给店家，只能是店家自认倒霉。但是，刑法中的被害人和被骗人，与现实中受损失的人不是一个层面的问题。以现实中谁承担损失后果来反推刑法中的被害人、被骗人有时是错误的。②错误理解财物占有人。无论盗窃罪还是诈骗罪，本质特征都是转移财产占有关系的犯罪，所以"谁占有"很关键。主张定盗窃罪的主要理由在于认为店家占有财物，但是这个观点是不符合事实的。店家自始至终就没控制过这笔钱。正确的思路是：扫码支付之前钱由顾客占有，扫码之后被犯罪人占有，从顾客占有到犯罪人占有的过程，就是改变财产占有关系的过程。为什么会发生这种改变？就是因为顾客上当受骗了。

三、不能一看到"调包"就认为是盗窃，
一看到"欺骗"就认为是诈骗

　　主张定盗窃罪的观点可能还有一个原因就是一看到"调包"就以为是盗窃。典型的"调包"确实是盗窃罪，最常见的是：行为人对被害人说他家里大难临头，需要把钱拿出来"发功做法"消灾，然后被害人把装有钱财的袋子给行为人"发功做法"，然后行为人趁被害人不注意，用另一个袋子调包。这种案件因为被害人把钱财临时、暂时给行为人是让他"发功做法"的，而不是处分给行为人，行为人趁机改变占有关系，是违背被害人意志的，所以是盗窃罪而非诈骗罪。千万别把钱财临时交给行为人的行为认为是"处分、交付"！

　　但是，现实的情况很复杂，不能一看到"调包"就要定盗窃罪。比如有这样一个案例：行为人到小卖部买香烟，按照习惯交易规则，都是先给货物再付款。这次行为人到小卖部说"老板，拿两条软中华"，老板就把两条香烟给行为人了，然后低头等行为人付款，结果一抬头，行为人跑了。这个案件，很多人主张定盗窃罪，这是错误的。其实是诈骗。为什么呢？你看行为构造：行为人隐瞒了不付款的意图→被害人误以为他会付款而陷入错误认识→自愿把香烟给行为人而处分交付→行为人取得香烟。这是典型的诈骗构造。从本质上看，财产占有关系的改变是因为被害人自愿处分，当然这种自愿是因为被骗的，试想，如果老板知道这次行为人不想付款还会把香烟给他吗？所以，不是行为人违背被害人意志强行改变占有关系，当然不能定盗窃。当然，这个案件还有观点认为要定

抢夺、抢劫的,就更荒唐了。抢夺要求对物暴力,抢劫要对人暴力,连边都搭不上!

实践中,还有一种倾向就是一看到欺骗就认为是诈骗罪。比如这样一个案例:犯罪嫌疑人是开礼品回收店的,被害人拿了几张购物卡要卖给嫌疑人,嫌疑人说"我要查验一下你这个卡是不是没用过的",被害人就把卡给了嫌疑人用于查验,嫌疑人拿着卡假装去查验,其实是在旁边的超市刷卡消费了,几分钟后回来对被害人说"你这卡里根本没钱"。有人一看到这么多欺骗行为就以为是诈骗罪,其实是盗窃罪。为什么呢?因为被害人将卡交给嫌疑人是让他查验的,而不是处分给他了,这时被害人仍然是财物的占有人(只是占有迟缓),嫌疑人违背被害人的意志改变了占有关系,就是盗窃罪。故事还没完!这个嫌疑人收购了很多余额只有1~5元不等的购物卡,冒充全额面值卖给被害人,定什么罪啊?这又要定诈骗罪了,因为嫌疑人隐瞒事实将只有1元余额的卡冒充全额1000元的卡欺骗被害人→被害人误以为是全额的而陷入错误认识→基于错误认识自愿按照全额面值付款处分财物→嫌疑人取得财产。这里不是违背被害人意志改变占有关系,而是被害人自愿处分了财物导致嫌疑人取得财产。此案应按照盗窃罪与诈骗罪数罪并罚。

总之,现实中的案例千奇百怪,关键是要对本质特征透彻理解,深刻把握,不能浮于表面,不能听风就是雨。

第二篇 走向实质解释的刑事诉讼法学

刑事诉讼法学应当借鉴刑法教义学的方法和成果来提高刑事诉讼法解释学的水平。中国刑事诉讼法学要想走向成熟，必须激活解释学，实质解释论可能是一条绕不过的路径。

2
Part

走向实质解释的刑事诉讼法学

　　我国刑事诉讼法学走向成熟的必然趋势应当是在研究方法上的范式转型——建立起刑事诉讼法的解释学。

　　近年来,笔者一直呼吁刑事诉讼法的解释学和实质解释论,是刑法学领域彻底的结果无价值论者,也是实质刑法观和实质解释论的坚定支持者,[①]同时还是跨越实体与程序的鸿沟深入推进刑事一体化的实践者。[②] 与刑法解释学的发达和精细化相比,我国刑事诉讼法解释学较为落后。直观体现就是,《刑法》中的每一个条文几乎都被研究过,而《刑事诉讼法》中几乎所有的条文都没有被深入研究过。

　　刑事诉讼法学应当借鉴刑法教义学的方法和成果来提高刑事诉讼法解释学的水平。[③] 刑法学中的实质解释论与形式解释论,已经发展出了实质刑法观与形式刑法观的基本立场之争,[④]而刑事诉讼法学还在为被告人在供述笔录上填写"以上笔录,你已看过

①　参见李勇:《结果无价值论的实践性展开》(第二版),法律出版社 2020 年版。
②　参见李勇:《跨越实体与程序的鸿沟——刑事一体化走向深入的第一步》,载《法治现代化研究》2020 年第 1 期。
③　同上注。
④　参见刘艳红:《实质刑法观》(第二版),中国人民大学出版社 2019 年版,第 164 页以下。

和我说的一样"能不能作为定案根据而争论不休。当前,我国刑事诉讼法已经建立了相对完备的非法证据排除规则,但对于什么是非法证据、什么是瑕疵证据,二者如何区分,远未达成共识。《刑事诉讼法》第 56 条对物证、书证的排除设定了"可能严重影响司法公正"的条件,如何理解这里的"可能严重影响司法公正",学界研究得不够深入。《刑事诉讼法》第 52 条规定了严禁"引诱、欺骗",而第 56 条没有列举"引诱、欺骗"作为非法证据排除,引诱、欺骗取得的证据要不要作为非法证据排除,什么情况下排除,都需要精细化的解释学研究。

　　笔者在《刑事证据审查三步法则》一书中努力将刑法学中的实质解释论引入刑事证据法的解释之中,对非法证据与瑕疵证据的区分提出先形式判断后实质判断的"二分法",实践证明是富有成效的。笔者还尝试将刑法中犯罪构成阶层论的思维引入证据法的解释中,提出证据能力与证明力之间的二阶层关系,在判断顺序上,与犯罪构成三阶层具有异曲同工之处,即第一步先判断证据的证据能力,如果没有证据能力,直接作为非法证据排除,无须进入第二步的判断;如果有证据能力,才进入第二步的证明力判断。实践证明,这也是富有成效的。刘艳红教授预言:"未来中国刑法学发展的必然趋势是实现刑法工具方法论的范式转型,未来刑法方法论的发达则有赖于构建一套精密的刑法解释方法和技巧。那么,构建刑法工具方法论应该从何种路径入手?"笔者作为实质犯罪论的主张者,当然提倡实质的刑法解释理论及方法。① 中国刑事诉讼法学要想走向成熟,必须激活解释学,实质解释论是一条绕不过的路径。

————————

① 　参见刘艳红:《实质刑法观》(第二版),中国人民大学出版社 2019 年版,第 255 页。

少捕慎诉慎押具体标准的实质解释[*]

少捕慎诉慎押是新时代重要的刑事司法政策,是宽严相济刑事政策在司法领域的具体化,是轻罪治理体系的必然要求。当前的理论研究主要侧重于制度和机制角度,对于广大司法人员来说,贯彻落实好这项刑事司法政策,关键是如何从法解释学的角度准确理解少捕、慎诉与慎押的具体内涵。

一、少捕的实质审查标准

少捕的目标在于改变"构罪即捕"的惯性思维。少捕的实质审查标准必须回到逮捕的实质要件上来。我国《刑事诉讼法》第81条第1款规定的逮捕的要件是:"对有证据证明有犯罪事实,可能判处徒刑以上刑罚的犯罪嫌疑人、被告人,采取取保候审尚不足以防止发生下列社会危险性的,应当予以逮捕:(一)可能实施新的犯罪的;(二)有危害国家安全、公共安全或者社会秩序的现实危险的;(三)可能毁灭、伪造证据,干扰证人作证或者串供的;(四)可能对被害人、举报人、控告人实施打击报复的;(五)企图自

　＊　原文发表于《检察日报》2022 年 3 月 29 日,第 3 版,发表时标题为《准确理解少捕慎诉慎押具体内涵标准》。

杀或者逃跑的。"准确理解和适用少捕的标准,需要把握以下三点:

(1)坚持取保优先原则。

《刑事诉讼法》第 81 条规定的"采取取保候审尚不足",表达的意思就是取保优先原则,也就是"采取取保候审尚不足"时才动用逮捕措施,这与国际上通行的以羁押为例外的精神是一致的。联合国《公民权利和政治权利国际公约》第 9 条第 3 款规定,"等候审判的人受监禁不应作为一般原则"。很长一段时间以来,理论界和实务界没有重视"采取取保候审尚不足"的内涵,导致立法上的这个"良苦用心"未全面落实。落实少捕的首要标准就是坚持取保优先的原则,也就是"能不捕的不捕"。

(2)应将社会危险性理解为具体危险而非抽象危险。

根据《刑事诉讼法》第 81 条的规定,社会危险性是逮捕的核心要件。准确理解社会危险性是落实少捕的关键所在。这里的社会危险性是指具体危险而非抽象危险,这是以往的理论和实践所忽略的。刑事法意义上的具体危险是指足以发生的,也就是具有发生的现实性和紧迫性的危险。《刑事诉讼法》第 81 条规定了 5 项具体危险,例如第 5 项中的"企图自杀或者逃跑的",根据最高人民检察院、公安部在 2015 年发布的《关于逮捕社会危险性条件若干问题的规定(试行)》的规定,应当具有下列情形之一的,才能认定为具有"企图自杀或者逃跑"的具体危险:①着手准备自杀、自残或者逃跑的;②曾经自杀、自残或者逃跑的;③有自杀、自残或者逃跑的意思表示的;④曾经以暴力、威胁手段抗拒抓捕的;⑤其他企图自杀或者逃跑的情形。可见,这里的"自杀或者逃跑"必须有着手或准备的迹象和意思表示等表明有这样的具体危险,而不能抽象地认为涉嫌重罪就有逃跑或自杀的危险。以往有的司法人员习惯于将社会危险性理解为抽象危险,这与"构罪即捕"的惯性思维在性质上并无二致。

(3)不能将未赔偿和解、非本地居民简单等同于有社会危险性。

一方面,未赔偿和解、非本地居民难以解释为《刑事诉讼法》第81条规定的五项具体危险中的任何一项。比如,不能因为未赔偿和解就认定可能对被害人打击报复,也不能因为非本地居民就认定存在逃跑的危险。另一方面,《刑事诉讼法》第81条规定的逮捕条件中并没有这些内容,而且其规定的五项具体社会危险性也没有兜底条款。

二、慎诉的实质审查标准

慎诉的实质审查标准建立在起诉必要性基础上。《刑事诉讼法》第176条规定的起诉标准是:"人民检察院认为犯罪嫌疑人的犯罪事实已经查清,证据确实、充分,依法应当追究刑事责任的,应当作出起诉决定。"这里的"应当追究刑事责任"的实质标准是什么呢?根据并合主义刑罚论,责任刑和预防刑是决定是否判处刑罚以及判处多重刑罚的核心因素,同时刑事公诉还必须考虑公共利益。因此,慎诉的实质审查标准就是准确理解起诉必要性的三个要件:

1. 责任刑

责任刑就是由报应决定的刑罚,也就是犯多大罪承担多重的刑罚,这是决定是否应当追究刑事责任的首要因素。影响责任刑的因素包括不法事实与责任事实,其中不法事实有行为、结果、手段、数额、次数、未遂、共犯关系等;责任事实有目的、动机、责任能力、期待可能性等。

2. 预防刑

预防刑就是由预防犯罪需要决定的刑罚,也就是预防必要性大小影响刑罚轻重,包括犯罪前的情节和犯罪后的态度,前者如前科劣迹、经历、累犯等;后者如自首、坦白、认罪认罚、退赔、和解等。预防必要性是相对不起诉最为重要的衡量因素。现代刑法理论通说认为,责任刑与预防刑的关系是责任优先主义。《刑事诉讼法》第 177 条第 2 款规定,对于犯罪情节轻微,依照刑法规定不需要判处刑罚或者免除刑罚的,人民检察院可以作出不起诉决定。这里的"犯罪情节轻微"主要是指责任刑,在符合《刑法》第 37 条规定时,就可以作出相对不起诉决定。被害人谅解是预防刑的重要因素,但不是超越责任刑的决定性因素。有些轻微刑事案件,即使被害人不谅解,特别是因被害人要求明显不合理的高额赔偿导致无法和解的,符合相对不起诉条件的依然可以作出相对不起诉决定。

3. 公共利益

公共利益是世界各国公诉权的重要衡量因素。公诉是检察机关代表国家、公共利益向审判机关提起的诉讼。有些案件不起诉所能实现的公共利益大于起诉所能实现的公共利益,就要尽量不起诉,否则就有损于公共利益。

三、慎押的实质审查标准

《刑事诉讼法》第 95 条规定:"犯罪嫌疑人、被告人被逮捕后,人民检察院仍应当对羁押的必要性进行审查。对不需要继续羁押的,应当建议予以释放或者变更强制措施……"这是对羁押必要性审查的规定,也是落实慎押的着力点。审前羁押本质上是一种例外的程序性预防措施,这也是无罪推定原则的应有之义。慎押的实质标准如何把握呢？羁押是逮捕的结果和延续,二者的审查对象都是逮捕的适用条件,审查功能具有一致性,差异仅在于时序不同,羁押必要性审查的功能是识别逮捕适用条件随着诉讼进程有无变化,防止"一押到底"。因此,慎押的实质审查标准就是逮捕的核心要件——社会危险性。如前所述,社会危险性是具体危险,这个具体危险会随着时间的推移而变化。逮捕后的诉讼进程中,一旦具体的社会危险性消失,就应当变更强制措施,这是羁押必要性审查机制的实质功能所在。羁押必要性审查不能仅关注赔偿、和解、疾病等因素,这是狭隘的,离羁押必要性制度的实质内涵和慎押的要求尚有不小的距离,慎押的实质审查标准应当是具体的社会危险性有无发生变化。

刑事证明标准的二元主义*

　　刑事证明标准问题是刑事证据制度的核心问题,也是目前学者关注的一个热点问题,被学界誉为证据学中的"哥德巴赫猜想"。刑事证明标准是指在刑事诉讼中对案件事实等待证事项的证明所必须达到的程度。

　　众所周知,关于证明标准问题学界一直存在"客观真实说"与"法律真实说"之争,近年来争论愈演愈烈。一般认为,所谓客观真实,是说司法活动中人们对案件事实的认识完全符合客观的实际情况,即符合客观标准的真实;所谓法律真实,是说司法活动中人们对案件事实的认识符合法律所规定或认可的真实,是法律意义上的真实,是在具体案件中达到法律标准的真实。

　　学界将我国刑事诉讼法规定的"犯罪事实清楚,证据确实、充分"理解为客观真实,并一口咬定我国刑事诉讼法在证明标准问题上基于唯物主义认识论而采取了"客观真实说"的立场,并对此展开了广泛的批判。近年来,法律真实说至少在理论上成为越来越有力的学说。但是从立法本身和司法实践的情况来看,却是完全不同的境况:首先,我国刑事诉讼法规定的"犯罪事实清楚,证据确

＊　原文发表于《检察日报》2011 年 3 月 16 日,第 3 版,发表时标题为《客观真实与法律真实之争殊无必要》,收入本书时有修改。

实、充分"本身并没有问题。"法律不是嘲笑的对象。"与其批判法律,不如解释法律。学界将我国刑事诉讼法规定的"犯罪事实清楚,证据确实、充分"解读为客观真实,只是学者的一厢情愿。事实上,这句话中既没有规定所谓的"客观真实"的字眼,也没有所谓的"法律真实"的字眼。我国刑事诉讼法所规定的这句话,既可以解读为客观真实、绝对真实,也可以解读为法律真实、相对真实。"犯罪事实清楚"同样可以解读为对犯罪构成要件的事实以及量刑事实查清,达到法律所要求的真实;"证据确实、充分"同样也可以解读为证据构成一个完整的证据体系,对主要犯罪事实(即被告人实施了犯罪行为)的证明达到唯一性(或称排他性)的程度。其次,就司法实践的情况来看,司法者虽然坚持着客观真实,但是也并未排除法律真实,我们到底有多少案件是每一细节都能查清楚,将案件完全绝对地复原了呢?有多少案件实现了绝对真实?作为司法实践者的我们,对此很清楚。不容否认的是,司法实践中,司法者坚持着客观真实的追求,也在践行着法律真实。

因此,刑事诉讼法的规定本身并没有问题,是坚持客观真实说还是法律真实说,这只是一个学术立场问题,与法律规定无关。那么在学术立场上,法律真实说、客观真实说孰是孰非、孰优孰劣?如果单纯从理论上进行争论,或许结局只能是"公说公有理、婆说婆有理",无尽无休。

法学终究是一门实践性学科,实践性应该是法学研究的品格。我们从司法实践的角度来考量客观真实与法律真实,或许能够跳出传统客观真实说与法律真实说争论的窠臼。实践办案呈现出来的事实是,每一个司法者在办理刑事案件时都在努力追求一种客观真实,但最终可能是采取了法律真实。作为司法者来说,任何人都希望自己所办理的案件在证据上成为"铁案",都希望能实现客观真实。但是,世界上的很多事往往是"理想很丰满,但现实很骨感",从这个意义上说,客观真实作为一种应然追求,法律真实作为现实底线,既是司法实践真相的呈现,也是一种务实的学术立场。笔者将这一证明标准概括为证明标准的二元主义。

这种证明标准的二元主义在司法实践操作上表现为:司法者在办理刑事案件、审查证据过程中,带着一种查明客观真相的心态去求证,去调查核实证据,去补充完善证据,尽可能地还原案件事实真相,避免错案;当无法达到客观真实的情况时(多数情况下是达不到),要将法律真实作为坚守的底线,如果连法律真实都没有达到,就属于事实不清,证据不足,不得起诉或判决。作为现实底线的法律真实,具体来说,应该包括以下方面的标准:①据以定案的证据均已查证属实;②构成要件的事实及主要量刑情节均有必要的证据予以证明;③证据之间、证据与案件事实之间的矛盾得到合理排除;④能得出排除合理怀疑的唯一结论,排除了其他可能性。

证据能力三要件*

近年来,证据能力的概念非常流行,理论界和实务界已经广泛接受了这一概念。但是这一来自大陆法系的证据法概念,往往与英美法系的证据可采性相混淆,对于证据能力的要件更是鲜有研究。在此,笔者提出"证据能力三要件"评价标准,这一标准有助于解决当前实践中的一些困惑,厘清理论认识方面存在的误区。

一、证据能力的概念

证据能力是大陆法系证据法的基本概念,是指证据作为认定案件事实依据(根据)的资格。无证据能力的证据不得作为定案依据(根据)使用(证据使用禁止)。我国刑事诉讼法规定的非法证据排除与大陆法系国家一样是指不得作为定案根据,无论是立法还是司法解释表述都是"不得作为定案根据",我国的证据排除规则的初衷并非让法官接触不到非法证据,也不是将非法证据挡在法庭调查程序之外;相反,对于证据是否应当排除恰恰要经过法庭调查之后才能作出最后决定,只是要求法官对于应当排除的非法证据不得作为定案根据。就此而言,我们常说的非法证据排除

* 原文发表于《检察日报》2017 年 5 月 26 日,第 3 版。

中的"非法证据",就是指不能作为定案根据的证据,也就是无证据能力的证据。而我们常说的"瑕疵证据",是属于证据能力待定的证据,其是否具有证据能力,取决于其瑕疵能否得到补正或合理解释:若能得到补正或合理解释,则该证据即具有证据能力,就可以作为定案根据;若无法予以补正或合理解释,该证据即不具有证据能力,不得作为定案根据。

二、证据能力三要件

具备什么条件的证据才具有证据能力? 换言之,证据能力的要件是什么? 我国刑事诉讼立法和相关司法解释并未对此作出规定。学术界对此问题的研究和探讨也不多见。长期以来,我国理论界所研究的证据的"三性"即客观性、关联性、合法性,属于证据的属性问题,其非证据能力属性描述,也未反映证据能力的本质特征。证据能力的要件是探讨证据如何才能具有成为定案根据的资格,具有证据能力只是成为定案根据的条件之一,还需要经过证明力的审查,才能最终成为定案根据,所以证据属性与证据能力要件并不是同一问题。正如有学者指出的,传统通说所讨论的证据"三性"有混淆证据能力和证明力之嫌,学术价值有限,实践意义不足。

在大陆法系的德国,证据能力需要满足两个方面的要件:一是证据材料不被法律禁止,即消极要件;二是证据材料应当经过法定的调查程序,即积极要件。消极要件,系指证据使用之禁止,也可以说是证据排除,例如以强暴、胁迫等不正当讯问方法所得之证据,不得作为定案根据;积极要件就是严格证明法则,即证据必须经过严格之调查程序后,始能取得证据能力,才能作为定案根据。

　　笔者认为,我国证据能力的要件,既要立足于刑事诉讼立法,也要切合司法实践,同时可以借鉴大陆法系的证据能力理论。德国证据能力的消极要件和积极要件具有一定的借鉴意义,其中消极要件谈的是证据的合法性问题,这也是证据能力的实体要件;而积极要件主要是结合直接言词原则从程序角度对证据提出的要求。从这个意义上讲,这里的积极要件实际上并非证据能力本身需要具备的要件,值得借鉴的主要是消极要件。

　　笔者在上述基础上,提出证据能力三要件,即来源合法、过程合法、结果合法。所谓来源合法,是指取证主体、证据来自何处要具有合法性。比如,一份证言是否由两名以上侦查人员提取、证人是否具有作证资格,一份书证是否由侦查人员提取、来自何处,有无调取证据通知书等。所谓过程合法,是指证据提取的过程要符合程序性规定。比如,言词证据取得过程中有无刑讯逼供、暴力、威胁等行为,物证调取过程中有无提取原物、有无受到毁损、污染等。所谓结果合法,是指取得的证据所依附的装入卷宗中的载体本身要合法。比如,言词证据所形成的证言笔录,记载内容是否规范全面、签名是否遗漏、有无核对确认等。任何一项证据要具有证据能力,都必须来源合法、过程合法、结果合法。来源、过程、结果合法性存在问题的,要么属于非法证据(无证据能力的证据),要么属于瑕疵证据(证据能力待定的证据)。实践中,办案人员往往是采取"结果→过程→来源"倒置的方法对证据能力进行审查的。比如,一份证言,先从结果的角度,从装入卷宗中的这份证言笔录开始审查,看笔录本身有无问题,比如证人有无核对笔录、有无签字确认、询问时间及地点记录是否准确、笔录记载的内容与证人陈述内容是否一致等;接着从过程的角度进行审查,看调取证言过程中有无暴力、威胁取证等情况；再从来源的角度进行审查，审查提供证言的证人有无作证能力、询问人员是否具有办案资格等。证据能力三要件标准不仅能从理论上丰富证据能力这一概念的理论品质，而且在实践中有利于促使办案人员加强对证据能力的审查，有利于推进非法证据排除规则的落实，从而有利于进一步提高案件质量，防范错案。

证据"两力"之提倡*

我国传统证据法理论和实践涉及证据问题必谈客观性、关联性、合法性(以下简称证据"三性")。这里的"三性"其实谈论的是证据的属性问题,与证据的证据能力和证明力(以下简称证据"两力")存在重大差别。证据能力,是指证据作为定案根据的资格和能力;证明力,是指有证据能力的证据对证明案件事实的作用与价值。笔者认为,司法实践中,应该尽快实现从证据"三性"向证据"两力"的转型。

首先,证据"三性"之间无内在逻辑定位。证据"三性"之间没有逻辑上的先后次序,也无法突出证据合法性的首要地位。因为实践中无法保证办案人员始终把合法性放在第一位,这是由"三性"之间的平面结构与耦合关系所决定的。这与犯罪构成"四要件"理论中将客观要件放在主观要件前面,而实践中动辄先判断主观要件是一样的道理。

但证据"两力"之间在逻辑结构上是递进的关系,没有证据能力就不具备作为认定案件事实根据的资格,当然也就谈不上证明力,即对案件事实没有证明作用与证明价值。换言之,证据能力是

* 原文发表于《检察日报》2017 年 12 月 31 日,第 3 版,发表时标题为《重视证据能力与证明力之证据判断功能》,收入本书有修改。

证明力的前提和条件。这与犯罪构成"三阶层"理论中构成要件符合性、违法性和有责性逻辑上的递进关系是一致的。大陆法系国家和地区证据法通说认为,证据能力在逻辑上先于证明力,正如我国台湾地区有学者所指出的,"证明力与证据能力有别,盖证明力有无之判断,系证据具备证据能力之后问题。易言之,于评价证据对于判断事实之真伪能否发生心证上作用力之前,系以该证据已具备证据能力为先决条件"①。简言之,证据能力在先,证明力在后,前者侧重形式判断,后者侧重实质价值判断。这种内在结构上的逻辑关系决定了在审查证据的过程中,必然先审查证据能力,然后才能判断证据证明力,从而迫使司法人员先审查证据能力再判断证据证明力,从而有效贯彻非法证据排除规则。

其次,实践中的"假象印证"与证据"三性"理论有关。事实表明,有的冤假错案从表面上看证据之间能相互印证,证据具有关联性和客观性,但是用来印证的证据是没有证据能力的证据,所以形成的印证就是"假象印证",从而导致错案。有学者将错案归咎于印证证明模式,这是错误的。印证作为现代国家和地区特别是大陆法系国家和地区普遍的证明力判断规则,本身并无不当。问题出在没有严格把关证据的证据能力,而过于强调证据的关联性和客观性,从而导致"假象印证",这恰恰与证据"三性"理论是有关联的。也正因为如此,越来越多的学者认为,证据"三性"在本质上属于证据属性问题,其学术价值有限,实践意义不大。

再次,证据"三性"容易对司法人员形成观念误导。我国《刑

---

① 黄东熊等:《刑事证据法则之新发展——黄东熊教授七铁祝寿论文集》,学林文化事业有限公司 2003 年版,第 8 页。

事诉讼法》第 56 条规定，"采用刑讯逼供等非法方法收集的犯罪嫌疑人、被告人供述和采用暴力、威胁等非法方法收集的证人证言、被害人陈述，应当予以排除……在侦查、审查起诉、审判时发现有应当排除的证据的，应当依法予以排除，不得作为起诉意见、起诉决定和判决的依据"。可以看出，我国的非法证据排除，指的是不得作为定案根据，属于证据使用禁止，而并非指不得进入法庭的准入资格。这与我国《刑事诉讼法》第 52 条关于证据取得禁止的规定，即"严禁刑讯逼供和以威胁、引诱、欺骗以及其他非法方法收集证据，不得强迫任何人证实自己有罪"，共同完整地体现了大陆法系的证据禁止理论（证据取得禁止和证据使用禁止）。我国相关司法解释中使用"不能（得）作为定案的根据"的表述更为普遍，最高人民法院《关于适用〈中华人民共和国刑事诉讼法〉的解释》中凡是涉及非法证据排除的，基本上使用了"不得作为定案的根据"的表述。可见，我国刑事诉讼在立法和司法解释上采取的是大陆法系的证据禁止理论和证据能力的概念。

　　在这样的立法和司法背景之下，过于强调证据"三性"容易对司法人员造成误导。一方面会使其错误地认为，只有使用刑讯逼供等严重非法方法获得的证据才会被排除，而忽视因违反其他取证规范而导致的证据禁止使用（非法证据排除）。实践中，有观点认为，司法解释中规定的"没有来源的物证、书证不得作为定案依据"不属于非法证据排除，这就是典型的用证据合法性来误解证据能力的观点。另一方面会使司法人员错误地认为，只要是违法取得的证据就一定不得作为定案根据。比如有观点认为，扣押清单没有侦查人员签名，这显然是违反法律规定的，也可谓不合法证据，但事实上这种证据并非一定需要被排除，并不一定不能作为定案根据。

证据能力作为大陆法系的基本概念,是指证据能否作为定案的依据,其发挥着把守证据作为认定事实依据的"出口"的功能。这与英美法系中证据的可采性、合法性不同,可采性、合法性是指证据进入法庭调查程序的资格,发挥着把守证据进入法庭调查程序的"入口"的作用。司法实践中,亟须倡导大陆法系证据法的两个核心概念"证据能力"和"证明力",来扭转证据"三性"所可能形成的误导。

最后,证据"三性"有误导非法证据排除规则之嫌。根据证据"三性"理论,合法性是证据的基本属性之一。与"合法性证据"相对应的是"不具有合法性的证据"或者"非法性证据",但是无论是"不具有合法性的证据"还是"非法性证据",与我们所说的"非法证据排除"中的"非法证据"都有不同。

如前所述,我国刑事诉讼立法和司法解释中所说的非法证据排除是指"不得作为定案根据的证据",也就是无证据能力的证据。而无证据能力的证据不等于非法或违法取得的证据,也就是大陆法系证据法理论通说认为的"证据取得禁止"不等于"证据使用禁止"。正如有专家指出的,"合法取得之证据未必能够使用,非法取得之证据未必不能使用,因此,证据取得禁止与证据使用禁止之间,并无'等号'或'若—则'关系,而是前者之违法必须加上'其他条件'才会导致后者效果"①。简言之,不具有合法性的证据并非一概不能作为定案根据,因为不具有合法性的证据还有可能是瑕疵证据,瑕疵证据一方面属于违法取得的证据,另一方面经合理解释或补正可以作为定案根据。可见,证据"三性"一方面认为

---

① 林钰雄:《干预处分与刑事证据》,北京大学出版社 2010 年版,第 211 页。

"合法性"是证据的基本属性;另一方面又无法得出不具有这一属性的证据就不能作为定案根据的结论。如此,这一"合法性"可能会误导和扰乱对非法证据排除概念的理解。

综上所述,笔者认为在实践中,应当尽快完成证据"三性"向证据"两力"的转型,更加重视证据"两力"之证据审查判断功能。

证据分析的可视化路径
——"三维"图示法及其运用

　　提高案件质量的关键在于提高证据审查和分析的质量。很多实务人员认为证据分析是一个"只可意会不可言传"的抽象问题，在实务操作中基本上"跟着感觉走"，理论界对其研究也不多。事实上，证据分析是新证据学的重点研究领域，"证据法已经从一个关注规范表述的领域转型为一个关注证明过程的领域了"[1]。证据分析的方法主要有叙事法、概要法、图示法，其中最具可视性的就是图示法，而图示法中最为著名的当数威格摩尔图示法，但由于其大量的数学推理及复杂的逻辑学符号，从一开始就注定了其悲剧性的历史命运，"终其一生还有他死后很多年，人们对威格摩尔图示法的接受从礼节性地怀疑逐渐转变为漠不关心"[2]。但图示法作为可视化的、展示证据分析过程的方式，依然是符合新证据学发展的历史潮流和趋势的。

---

① 〔英〕威廉·特文宁：《反思证据：开拓性论著（第二版）》，吴洪淇等译，中国人民大学出版社 2015 年版，第 247 页。
② 同上书，第 204 页。

一、威格摩尔图示法及其局限性

证据法大师威格摩尔为证据分析创造了一个全新的逻辑工具,它将一个具体案件中所有相关证据与待证事实之间的关系,以图表的方式展现,构成要素是事实的简明命题,每一个命题都被罗列出来并在一个证据要件列表中进行编号,命题之间的关系通过威氏设计的符号系统在图示中描绘出来,形成一个极其复杂的框架。也就是说,在某一特定案件或争议性事实问题中,在一个赞同或反对某一特别结论("最终待证事实")的论证中,所有相关或潜在有用的数据都被解析成简明的命题,这些命题可以被吸收进一个"关键事项表"当中,然后在"关键事项表"中,所有命题之间的关系将运用提前设定的一套符号通过图示形式展现出来,最终形成一个(通常非常复杂的)论证图示。但是其缺点也是显而易见的,那就是这套符号系统过于复杂,即使是一个事实简单、证据清楚明了的盗窃案件,其命题及其符号也多达二十几个。证据学家威廉·特文宁曾试图对威格摩尔图示法进行改良,但改良版的图示法教学意义有余,实务意义不足。但威格摩尔图示法还是给我们提供了证据分析的新思路。

二、"三维"图示法及其运用

证据分析是记录和整理证据,并把命题之间的逻辑关系具体化的方法。威格摩尔精辟地指出证据分析的基本要素:一是为了合理地得出一个关于待证事实的最终意见,必须将相互关联的意见有意识地并列起来,这样裁判者能够将不同意见并置在一起进行考量,实现"兼听则明"。这是逻辑学和心理学的要求,也是司法裁判原理的要求。二是将复杂证据群在逻辑上进行提炼概括,简化至便于进行逻辑分析的命题。三是先分析再综合,以得出关于待证事实的唯一结论。证据分析图示法源于这样一个事实:最终的产物是某一具体案件中所有相关证据与待证事实之间所有关系的一个图形展示,也就是把分析混杂证据群相关逻辑关系用图示表现出来。

　　笔者受威格摩尔图示法的启发,遵循证据分析基本要素和证据图示法基本原理,在办案过程中不断研究和实践,于 2015 年提出证据分析图示法。时至今日,经过实践的不断检验,卓有成效。笔者所创立的证据分析图示法的基本框架如表 2-1 所示:

表 2-1　证据分析图示法基本框架

控方维度	辩方维度	中立维度
1. (证据要点列表)	1. (证据要点列表)	
2.	2.	
……	……	
需要补充的 证据:……	需要补充调查的 证据:……	(对待证事实的结论性意见)……

　　该图示法由三个维度组成,分别为控方维度、辩方维度、中立维度(以下简称"三维"图示法)。①控方维度的证据列表,从公诉方也就是定罪的角度,将全案中有利于定罪证据进行概括,围绕争议事项,条理清晰地逐项在表格中列明。为了最大限度地接近真相,将需要进一步补充完善的证据也在证据列表中进行列举,办案

人员可以将不断增加的新证据在列表中进行补充。②辩方维度的证据列表,从辩护方也就是不利于定罪的角度,将不利于定案的证据进行高度概括,逐项列明在证据列表中。从辩方维度来说,只要证明其中一个不成立就会对案件事实的认定产生致命影响,比如证明没有作案时间那就可能直接推翻案件。③中立维度。在列举完控方和辩方两个维度的证据之后,站在中立的立场上评估全案的证据,并对待证事实作出判断。

前两个维度实质上是证据整理、概括命题的过程,也是一个围绕构成要件和争议焦点进行归纳的逻辑学过程,也就是将混杂证据群解析成简明命题的过程,将这些命题按照不同维度吸收到列表之中。第三个维度是在前两者基础上,将不同意见并置在一起进行综合分析,得出待证事实结论的过程。

三、"三维"图示法的实务操作

操作的关键在于概括证据、提炼命题,这是办案的基本功,也是证明推理和证据分析的基本点。如果一个案件的证据卷宗有100本,审查报告的证据摘录有180页,如果不能对这180页的证据摘录进行概括和提炼,是无法对案件作出准确判断的。"每一个推论都依赖一个概括。""概括发挥着'黏合剂'(glue)的作用,即通过表明一项证据是相关的,将其与一个特定中间或最终待证事实链接起来。"①实践中,可以在审查报告(审查意见书)的证据摘

① 〔美〕特伦斯·安德森等:《证据分析(第二版)》,张保生等译,中国人民大学出版社 2012年版,第346—347页。

录、证据小结的基础上进行证据的概括和摘录,每摘录完一组证据后,进行证据小结,小结的过程就是概括、提炼的过程。下面结合具体案例来演示操作方法:

2010 年 10 月 23 日下午,被告人濮某被公安机关抓获,现场搜查出濮某非法持有毒品甲基苯丙胺 11 克。濮某称毒品是当日上午从被告人金某处购买,并称当时沈某也在场,三人还一起吸毒。后公安机关到金某住处将金某及沈某抓获,当场从金某身上搜出毒品甲基苯丙胺 257 克。金某称毒品是自己用来吸食的,并未卖给任何人,并称当日上午没见过濮某。沈某称濮某上午确实来过且三人一起吸毒,但是没有见到金某卖毒品给濮某。争议问题是:金某向濮某贩卖毒品的事实能否认定。这个案件的证据卷宗多达数百页,简化后的证据如表 2-2 所示:

表 2-2　控辩双方证据简化表

控方维度	辩方维度	中立维度
1. 关键物证:现场查获的 257 克毒品(这么大的量,以贩养吸的可能性较大)。	1. 关键物证:257 克毒品仅能证明非法持有毒品罪,用于吸食也存在可能性,并不一定推导出用于贩卖。	现有证据证明金某贩卖毒品的直接证据仅有濮某证言,其他间接证据无法得出排除合理怀疑的结论,仅认定金某非法持有毒品 257 克。
2. 濮某证言:身上的 11 克毒品系金某卖给他的,且与沈某三人一起吸毒。	2. 濮某证言:与金某供述矛盾,且濮某因非法持有毒品被抓获,带领公安抓金某,有可能立功心切栽赃嫁祸。	
3. 沈某证言:没看到金某贩卖毒品给濮某,但证明濮某上午来过且三人一起吸毒。	3. 沈某证言:虽能证明三人上午在一起,但是没有看到毒品交易。	

（续表）

控方维度	辩方维度	中立维度
需要进一步补充的证据:11 克与 257 克毒品成分均为甲基苯丙胺,同一性无法鉴定;未查明金某有其他贩卖毒品的事实。	需要进一步补充调查的证据:无。	

四、"三维"图示法的效果评价

首先,具有可视性,有利于提高证据分析的可操作性。图示法最大的功能就是能够使理性的思维过程可视化。因为证据分析本身是一个主观的判断过程,这一过程具有内在性、个体性以及抽象性,而图示法能够给一个深思熟虑的判断之形成提供系统的协助,并清晰反映出分析者的真实确信状态。正如威格摩尔所说的,它是一幅有关分析者内心确信的图表。

其次,具有客观性,有利提高案件质量,预防错案。正如特文宁教授所说:"裁决的准确性与事实认定中的精确性不仅是审判的核心价值,也是几乎所有官方裁决的核心价值。"①"三维"图示法从控方、辩护和中立三个维度分析证据,一方面能够兼听则明,准确客观地分析案件;另一方面也有利于评估风险,将不利于定案的因素在案件定论之前就进行充分考虑,防止"带病起诉"。

最后,具有科学性,有利于提高证据分析的系统性。正如特文

---

① 〔英〕威廉·特文宁:《证据理论:边沁与威格摩尔》,吴洪淇、杜国栋译,中国人民大学出版社 2015 年版,第 243—244 页。

宁所言:"检验一个论证、理论或故事的似真性的最好方法就是详细地阐明所主张的到底是什么。"①图示法就是一个直观展示主张和论证过程的清晰表达。"三维"图示法是一个证据简化整理表,也是一个逻辑分析的工具,将代表不同意见的控方维度和辩方维度并置在一起,对复杂的证据群简化列表,有利于在中立维度上得出一个最终意见,符合逻辑学、心理学和裁判原理。

① 〔英〕威廉·特文宁:《证据理论:边沁与威格摩尔》,吴洪淇、杜国栋译,中国人民大学出版社 2015 年版,第 321 页。

证据法学研究的思路与方法*

——阅读《证据理论:边沁与威格摩尔》有感

　　2012 年《刑事诉讼法》修改时增加了大量的证据规则,再次掀起了人们对证据法研究的热潮。类似的研究侧重于对规则进行注释性研究,缺乏对一般性理论的探索,这种恶性循环使我国证据法学长期处于低级粗放阶段,甚至无法获得一个独立学科的地位。作为证据法研究发达的英美法系,无论是证据规则制度本身还是基础理论均有诸多值得我们借鉴的内容,但是研究方法的借鉴意义似乎更为迫切,也更为重要。英美证据法研究方法同样有一个发展、变革、成熟的过程,探究这种研究方法的变革过程最便捷的路径就是对思想史的研究。边沁和威格摩尔是英美证据法思想史上的两座丰碑,两位大师的理论是英美证据法思想史发展的缩影,可以毫不夸张地说,不了解边沁和威格摩尔,就不能算入门证据法学;不懂得边沁和威格摩尔的思想就不能算精通证据法理论。美国法学院协会首届威格摩尔终身成就奖获得者威廉·特文宁教授的《证据理论:边沁与威格摩尔》一书,对边沁和威格摩尔这两位大师的证据法思想进行探寻,为我们探究英美证据法思想史画出了一张简洁明快的路线图,更为我们借鉴证据法学研究方法提供

＊　　原文发表于《人民检察》2016 年第 1 期。

了一条捷径,其三个方面的研究方法值得我们借鉴。

一、一般性研究进路

英美证据法历来被视为高度技术化和实践性的领地,传统的证据法研究着眼于散落在判例中的证据规则,缺乏对这些散落的"碎片"进行统摄性的、融贯性的理论研究。边沁、威格摩尔是进行这种统摄性一般研究进路的卓越先行者。在英美传统当中,曾经有过四种理论试图发展出证据法的一般性理论:①吉尔伯特尝试将所有的证据规则都纳入最佳证据规则之下;②边沁则主张在自然程序系统的框架之内根本不应该存在任何约束性规则;③斯蒂芬试图以相关性这样一条单一原则来为证据法整体寻求一个融贯的基本原理;④塞耶则将证据规则视为自由证明的逻辑相关性规范。特文宁教授当然是这种一般性研究进路中的重要一环,他坚持对证据进行融贯性一般性的研究,对那种狭隘的"注释性""白字黑字"式的碎片化研究持批评态度。对于英美证据法过去四十年来的知识转型来说,特文宁"是总结者,他对英美证据法的思想传统给予了系统的整理与总结,在此基础上提炼出了英美证据法的理性主义传统这一理论框架"。①这种理性主义理论框架的形成,恰恰是从证据思想史研究开始的,可以说《证据理论:边沁与威格摩尔》一书是特文宁整理英美证据法理性主义传统的起点。

---

① 〔英〕威廉·特文宁:《反思证据——开拓性论著(第二版)》,吴洪淇等译,中国人民大学出版社 2015 年版,代译序"重新理解我们的证据法"。

　　特文宁教授向我们展示了边沁和威格摩尔两位大师在证据法理性主义传统中的开创性作用。边沁在《司法证据原理》一书中指出,"在科学的图景上,证据领域此刻仍旧是一片空白。迄今权力仍将其禁锢在荒蛮状态:理性从未涉足此地"。"没有人在此之前或自此之后对司法证据和程序的基础进行如此综合性的、系统性的或者根本性的分析,也没有人对司法中的各种僵硬的形式和规范采取如此毫不妥协的立场。"①在特文宁看来,作为一位证据理论家,威格摩尔是边沁的直接后裔,威格摩尔的《普通法审判中的英美证据制度专论》是这一理性主义传统的继承者。威格摩尔的《普通法审判中的英美证据制度专论》在英美法学研究史上,"还很少有作品能获得如此之高的赞誉或者如此彻底或如此长久地在一个领域中占据统治地位"。威格摩尔的争辩对手摩根教授也不得不承认"这不仅是有关证据法最好的——迄今为止最好的——专著,而且还是迄今为止在英美法的任何一个可比分支中创作出来的最好作品"②。

　　对照我国的证据法研究,就这种一般性研究进路而言,用"一盘散沙"为喻并不过分。长期以来,证据法被作为诉讼法的一个章节,成为诉讼法学者研究的附带产品。迄今为止,国内证据法学的理论体系、理论基础、知识体系、具体的框架结构尚未搭建起来,没有形成比较成熟的体系,这距离理性主义知识转型还有很长的路要走。

---

① 〔英〕威廉·特文宁:《证据理论:边沁与威格摩尔》,吴洪淇、杜国栋译,中国人民大学出版社 2015 年版,第 38、40 页。
② 同上书,第 167 页。

二、跨学科研究方法

证据法是以案件事实认定为关切对象的,而案件事实的发生可能涉及社会生活的方方面面,事实认定过程具有很强的开放性,往往需要多种学科的知识才能把握。这就决定了证据法具有跨学科研究的天然属性。证据法的研究必然会涉及心理学、概率学、逻辑学、法庭科学等多种学科。罗杰·帕克和迈克尔·萨克斯在《证据法学反思:跨学科视角的转型》①一书中集中向我们展示了英美证据法学研究在过去四十年里经历的跨学科知识转型,形成了所谓的"新证据法学"。事实上,这种跨学科研究方法,其实从边沁就已经开始了,基顿(Keeton)和马歇尔(Marshall)评价说,"迄今为止,边沁在证据法方面最重要的贡献在于,在英格兰法律史上,他率先根据一般哲学和逻辑学及他关于大陆法系的知识对这些证据规则进行检验"②。特文宁向我们展示,就证据法学的跨学科研究而言,威格摩尔显然也不是局外人,威格摩尔以兴趣广泛、知识宽广而闻名,他的《司法证明原则:源自逻辑学、心理学和一般经验并在司法裁判中予以阐明》一书的基础是逻辑学(尤其是归纳逻辑)、心理学(尤其是证人心理学)以及包括常识概括和所有人类知识领域(尤其是法庭科学)。人们不得不承认"威格摩尔的科学代表着自边沁以来所着手的一种综合性、跨学科的证据与证明理

---

① 〔美〕罗杰·帕克、〔美〕迈克尔·萨克斯:《证据法学反思:跨学科视角的转型》,吴洪淇译,中国政法大学出版社 2015 年版。

② 〔英〕威廉·特文宁:《证据理论:边沁与威格摩尔》,吴洪淇、杜国栋译,中国人民大学出版社 2015 年版,第 32 页。

论的唯一努力,该理论将该主题的法学、逻辑学、心理学和科学维度都融入一个单一的融贯框架之内"①。

特文宁对边沁和威格摩尔的这种跨学科研究方法持积极态度,由于特文宁本身就是一流的法理学家,治学范围广泛,其研究范围涉及法理学(尤其是现实主义法学、法律与全球化、法律传播)、证据法学、法学教育、法律修辞学等,与许多传统证据法学家相比,特文宁将证据问题放在更为宏大的一般性层面上来审视,将证据问题视为多学科交叉研究的一个主题。为了使多学科交叉研究得以实现,特文宁提出了"诉讼中信息"这样一个基本框架来取代传统的"证据、证明与事实认定"框架。

反观国内证据法的研究,一方面,我们既缺乏证据法跨学科研究的重大成果,也缺乏对跨学科研究方法的重视;另一方面,司法实践对于这种跨学科研究成果具有强烈的需求,司法实践中无论是事实认定,还是举证、质证,除了需要运用刑事诉讼法和证据规则之外,还需要法庭心理学、法医学、痕迹科学等,理论研究没有回应和满足实践的需求。

三、原创性的研究思路

边沁作为功利主义的哲学大师,一生鸿篇巨制无数,具有超强的智慧和天才般的创造性,以至于其著作大多没有引用文献。边沁的证据法思想也一以贯之地坚守了功利主义的立场。边沁相

---

① 〔英〕威廉·特文宁:《证据理论:边沁与威格摩尔》,吴洪淇、杜国栋译,中国人民大学出版社 2015 年版,第 171 页。

信,司法的直接目的就是将有关事实主张真相之裁判的准确性达
到最大化。也正是功利主义思想,导致了边沁在证据法上的反规
范论立场。边沁认为,全部证据规则都应该是指导性方针而非强
制性规范。这种原创性的思想,尽管显得"过于片面",但是其贡
献仍然不容小觑,"自边沁时代以来法律变革的总体趋势体现的
是,朝着缩小排除规则范围、采纳更多的证据并将更多可采性问题
交由法官自由裁量的方向发展"①。在英美法系中,缩小可采性规
则适用范围的趋势与边沁的反规范论实现了某种意义上的
"会合"。

　　威格摩尔的很多原创性思想体现在《司法证明原则:源自逻辑
学、心理学和一般经验并在司法裁判中予以阐明》一书中,它与
《普通法审判中的英美证据制度专论》的风格是那么的不同,以至
于人们误会此威格摩尔非彼威格摩尔。威格摩尔最具创新也最具
争议的发明莫过于"图示法"。"图示法"是将普通的逻辑原则在
证据分析中加以实际应用的一种工作理论,尽管"终其一生还有他
死后很多年,对威格摩尔图示法的接受从礼节性的怀疑逐渐转变
为漠不关心",但是近年来却有所变化,正如特文宁所指出的,这种
图示法学习起来似乎有点困难,但是完全掌握之后,用来帮助对复
杂案件中混杂的证据群进行分析,其效果并没有那么糟糕,特别是
在计算机时代,这种图示法的前途未可限量。

　　特文定在对证据法思想史的梳理过程中,也没有忘记其自身
的创造性思维。在英美证据法这场理性主义知识转型的过程中,

①　〔英〕威廉·特文宁:《证据理论:边沁与威格摩尔》,吴洪淇、杜国栋译,中国人民大
学出版社 2015 年版,第 100—101 页。

特文宁扮演着枢纽的角色,他的证据分析方法尤其是叙事法的开拓性研究,成为了英美证据法知识转型过程的重要贡献。

对于尚处于初创阶段的我国证据法理论体系来说,谈原创性思想似乎要求过高,但是对于国内的证据法学者来说,如何用"世界的眼光,中国的问题"的视角在纷繁复杂的证据制度规则和司法实践中总结出属于中国"特色"的证据法理论,则是致力于证据法研究的人义不容辞的责任。

四、结语

通过特文宁教授对两位证据法大师思想史的探究,我们能发现,就方法论而言,一般化理论性研究、跨学科的研究、原创性研究是奠定他们在证据法思想史上地位的关键,而这也正是他们留给后人最大的财富。这种研究方法对我国证据法研究的借鉴意义远比单纯地、一知半解地引入英美技术性规则的意义更大。陈瑞华教授敏锐地发现,中国证据法研究缺的是方法,一方面应当看到,证据法在法制的层面上没有形成一个完整的体系,很多司法实践缺乏规则的指引,但是我们也不要忘记另一方面,即我们证据法学的学术研究方法问题,"我们缺少的是方法,缺少一种科学的研究证据法学问题的方法……研究方法的限制决定了证据法这个学科最后能走多远"①。法律移植所带来的外来规范与本土司法实践之间的差距,导致目前的证据法研究甚至形成了"此案"与"彼案"

---

① 陈瑞华:《证据法学研究的方法论问题》,载《证据科学》2007 年第 5 期。

的巨大隔阂。① 或许,我们更需要对"彼案"证据法理论特别是思想史进行梳理,从中发掘研究的方法,借鉴其研究方法来服务于本土研究。

---

① 参见陈瑞华:《证据法学研究的方法论问题》,载《证据科学》2007 年第 5 期。

新《刑事诉讼法解释》中的证据问题辨析[*]

2021年3月1日施行的最高人民法院《关于适用〈中华人民共和国刑事诉讼法〉的解释》(以下简称《新解释》,与2012年的同名解释(以下简称《旧解释》)相比,在证据方面的解释有延续,也有修改,有些问题值得研究。

一、关于证明标准

我国《刑事诉讼法》规定的法定证明标准是"证据确实、充分"。《新解释》第72条第2款延续了《旧解释》第64条第2款的基本内容,表述为"认定被告人有罪和对被告人从重处罚,适用证据确实、充分的证明标准"①。值得关注的是,《新解释》和《旧解释》均强调了以下两点:一是"有罪"的证据,也就是定罪的证据要达到"确实、充分",二是"从重处罚"的证据,也就是不利于被告人的证据要达到"确实、充分";进而可以推导出隐含的第三点,就是从宽处罚、有利于被告人的事实,未必要达到"确实、充分"的证明

---

* 原文发表于《检察日报》2021年4月30日,第3版,原文标题为《依"不同领域不同标准"审查认定证据》,收入本书时有修改。

① 《旧解释》表述为"应当适用证据确实、充分的证明标准",《新解释》删去了"应当"。

标准。起草人指出,之所以如此规定,是因为"对所有证明对象适用同一证明标准,既不现实,也无必要……对于认定被告人有罪和对被告人从重处罚的事实……对其证明必须达到'确实、充分'的程度。相应地,对被告人从宽处罚的事实,以及与附带民事诉讼、涉案财物处理有关的事实等,可以适当降低证明标准,适用优势证据标准"①。事实上,定罪事实、量刑事实及程序事实的证明标准差异化具有普遍性。英美法系中的量刑事实一般采优势证明标准;大陆法系有严格证明与自由证明的区分,定罪事实采取严格证明;而程序性事实采取自由证明,在证明标准上达到"释明"程度即可(释明程度与优势标准相似)。优势标准是指支持某一事实存在的证据较之那些证明该事实不存在的证据而言,具有明显的优势。换言之,当证明责任的承担者能够证明某一事实的存在要比不存在具有更大的可能性时,也就等于达到了优势证明标准。因此,关于证明标准问题,《新解释》和《旧解释》的规定具有正当性。值得注意的是,《人民法院办理刑事案件排除非法证据规程(试行)》第52条也采取了同样的立场,其中规定"量刑证据存疑的,应当作出有利于被告人的认定"。实践中,那种认为被告人成立自首、立功等有利于被告人的事实须达到"确实、充分"程度,存疑就不予认定,甚至要求被告人承担证明责任的做法,是错误的,应当予以纠正。

---

① 参见胡云腾等:《关于适用〈中华人民共和国刑事诉讼法〉的解释理解与适用》,载最高人民法院刑事审判第一、二、三、四、五庭主办:《刑事审判参考 总第88集》,法律出版社2013年版,第97页。

二、关于证据裁判原则

证据裁判原则的基本含义是犯罪事实的认定依赖于证据，无证据不得认定犯罪事实。进一步阐释，证据裁判原则至少包括以下三层含义：(1)认定犯罪事实的依据在于证据；(2)作为认定事实依据的证据应当是有证据能力的证据；(3)作为认定事实依据的证据应当经庭审质证等调查程序。上述三点分别对应于《新解释》第69、70、71条。其中第71条与《旧解释》第63条对比，删除了"但法律和本解释另有规定的除外"，仅保留了"证据未经当庭出示、辨认、质证等法庭调查程序查证属实，不得作为定案的根据"。笔者认为，这一修改并无必要。证据裁判原则要求认定案件事实的证据须经庭审质证等调查程序，是大陆法系严格证明法则的内容。严格证明与自由证明作为大陆法系的两种基本证明方法适用于不同性质的事实。对于攸关犯罪行为、罪责等实体事项的证据，须采用严格证明。除此之外，则可以采取自由证明的方式。严格证明受直接原则、言词原则等限制，而自由证明则不受该等限制。自由证明的适用范围一般限于程序性事项比如有无回避事由、管辖，以及简易程序、速裁程序案件的证据调查。证据裁判原则的第三层含义在大陆法系认罪协商程序、简易程序以及英美法系辩诉交易程序中均有例外，如德国处罚(刑)令程序实行书面审，不存在示证、质证等调查程序。正如日本学者松尾浩也指出的，证据裁判原则是以"立体结构发挥作用的，从而使证明的方法多元化……对于简易审判程

序而言,是严格证明的变通形态"①。我国《刑事诉讼法》第 219
条规定,简易程序庭审不受出示证据的限制;第 224 条规定速裁程
序庭审,一般不进行法庭调查。这与国际通行做法一致,属于证据
裁判原则的例外。因此,《新解释》删除"但法律和本解释另有规
定的除外",并无必要。认罪认罚速裁程序和简易程序案件,按照
刑事诉讼法的规定进行庭审即可。

三、关于证据的"两力"与"三性"

《旧解释》第 104 条第 1、2 款规定,"对证据的真实性,应当综
合全案证据进行审查。对证据的证明力,应当根据具体情况,从证
据与待证事实的关联程度、证据之间的联系等方面进行审查判
断"。第 3 款规定,"证据之间具有内在联系,共同指向同一待证事
实,不存在无法排除的矛盾和无法解释的疑问的,才能作为定案的
根据"。《新解释》第 139 条保留了前两款,删除了第 3 款。该修改
准确厘定了"两力"的关系,并厘清了证据"两力"与证据"三性"之
间的关系,值得肯定。证据能力是指证据作为定案依据的资格,我
国刑事诉讼法和司法解释中大量适用的"作为定案依据""不得作
为定案依据"就是指证据能力(值得注意的是,可以作为刑事诉讼
证据使用不等于可以作为定案根据使用)。证明力是指有证据能
力的证据对证明案件事实的作用与价值。二者之间的逻辑关系是
先有证据能力,才有证明力。审查证据就是围绕证据"两力"展开

---

① 〔日〕松尾浩也:《日本刑事诉讼法(下卷)(新版)》,张凌译,中国人民大学出版社
2005 年版,第 4—5 页。

的。取证程序合法性(包括来源、过程及结果)和真实性是决定证据能力的重要内容。《新解释》第139条第1款"对证据的真实性，应当综合全案证据进行审查"是指证据能力审查。例如,《新解释》第94条规定,讯问未成年人,其法定代理人或者合适成年人不在场的,其供述不得作为定案的根据。原因在于没有法定代理人或合适成年人在场,未成年人供述的真实性无法保障。证明力判断的基本方法是通过印证从证据与事实、证据与证据之间的联系等方面来判断。《新解释》第139条第2款"对证据的证明力,应当根据具体情况,从证据与案件事实的关联程度、证据之间的联系等方面进行审查判断"是指证明力的判断。证据"三性"是证据属性问题,与证据"两力"是截然不同的两套概念,实践中容易混淆。证据"三性"对证据审查来说意义不大,且误导重重。《新解释》倡导证据"两力"值得肯定。《旧解释》第104条第3款把原本属于证明力的内容("证据之间的内在联系""指向同一待证事实")作为定义证据能力("定案的根据")的要素,混淆了证据能力与证明力,也潜意识地混淆了证据"三性"中的"关联性"与证明力。《新解释》删除该款有利于区别证据的"三性"和"两力"。司法实践,办理案件,应当优先审查证据能力,然后再审查证明力。

四、关于证据的定义与列举

《新解释》第100条明确了检验报告可以作为证据使用,并参照鉴定意见进行审查认定;第101条还明确了事故调查报告可以作为证据使用。此外,还明确了到案经过、情况说明的证据地位,从而解决了实践中长期以来的争议。《刑事诉讼法》第50条第1

款对证据的定义是"可以用于证明案件事实的材料,都是证据"。第 2 款以"证据包括:……"的方式列举了八个证据种类。两款之间的关系是定义与列举的关系,应结合起来理解,不可偏废。根据第 1 款规定,可以用于证明案件事实的材料都是证据。那么,检验报告、事故调查报告、情况说明等只要能够证明案件事实,即属证据。同时还须将其归属于第 2 款的法定证据种类。根据严格证明法则,仅能用法律明文准许的数种证据方法来审查认定事实,即"法定证据方法"。鉴定意见是专业人员对专业问题作出的专业判断,故检验报告、事故调查报告(涉及专业问题部分)可归属于鉴定意见。书证是以文书之内容作为证据资料的证据类型,故情况说明、抓获经过等可归属于书证。

从"鉴定结论"到"鉴定意见"
公诉人面临四重转变*

2012 年《刑事诉讼法》修改将"鉴定结论"改为"鉴定意见",这一修改不仅仅是称谓的变化,而且是重大的制度变革,这无疑是我国刑事诉讼法的一个重大进步。但对于公诉人而言,这是一个重大挑战。无论是复旦大学投毒案,还是南京虐童案,均已经彰显出这种挑战的迫切性,前案中被害人死因是二甲基亚硝胺中毒还是爆发性乙肝产生了重大争议;后案中被害人是构成轻伤还是轻微伤产生了重大争议。面对这一变革,公诉人必须有充分的准备,做到以下四重转变。

一、从"理所当然"到"可被质疑"

公诉人首先需要在理念和观念层面对司法鉴定重新认识,实现从"理所当然"到"可被质疑"的转变。"结论"具有唯一性,而"意见"则仅仅属于一种证据材料,而不是当然地作为定案根据的"结论",并不具有绝对的可采性,公诉人需要在庭前就对其证明力和证据能力进行全面的审查判断。

---

*　原文发表于《清风苑》2015 年第 12 期。

鉴定意见根据其所鉴定的对象和鉴材的不同,可分为法医类鉴定、物证类鉴定、声像资料鉴定。法医类鉴定又可以分为法医病理鉴定、法医临床鉴定、法医精神鉴定、法医物证鉴定、法医毒物鉴定;物证类鉴定可以分为文书鉴定、痕迹鉴定和微量鉴定;声像资料鉴定则包括对录音带、录像带、光盘、图片等进行认定。这些鉴定所得出的"结论"必然会受到鉴定人的能力水平、鉴定过程、鉴定依据、检材来源等多个因素的影响,一个不经意的动作或失误,都可能导致"结论"缺乏科学性,它们不是理所当然的正确,而是处于随时可被质疑的状态。

二、从单一结论到多种意见并存

鉴定意见是鉴定人就案件中的专门问题所作的科学鉴别意见,反映了鉴定人对特定专门问题的主观判断。既然是"意见"就可能存在认识分歧,这与"结论"的单一性和唯一性不同。鉴定意见的科学性、真实性和权威性,在很大程度上不取决于鉴定意见本身,而依赖于鉴定人的主体属性、鉴定过程和判断能力。如果说证人证言经常因为证人认识、记忆、表达的失误而出现问题的话,那么,鉴定意见也往往会由于鉴定人的资格、鉴定水平和职业操守等原因而发生错误。科学知识、科学技术本身也具有局限性和相对性,现代科技并没有达到解决一切问题的地步。事实上,很多领域的科学本身就存在诸多缺陷,比如法医精神鉴定的主观性、可变性都很大,针对同一个被鉴定人,精神病鉴定得出不同结论的情况屡见不鲜。因为人的精神世界和内心世界是最难探知的,现代科学远未充分认知这一领域。由司法机关委托作出的鉴定意见随时可能会与由被告方申请重新鉴定的意见、申请专家证人出庭作证的意见并存。在多种鉴定意见并存的情况下,就需要裁判者审查判断,最终采纳其中一个相对合理的意见。当然,在我国目前鉴定人员准入资格、专家证人准入资格尚不完善的情况下,需要注意一些所谓的专家证人,因其缺乏职业伦理,仅仅为了经济利益所作出的误导性意见。

三、从单向宣读到交叉质证

传统观念认为,"鉴定结论"作为一种科学证据,具有绝对的可采性,法庭质证仅由公诉人出示宣读即可,无论是辩护人还是法官一般不会质疑。因此,鉴定人出庭接受控辩双方的交叉询问的情况比较少见,专家证人出庭对"鉴定结论"质疑的情形更是罕见。

正因为如此,对鉴定意见的审查判断就不能仅仅通过当庭宣读的方式来进行,而应建立针对鉴定人的交叉询问程序,并借此来审查鉴定意见的证明力和证据能力,这与证人出庭作证的情形没有本质的不同。鉴定人在诉讼地位上与证人相同,在法庭上需要接受质证和交叉询问。随着以审判为中心的诉讼制度改革的推进,鉴定人出庭、专家证人出庭将越来越多。

四、从法律知识到科学知识

刑事案件往往不是法律科学知识的孤岛,而是与其他科学领域存在千丝万缕的联系。几乎所有的司法鉴定都涉及法律以外的科学知识。传统观念认为"鉴定结论"毋庸置疑,因此公诉人即便对鉴定涉及的科学知识一无所知也不影响案件办理,但是在"鉴定结论"已经修改为"鉴定意见"的情况下,鉴定意见需要在庭审中接受质证,控辩双方可能会从鉴定人的资质及水平、检材来源、鉴定依据、鉴定过程等方面进行辩论。如果公诉人不充分知悉和了解鉴定所涉领域的科学知识,在庭审中必然陷入被动。比如复旦大学投毒杀人案的争议焦点是死亡原因是二甲基亚硝胺中毒,还是爆发性乙肝。二审开庭期间,辩护人申请"有专门知识的人"胡某某出庭,胡某某认为被害人黄洋系暴发性乙型病毒性肝炎致急性肝坏死,最终因多器官功能衰竭死亡。面对这样的案件,公诉人(包括二审检察人员)必须对二甲基亚硝胺的这一化学领域和爆发性乙肝这一医学领域的知识有所了解。值得注意的是,本案的诉讼代理人对于被害人摄入毒物量的分析,值得公诉人学习。辩护人提出饮水机中二甲基亚硝胺浓度很低,并结合侦查实验通过计算得出被害人黄洋喝下的二甲基亚硝胺为 0.366 克不足以致死的意见。针对该辩护意见,诉讼代理人根据饮水机专利申请文件详细说明了饮水机水槽的工作原理,分析认为被告人林森浩推开水桶倒入二甲基亚硝胺的动作,会使饮水机水阀打开,进而使水桶内的水注入水槽内;水桶复位后,由于水槽内的水已经超量,水阀必然处于关闭状态,水槽内的水不可能从水槽内向饮水桶内回流,因此,辩方计算二甲基亚硝胺浓度的方法不符合物理常识,据此推论出的二甲基亚硝胺的摄入量是错误的。

坚守印证证明模式*

证明模式，是指实现诉讼证明的基本方式，即人们在诉讼中以何种方式实现证明标准。现代刑事诉讼基本的证明模式是自由心证模式。典型的自由心证的含义，简单地说就是"证据的证明力由法官自由判断""自由心证原则乃现代大多数国家(地区)共同的立法例……大陆法的法官与英美法的陪审员，就证据调查结果如何评价证明力的问题，最后都是委诸裁判者的自由评价"。(我国台湾地区学者林钰雄语)但是由于受诉讼构造、文化传统等因素的影响，各国采用自由心证的具体方式和程度有所差别，从而形成了不同的特点。我国传统的刑事诉讼证明模式被称为"印证证明模式"，其典型特征是将证据之间能否相互印证作为审查证据的关键，相互印证才敢定案，孤证不能定案。

然而，这种证明模式遭遇到了理论界的强烈批评，认为修改后的《刑事诉讼法》实施后，这种证明模式已经过时。实际上，司法实务界对这种证明模式的认识并不深刻，在打击犯罪的强烈欲望和对防范社会危害性热烈追捧的支配下，过于信奉自己所谓的"内心自由判断"，盲目定案，为冤假错案留下隐患。印证证明模式在当下刑事诉讼中仍具有重要价值，必须坚守。

——————————

＊ 原文发表于《检察日报》2015 年 7 月 9 日,第 3 版。

首先,在理论上,我国传统的"印证证明模式"属于自由心证的范畴,并没有想象得那样不堪。事实上,典型的自由心证也离不开印证。为了在事实判定者心中建立一种"内心确信",任何一种证明模式都要求一定程度的"印证",否则,难以形成一种稳定的证明结构,自由心证同样是建立在印证基础之上的。日本学者田口守一认为,"自由心证主义当然不允许法官恣意判断。自由心证要求根据经验法则、逻辑法则进行合理的心证。自由心证主义必须是合理的心证主义"①。

美国学者詹姆士·惠特曼表示,除英美外,几乎所有的现代国家普遍遵守的经典的事实证明规则,即"要求法庭对没有补强的证明被告人有罪的有罪供述不予评价""假设被告承认了一项犯罪,但是没有其他的证据直接证明被告人与该项犯罪有关,我们能够认定他有罪供述吗?现代世界几乎所有的司法系统(普通法系除外)答案都是否定的"。惠特曼还特别指出包括法、德、意、荷、俄,还有中国都承认这条规定。② 既然如此,"印证证明模式"在理论上是理直气壮的。

其次,在我国缺乏真正意义上的沉默权制度保障的情况下,坚守印证证明模式,是防止错案必须坚守的底线。虽然 2012 年《刑事诉讼法》修改过程中吸收了沉默权的合理成分,增设了"不得自证其罪"的内容,但是同时还规定了犯罪嫌疑人、被告人如实供述的义务。这种规定意味着在实践中不可能实现沉默权的基本要

---

① 〔日〕田口守一:《刑事诉讼法(第五版)》,张凌、于秀峰译,中国政法大学出版社 2010 年版,第 270 页。
② 参见〔美〕詹姆士·Q. 惠特曼:《合理怀疑的起源——刑事审判的神学根基》,佀化强、李伟译,中国政法大学出版社 2012 年版,第 29 页。

求,刑讯逼供、诱供、骗供的违法取证行为并没有因为上述规定而大幅减少。由于没有沉默权,就可能存在逼供、骗供、诱供等情形,导致口供不具有可信性。

所以,仅有口供,没有其他证据印证,不敢定案、不能定案。比如,实践中一些掩饰、隐瞒犯罪所得案件,上游犯罪嫌疑人没有抓获,仅抓到收购赃物的回收站经营者,其曾供述称"以低价购买,知道那个来卖东西的人是小偷",后来又翻供说"不知道那人是小偷"。这类案件中,以何种价格购买、向谁购买、赃物如何被盗、何人所盗,这些基本事实都只有犯罪嫌疑人供述,而且供述不稳定,上游犯罪尚未查实。实践中有人以内心确信"一个回收站经营者,不可能不知道、应当明知"为由认定其成立掩饰、隐瞒犯罪所得罪。这种定罪思路,与众多冤案如出一辙。比如赵作海案中,赵作海与被害人打过架后,被害人就失踪了,接着村头发现无头男尸,加之赵作海曾作过 9 次有罪供述,详细描述了肢解尸体的过程,还指认了所谓的"作案工具",因此办案人员"内心确信"就是赵作海所为。但是按照印证证明模式,杀人行为以及尸体是谁并不能得到其他证据的印证,且赵作海的有罪供述是在受到严重刑讯逼供之下作出的,那些所谓的"内心确信"事后被证明完全是"胡思乱想"。

再次,我国侦查水平相对较低,印证证明模式有利于抵御"口供中心主义"的积弊,促进以审判为中心的诉讼制度的确立。长期以来,我国的侦查工作技术含量体现在"口供突破"能力上,"口供突破"能力是衡量一个侦查人员水平高低的重要指标。如果盲目追求内心确信、自由心证,无疑会加剧司法人员对"口供是证据之王"的顶礼膜拜。而印证证明模式强调对任何一个事实的认定,都必须有两个以上的证据相互印证，一方面能够防止对口供的盲目信任，另一方面也迫使侦查人员收集口供之外的其他外围证据来证明案件事实，推动刑事诉讼活动从侦查中心主义向庭审中心主义转变，其重大意义不言而喻。

最后，印证证明模式与我国起诉法定主义、简易程序一元化模式的现实相适应。一方面，我国实行起诉法定主义，检察机关不起诉自由裁量空间小、不起诉率低（不到10%），没有辩诉交易空间，案件审前分流渠道狭窄。另一方面，我国简易程序是一元化的，所有的简易程序都要开庭审理作出判决，没有书面审、处罚令等程序。这两种情况决定了90%以上的案件要经过庭审定罪判刑，对证据的要求无论案件大小都要达到"确实、充分"，而实现"确实、充分"的基本方式就是证据之间能够相互印证。与此形成鲜明对比的是，美国90%以上的案件都不需要经过陪审团的庭审判决，影视剧中的美国庭审只适用于不到10%的案件，大量的案件通过辩诉交易结案，这些案件中被告人通过认罪换取从轻的处罚，在证据标准上有时只有被告人的认罪供述即可结案，无须印证，也无须达到判决所要求的排除一切合理怀疑的程度。

基于以上情况考虑，以印证为中心的基本证明模式必须坚守。印证证明模式要求事实裁判者在审查认定证据和案件事实时，持极为谨慎的态度，禁止在无其他证据印证的情况下，对孤立的证据草率加以认定采用，盲目认定事实，这体现了程序理性的要求，有利于防止错案。

证明力判断坚持印证"四原则" *

证明力判断的基本方法就是印证。印证是两个以上的证据相互之间的验证关系,也就是两个以上的证据所包含的事实信息得到了相互验证的状态,即通常所说的"证据互相印证"。如何运用印证进行证明力的审查判断呢? 应着重把握以下四项"原则":

首先,坚持"证据能力审查在先,印证在后"。这是由证据能力与证明力的逻辑关系所决定的。印证是规范裁判者如何评价证据之价值的方法,"属于证明力层次,因此,适用前提必然是已经取得证据能力"。在审查证据时,应当先审查证据的证据能力,具有证据能力的证据,才需要通过印证进一步判断其证明力;不具有证据能力的直接排除,无须进行证明力判断,这是防止"假象印证"的关键。例如,一份刑讯逼供得来的被告人供述,自始就没有证据能力,连作为定案根据的资格都没有,直接排除在定案视野之外,根本无须判断其对认定案件事实的作用和价值。

其次,运用好"双向对比"。印证在司法实践中直接表现为对比,也就是将案件中证明同一事实的两个或两个以上的证据材料进行比较和对照,审查其所印证的内容是否一致,以确定证据材料

---

* 原文发表于《检察日报》2019年4月8日,第3版,载于《印证证明在证据审查与事实认定中该如何运用》。

的证明力。这里的对比可以分为横向对比与纵向对比。横向对比是指对证明同一案件事实的不同种类的证据进行比对,以检验相互之间是否能相互印证,有无矛盾以及矛盾如何排除。既包括言词证据与书证、物证、笔录证据、鉴定意见之间的印证,也包括被告人(犯罪嫌疑人)供述与被害人陈述、证人证言之间的印证,还包括不同证人间、多个书证之间、多个物证之间的印证等。纵向对比主要是针对言词证据而言,即对同一事实在不同时间作出的多次陈述或多次供述进行对比,看其前后陈述内容是否一致,有无矛盾之处以及如何排除和解决矛盾。证人证言、被害人陈述、犯罪嫌疑人供述发生前后矛盾的情况时常发生,在审查过程中,必要时应当向证人当面核证,重点关注两点:一是证人或供述人对其翻证、翻供能否作出合理解释;二是与其他相关证据能否印证。

再次,准确适用"存疑有利于被告人"原则。裁判者形成心证的关键在于权衡各种有罪证据与无罪证据之间的证明力问题,去除可能的怀疑。证据之间不能印证、真伪不明的情况是大量存在的。但是裁判者不得以此为由不作出裁决。"存疑有利于被告人"原则为解决这一难题提供了通道。值得注意的是,不能机械地认为"只要存疑就一律从无""只要存疑就一律无罪"。实践中,存疑有时表现为"有"和"无"存疑,即质的存疑,此时应当推定为无,比如犯罪嫌疑人甲有没有殴打乙,证据之间不能相互印证,有没有殴打的事实存疑,推定为甲没有殴打乙;存疑有时表现为"多"和"少"存疑,即量的存疑,此时推定为"少"。

最后,运用印证方法要遵循防止误区原则。一是要防止仅有个别非主要情节被印证便认为可以定案。一个案件能否定案,关键是构成要件的事实有无相应的证据来证明,仅有个别非主要情

节得到证据间的印证还不足以定案。二是要防止全部细节都得到
印证才敢定案。有些证据之间存在细微矛盾，在合理的范围之内，
不影响证明力。反而，有些言词证据全部细节都一模一样时更值
得怀疑。比如，司法实践中经常出现言词证据笔录之间在细节上
高度吻合，这种印证显然是有问题的。三是要防止只关注有利于
定案的证据之间的印证而忽略或轻视不利于定案的证据之间的印
证，反之亦然。特别是作为公诉方，不能只关注甚至断章取义地看
待有利于定案的证据间的印证，而忽略不利于定案的矛盾之处。
四是要防止印证的绝对化。不能"为了印证而印证"，更不能为了
印证而违背自然法则、经验法则和论理规则。

"合理怀疑"的终极追问*

——读《合理怀疑的起源——刑事审判的神学根基》

"这是一部杰出的著作。惠特曼教授不仅发现并且还解决了一个前人没有发现的不解之谜。因此,他改变了我们对刑事诉讼历史的理解。"这是哈佛大学威廉姆·J. 斯顿茨教授对耶鲁大学詹姆士·Q. 惠特曼教授所著的《合理怀疑的起源——刑事审判的神学根基》(以下简称《合理怀疑的起源》)一书的评价。① 读完此书,猛然发现,我们苦苦探寻"合理怀疑"的刑事诉讼证明标准到底是什么或许从一开始就误入歧途。

"合理怀疑"规则构成了英美普通法系刑事诉讼的根基,其无穷的魅力甚至使很多大陆法系国家的刑事诉讼也羡慕不已。蹒跚学步的我国刑事诉讼法在大陆法系和英美法系模式的纠结中跟跄前行,终于在 2012 年《刑事诉讼法》大修时"经不起诱惑",在证明标准中引入了"排除合理怀疑",即我国《刑事诉讼法》第 53 条(2018 年《刑事诉讼法》改为第 55 条)第 2 款对"证据确实、充分"从三个方面进行了具体规定:①定罪量刑的事实都有证据证明;

---

* 原文发表于《人民检察》2014 年第 15 期。
① 〔美〕詹姆士·Q. 惠特曼:《合理怀疑的起源——刑事审判的神学根基》,侣化强、李伟译,中国政法大学出版社 2012 年版。

②据以定案的证据均经法定程序查证属实;③综合全案证据,对所认定事实已排除合理怀疑。这再次点燃了人们对什么是合理怀疑、排除合理怀疑的可操作性标准是什么等类似问题的追寻与探索。

　　一个案件的证据达到什么样标准才能定案? 如何判断一个案件的证据是否达到这样的标准,这是刑事诉讼法学和证据法学的永恒难题,人们甚至将证明标准问题喻为证据学中的"哥德巴赫猜想"。我国刑事诉讼在立法上一直以来的证明标准是"证据确实、充分"。经过我国学者多年的强烈呼吁,2012 年《刑事诉讼法》修改时,引入了"合理怀疑"这一术语。简单的术语引入或许是容易的,但是如何解释和把握"合理怀疑"的操作标准? 如何在司法中适用? 仍然是个远未解决的难题。

　　什么是"合理怀疑"? 我们目前仅能套用英美国家的老套而抽象的界定,即控方指控犯罪时提出的证据必须达到裁判者内心没有合理怀疑的程度。但"合理怀疑"的具体标准是什么? 什么样的怀疑才算是合理怀疑? 如何判断其具体的操纵标准? 这些问题即使在英美国家也是个不解之谜。

　　事实证明,即使在英国和美国,"在现实中,将其解释清楚并付诸适用时却让人备感懊悔、极其困难"①。我们最习惯于引用的莫过于塞西尔·特纳的解释,"所谓合理的怀疑,指的是陪审员对控告的事实缺乏道德上的确信、对有罪判决的可靠性没有把握时所存在的心理状态。因为控诉一方只证明一种有罪的可能性(即使

---

① 〔美〕詹姆士·Q. 惠特曼:《合理怀疑的起源——刑事审判的神学根基》,倪化强、李伟译,中国政法大学出版社 2012 年版,"导言"第 1 页。

是根据或然性的原则提出的一种很强的可能性)是不够的,而必须将事实证明到道德上的确信程度——能够使人信服、具有充分理由、可以据以作出判断确信的程度"①。但是这一解释同样是空洞的、不具有可操作性的。何种程度才算确信?什么样的怀疑才算合理?"在理解上,陪审员被搞得一头雾水。甚至连法律界最精于此道的某些业内人士也发现该问题难以回答。"所以传统的普通法规则,禁止法官解释该术语的含义,连美国最高法院也不得不直言"试图解释'合理怀疑'这一术语,通常从来都不会使陪审团的头脑更加清醒"②。事实上,我们奉之为刑事证明标准"灵丹妙药"的"合理怀疑"在其出产地英国和美国所遭受到的批判从来就没停止过;在我国受到"崇高礼遇"的"合理怀疑"规则,在其原产地的英美所遭受的质疑也从未停歇过。英国司法实践中,对"排除一切合理的怀疑"这种说法也曾"感到厌恶,认为它太容易使陪审团在定罪时不知所措"③。惠特曼教授批评道,"在美国法律中,这些前现代的道德慰藉程序延续到今天,然而被用作笨拙无效的事实证明程序,"其结果"只能是混乱,有时还导致不公"④。英国甚至在1952年后的一段时间里,一度禁止法官使用"合理怀疑"一词,理由是"合理怀疑"的含义很难令人满意地进行界定。虽然3年后这一禁令即被取消,但理论和实践仍然坚持,对于刑事诉讼的证明标

---

① 〔英〕J. W. 塞西尔·特纳:《肯尼刑法原理》,王国庆、李启家等译,华夏出版社1989年版,第549页。
② 参见〔美〕詹姆士·Q. 惠特曼:《合理怀疑的起源——刑事审判的神学根基》,佀化强、李伟译,中国政法大学出版社2012年版,"导言"第2—3页。
③ 同上书,第550页。
④ 同上书,第317页。

准,法律不要求使用某种固定的用语。① 合理怀疑规则的抽象性、模糊性和不具有可操作性是其最为致命的缺陷。正因为如此,在英美法系国家,二审法院认定一审法院对排除合理怀疑含义的界定不正确的判例很多,但二审法院以证据不足为由撤销一审法院有罪判决的情形却极其少见。美国法官纽曼指出"尽管联邦法院是联邦法律要求的主要维护者,我们也经常要求陪审团必须被说服到排除合理怀疑的程度,但我们没有坚持将这一标准作为一种可操作的法律规则,用来检验证据是否已经达到充分的程度。"他说:"我不是说联邦法院在刑事诉讼中从不作出证据不足的认定,有时候他们也作,但通常是在有多个指控时推翻其中的一个指控,而很少完全认定被告人无罪。我认为他们这样作得太少,他们几乎从不明确地使用排除合理怀疑这一标准。"②

上述论述,可能会让那些积极主张引入"合理怀疑"规则的学者感到失望。"合理怀疑"的操作标准为何如此难以把握? 如果我们知晓它的历史,或许就能较容易地找到答案。如果一定要引入某种制度,就不仅要了解它是什么,还需要知道它曾经是什么;不仅要了解它的现在,更需要知道它的过去。惠特曼教授的《合理怀疑的起源》一书对"合理怀疑"进行了回归原点式的追根溯源。这本书以大量史料和缜密的逻辑推理,得出了一个让人意想不到而又几乎无可置疑的结论:合理怀疑规则从产生之日起,就不是一个探究真相、用于事实证明的规则,而是一个道德慰藉程序。这注

定了追问"合理怀疑"的具体操作标准是徒劳的。

　　在西方前现代的基督教社会中，对一个人判以刑罚特别是判处肉刑、死刑，是一种流血的惩罚，这意味着审判如同战争一样是一种流血的差事，而这与古老的基督教教义——远离鲜血，是相背离的。因此，对于一个作为裁判者的基督徒而言，从事审判差事将背负着巨大的道德压力。《圣经》马太福音篇中记载"不要论断人免得自己被论断"，整个中世纪的神学家均告诫世人："当心从事审判，以防自身沦为谋杀者"。前现代的法官通常惧怕决定有罪或无罪、杀或不杀的血罪责任，这对多数人特别是基督徒来说，是难以承载之重和不堪忍受之苦。"合理怀疑"规则提供了缓释个人责任的通道，与其说是为了获得事实证明，不如说是在寻求道德慰藉。不仅如此，现代英美法系的很多诉讼规则包括陪审团制度，其实都承担着道德慰藉功能。陪审团真的那么聪明，能揭穿谎言，发现事实真相吗？绝不！他们没有发现真相的特殊本领，他们只是把"血罪和伤及无辜"的责任从法官转移到陪审员身上，这就是陪审团在中世纪所起的作用。在当时，"程序的作用并不在于证明，也不在于驱散我们对事实的无知。相反，它旨在消除我们担心裁判之责的恐惧。当我们实施惩罚时，程序给我们忐忑不安的心灵提供了一种道德安全避风港"①。特别是遇到有疑问的事情时，这种给灵魂带来的威胁更为严重，裁判者必须寻求更安全之道。英国的道德学家们警告，"小心翼翼、竭尽全力了解我们的良心，尔后坚定、忠实地遵循之；我们遇有怀疑时，取最安全之道，当知道不做

---

① 〔美〕詹姆士·Q.惠特曼：《合理怀疑的起源——刑事审判的神学根基》，侣化强、李伟译，中国政法大学出版社 2012 年版，第 17 页。

这件事并无不妥时,我不冒险做我们对之怀疑的任何事情"。"每当有怀疑时,选择更安全之道,这是一个近乎普遍认同的准则。心存怀疑良心而行事者,遭圣徒谴责,冒着违抗上帝命令并因而必然招致罪孽的不必要风险。"①到 18 世纪,"合理怀疑"规则逐渐浮现、成型。"合理怀疑"规则,其初衷并非使陪审员得出有罪判决更为困难。它被设计为使有罪判决更加容易,其方式是向陪审团确保,如果他们表决被告有罪,自己的灵魂安然无恙。只不过,我们将古老的道德慰藉程序强加了现代刑事诉讼事实证明的新的使命,但是现实运作的效果却很糟糕。惠特曼教授娴熟地打开中世纪的神学和审判的重重迷宫,证明了上述结论。

　　合理怀疑规则何时提出?由谁提出?如果一定要精确到具体的日期和具体的人似乎很难,正如惠特曼所言:"这一古老基督教法则的历史是如此久远如此复杂,我们很难确定一个具体的期日"②。时至今日,"古老的焦虑急剧消逝,我们也不再渴求道德慰藉。相反,在现代世界,我们强烈要求寻求解决事实方面不确定的各种方法;于是,我们开始了这项无望的工程:把古老的道德慰藉程序转换成现代的事实证明程序。这样的结果只能是混乱,有时还导致不公"③。通过惠特曼教授的追溯,我们可以看到合理怀疑规则具有深厚的神学基础和宗教渊源。原本用于道德慰藉的程序被用于事实证明,即使在英美国家其效果也并非完美,惠特曼甚至抱怨说,"我们现在要求合理怀疑标准提供一种在其设计之初并未

① 〔美〕詹姆士·Q. 惠特曼:《合理怀疑的起源——刑事审判的神学根基》,佀化强、李伟译,中国政法大学出版社 2012 年版,第 292 页。
② 同上书,第 313 页。
③ 同上书,第 317 页。

提供的功能,因此,该规则的实际效果如其意料中的一样,十分糟糕"①。

　　就像伯尔曼教授在《法律与宗教》一书中向我们展示的那样,在西方,法律与宗教的关系是如此的紧密。就我国而言,没有基督教信仰的传统,也没有陪审团制度,引入一个即使在其发源地运作也笨拙的制度,是否有必要? 连其发源地的英美都已经放弃对"合理怀疑"的具体含义和操作标准追寻的努力了,我们作为蹒跚学步的后来者是否有必要去苦苦追寻? 正如惠特曼教授所言,美国的司法制度"残留了一系列被扭曲和被强行服务于现代事实证明目的的道德慰藉机制。这也反映了普通法系保守的一面,抵制对古老规则的废除,总是乐于将其古为今用。当然,这种制度性的保守主义有其优点。但问题在于,古老的机制常常难以承担我们赋予它的新使命,有时还会使我们陷于进退两难的境地"②。

　　和我们一样,英美法系对刑事证明标准制度的改革与完善也将任重而道远。我们似乎更应该回到原点,重新审视,寻求适合我们自己的路径!

---

① 〔美〕詹姆士·Q. 惠特曼:《合理怀疑的起源——刑事审判的神学根基》,佀化强、李伟译,中国政法大学出版社 2012 年版,"导言"第 7 页。
② 同上书,第 35 页。

审查起诉的"术"与"道"*

实现真实与正义是公诉检察官的天职，这不仅需要高尚的节操，还需要高超的技艺。"法律人的技艺，就是论证。"可以这么说，公诉案件审查起诉的过程就是一个论证的过程。如何娴熟地掌握这种技能？除了需要长年累月的经验积累、日久天长的法学素养培育，也存在一定的规律和技巧可循。

真正科学、实用的方法绝非纯粹的经验之谈，而必须是在科学的原理指导下提炼出来的。没有原理指导的方法是盲目的，不以方法为依归的原理是空洞的。缺乏原理的指引，学习方法的人终究不得要领。所以，"知其然"与"知其所以然"同等重要，不只如此，"知其然"，还必须以"知其所以然"为基础。

"只知埋头干活，不知抬头看路"是只求方法，不求原理，只知其然，不知所以然的典型表现。这种表现在实践中广泛存在。我们有太多习以为常的"方法"在偏离诉讼原理的道路上越走越远。比如，公诉意见书中的法庭教育，我们已经习惯了在第一轮的法庭辩论阶段发表公诉意见书时大谈特谈"法庭教育"。既然在未经法院判决确定有罪之前应假定被告人无罪，那么公诉人是否有权在法庭辩论阶段将其作为一个"罪犯"来进行教育？法庭辩论才

* 原文发表于《检察日报》2015年4月2日，第3版，收入本书时有修改。

刚刚开始,公诉人的指控远未完成,就急于剖析犯罪原因、总结经验教训,把被告人作为一个"罪犯"来进行教育,甚至将其作为一个反面教材来警示旁听人员、告诫世人。这是有罪推定思想的"遗产",与公诉意见书的属性和功能相悖,与控辩平等、无罪推定的现代刑事诉讼理念不符。很多地方正在如火如荼地推行的"远程网络提审""远程网络开庭",殊不知已经陷于"信息化陷阱"之中,这与刑事诉讼的基本原则直接、言词原则背道而驰。

公诉案件的审查起诉技能,不仅仅是一种"术",也是一种"道",做到"术""道"结合,融"道"于"术",以"术"显"道",实现公诉案件审查起诉的"术""道"之美,才是公诉案件审查起诉的最高境界。比如,证据审查判断的方法,如果不以证明责任、证明标准、证明模式这些基本的诉讼原理为指导,就不可能提出真正实用科学的方法。又如,起诉书的制作看起来也是纯技术性问题,但是对起诉的性质和功能深入探究之后,才会发现很多所谓的起诉书说理改革已经走进了误区。日本刑法学大师团藤重光曾担任过最高裁判所法官,他说:"法学原本就具有实践的性质。""实践比实务有更深的意义,可以通过实务探究实践的真谛。"①实践者比实务者更加高明,因为前者是个思考者,后者是个工匠。一个优秀的公诉人应该努力去做一个理性思考的司法实践者,而不仅仅是做个司法"工匠"。靠十年前的一本教科书来办案的时代一去不复返,作为公诉人必须不断地思考和学习。

---

① 〔日〕团藤重光:《刑法与主体性理论》,载冯军主编:《比较刑法研究》,中国人民大学出版社 2009 年版,第 108 页。

公诉意见书宜去除"法庭教育"*

公诉意见书,是公诉人出席一审法庭在法庭辩论阶段第一轮辩论的发言词。实践中,公诉意见书的主体内容一般包括三个部分:一是对案件事实与证据的概括;二是定罪量刑的意见建议;三是法庭教育(通常包括犯罪原因剖析、对被告人进行教育、应当吸取的教训及法律宣传)。笔者认为,将"法庭教育"放在公诉意见书中,违背了公诉意见书的功能,应当予以去除。

首先,背离公诉意见书的属性与功能。公诉意见书在属性上系法庭辩论的辩词,既然是辩论就讲究对抗性和说理性,应当在总结法庭调查阶段内容的基础上进行说理论证,反驳辩护人和被告人在法庭调查阶段的质证意见,其功能为强化指控。公诉人在此阶段应该抓住宝贵时间,集中"火力"进行说理和反驳,无论是公诉人还是辩护人说服的对象始终都是法官,而不是被告人或旁听人员。因此,如果公诉意见书一方面去剖析犯罪原因、教育被告人,将说服对象设定为被告人;另一方面却总结案件经验教训,警示旁听人员,将说服对象又设定为旁听人员,这种双重错位可谓舍本逐末,严重脱离了法庭辩论的程序属性,反而弱化了庭审效果。

其次,有违无罪推定原则之嫌。无罪推定原则是刑事诉讼的

---

* 原文发表于《检察日报》2013 年 12 月 15 日,第 3 版。

灵魂,它与罪刑法定原则共同构成现代刑事法治的两大支柱。既然在未经法院判决确定有罪之前应假定被告人无罪,那么公诉人是否有权在法庭辩论阶段将其作为一个"罪犯"来进行教育?这显然是值得怀疑的。公诉人发表公诉意见是法庭辩论的第一轮,法庭辩论才刚刚开始,公诉人的指控远未完成,就急于剖析犯罪原因、总结经验教训,把被告人作为一个"罪犯"来进行教育,甚至将其作为一个反面教材来警示旁听人员、告诫世人,这是典型的有罪推定。这种法庭教育与判决宣告前应该假定被告人无罪的理念刚好是相反的。

最后,与控辩平等的诉讼构造不符。在现代刑事诉讼中,控诉、辩护与审判三方形成"正三角形"结构,控辩平等是其关键支撑点。被告人因为其犯罪行为侵犯了法益,而应受到国家的刑事处罚。国家通过其代表——检察机关对被告人提起公诉,在国家与个人之间引发诉讼,控辩平等就是强调在刑事诉讼中国家与个人之间在法律地位上平等,这种平等在法庭辩论阶段理应得到最充分的体现。而公诉人在法庭辩论的开始阶段就以高高在上的姿态、以家长式的口吻"揭露"被告人犯罪原因,"教育"被告人吸取教训,"号召"旁听人员引以为戒,这显然是将被告人作为诉讼的客体来对待,具有强烈的国家权威主义色彩。这种先入为主的做法,不利于被告人及其辩护人有效行使辩护权,也容易给旁听人员形成误导,应当予以摒弃。不过,在法庭辩论结束时,根据案件具体情况,公诉人可以适当进行法庭教育,被告人的态度可能已经转变,承认犯罪事实,旁听群众也了解了案情始末,此时开展普法宣传与一般预防的效果更好。

刑事起诉书该不该说理*

刑事起诉书改革的呼声一直没有停止,实践中流行的观点认为,起诉书改革的方向是强化说理。其实,"起诉书说理"是一个伪命题,是对起诉书功能的严重误读,这或许是受到判决书说理化改革的影响。笔者认为,起诉书与判决书的功能是截然不同的,不可盲目跟从。

起诉书过于强调说理会导致法官产生先入为主的预断。起诉书的功能在于启动和限制审判范围、提供辩护防御指引,这与判决书所承载的正确解释法律、采信证据裁定事实、合理判定冲突等功能不同。起诉书力求简洁、明确,不仅要限制法官的审判范围和提供辩护方的防御指引,还要防止法官产生先入为主的预断。如果起诉书对行为事实和罪名适用的理由阐述得过于详细,就容易让法官在审理案件之前对某些未必会被最终判决确定的事实行为在内心预先确认,即产生先入为主的预断,这对被告方不公正。

起诉书过于强调说理会弱化审判功能,不利于"审判中心主义"的建构。起诉书过于详细地论证和说理,必然会降低通过庭审来论证和说理的意义。一方面会使辩护方详细地掌握控方的观点和理由,弱化庭审的对抗性;另一方面会使法官产生先入为主的思

---

* 原文发表于《检察日报》2014 年 7 月 30 日,第 3 版。

维定势。有观点认为,随修改后的《刑事诉讼法》恢复的全案移送制度,起诉书也需要加大对证据的列举、归纳和论证。笔者不同意这种观点。全案移送的是案卷材料,其中既包括不利于被告人的证据,也包括有利于被告人的证据。但作为指控犯罪的起诉书归纳和总结的证据必然要选择有利于指控犯罪事实的证据。换言之,案卷中的证据与起诉书中列举的证据相比,前者是全面的、客观的、不带有价值判断的;后者是经过归纳、挑选的,带有价值判断的。

从比较法角度来看,起诉书简明扼要是世界通例。作为大陆法系的代表,德国刑事诉讼法规定,起诉书的内容包括:被诉人、对他指控的行为、实施行为的时间与地点、犯罪行为的法定特征和适用的处罚规定(罪状)。德国起诉书中指控事实和法律评价是分开的,在事实描述之后另起一段注明刑法条款,但法条内容不予列出,事实与法律之间的关系也无须描述。即使法律评价、证据等记载不明确,也并不构成起诉无效。具有混合主义特色的日本刑事诉讼法规定,起诉书应当记载下列事项:①被告人的姓名或其他足以特定为被告人的事项;②公诉事实;③罪名。日本起诉书要求不得添附可能使法官对案件产生预断的文书及其他物品,或者引用该文书等的内容,否则,起诉书无效。日本刑事诉讼法甚至排斥在起诉书中记载被告人的前科、经历,这是因为"一旦法官形成了先入观念,是不能治愈的"。

理性对待无罪辩护 *

在中国刑事辩护中,有一种独特的辩护文化,那就是对无罪辩护的追求,有名的律师将无罪辩护成功案例作为炫耀的资本,有名的律师事务所也是将无罪辩护作为其"金字招牌"。在很多刑辩律师的心目中,无罪辩护才是刑事辩护的最高境界,无罪辩护成功案例的多少是衡量一个刑辩律师执业成功与否的标准。但果真如此吗?在笔者看来,无罪辩护并非刑事辩护的最高境界,更不是一个刑辩律师执业成功与否的评价标准。

一、理性看待无罪辩护

正如司法机关需要理性看待无罪判决一样,辩护律师也需要理性看待无罪辩护。理性看待无罪辩护包括以下几层含义:

(1)不能盲目追求无罪辩护,更不能对无罪辩护盲目崇拜。是否作无罪辩护应该在认真阅卷、深入分析事实和证据、深刻研究法律适用、充分听取犯罪嫌疑人(被告人)意见的基础上而作出的理性选择。实践中,一些律师动辄主张无罪,有的律师甚至都没有

---

* 原文发表于《方圆律政》2016 年第 8 期,发表时标题为《无罪辩护不是"最高境界"》。

阅卷就提出无罪辩护,甚至一些所谓的"大牌"律师公然宣称"大律师从来都是不需要阅卷的"。这种无罪辩护是不负责任的,也是违背基本职业道德的。

(2)确实是错案、冤案,该做无罪辩护的也要做无罪辩护,这是对法治、对公平正义负责任的态度。比如,浙江张辉、张高平强奸、杀人案,被害人王冬的几个指甲中检测出的 DNA 图谱与被告人张高平和张辉均不吻合,加之其他大量的疑点,无法得出张辉、赵高平作案的唯一结论,辩护人当然不能对这样的重大证据问题视而不见,应当坚持无罪辩护。实践中,也存在应当做无罪辩护的律师因法律适用水平不高、阅卷不认真等而没有做无罪辩护。比如,一个行贿案,被告人提出自己是为了索要合法的工程款而给某国家工作人员财物的,辩护人提出被告人主观上是为索要合法工程款,所以可以从轻处罚。判决书确认了这一点并据此对被告人判处缓刑。但是,既然是索要合法的工程款,就不具备行贿罪所要求的"谋取不正当利益",就是无罪,此时做罪轻辩护也是不负责任的。

(3)无罪的概念对辩护人而言应该是广义的,不是只有无罪判决才是无罪辩护成功,广义的无罪辩护还包括撤销案件、建议公安撤案、不起诉。人们习惯于认为无罪辩护成功的标志就是无罪判决,所以很多律师即使在审查起诉阶段发现问题也故意不向检察机关、侦查机关提出,而要将"杀手锏"留到庭审中希望"一招制胜"。其实,审前通过辩护人的工作实现无罪处理更为容易。据最高人民法院的工作报告,2015 年各级法院审结一审刑事案件109.9 万件,判处罪犯 123.2 万人,各级法院对 667 名公诉案件被告人和 372 名自诉案件被告人依法宣告无罪,无罪判决率仅为 0.08%。而根据最高人民检察院的工作报告,2015 年对侦查机关不应当立案而立案的,督促撤案 10384 件;对不构成犯罪或证据不足的决定不批捕 131675 人、不起诉 25778 人;对犯罪情节轻微、依法不需要判处刑罚的决定不起诉 50787 人。也就是说,检察机关督促撤案的案件是法院无罪判决的 10 倍,法律上无罪与证据不足无罪而不捕者分别是无罪判决的 127 倍与 25 倍,检察机关作出的相对不起诉决定是法院无罪判决的 49 倍。不仅如此,对于犯罪嫌疑人或被告人而言,早一天从犯罪中解脱出来才是他们最大的利益。在美国 90% 以上的案件是通过辩诉交易结案的,这意味着刑事辩护的空间 90% 以上是在庭外。

二、最大限度维护委托人利益才是
辩护成功与否的根本标准

　　"从古罗马人产生律师制度的第一天起,律师就被要求必须忠实于客户的利益,这是最基本的职业道德规范。"①辩护成功与否的标准,绝非仅仅靠有罪与无罪就能衡量,实质性的标准在于有无最大限度维护委托人的利益。刑事辩护的中国问题,不仅仅是辩护率偏低,更为重要的是有效辩护率更低。有效辩护是指律师为被告人提供富有意义的法律帮助,是一种开放性的律师执业标准。也就是人家花了钱请你辩护,你得提供富有意义的法律帮助,而不是相反。因为"当事人要竭尽全力发挥自己的全部才干,说服审判官将判决引向有利于自己的方向,且又不能遭到审判官的批驳。

---

① 　田文昌、陈瑞华:《刑事辩护的中国经验——田文昌、陈瑞华对话录》,北京大学出版社 2012 年版,第 247—248 页。

因此这种情况下,作为当事人的一种手段,就是委托律师作为自己的代理人,以补充自己能力的不足"①。但是,实践中,个别辩护律师为了出名,不惜损害被告人的利益。比如,南京虐童案,正常情况下,被告人认罪悔罪,一定是判处缓刑甚至是相对不起诉,无论是在法律情理还是社会效果上,这个案件的结局都应该是这样。但是,因律师选择了无罪辩护的策略,被告人翻供,导致法院先是决定逮捕然后判处实刑,导致这个案件没有赢家,全是输家。所以,"对于一个无法获得律师有效帮助的被告人来说,其境况与根本没有律师帮助的当事人一样糟糕"②。何止如此?有时是更加糟糕。著名律师田文昌指出"刑事辩护不能以输赢论英雄……一个律师,只要尽职尽责,最大限度地维护了委托人的合法权益,就已经发挥了律师的作用""对无罪辩护的盲目推崇,是一种很不成熟的辩护文化。"③

三、多元化辩护的时代已经来临

我国刑事法学研究和实践"重实体,轻程序"的现象盛行已久,这种现象体现在刑事辩护上,就是片面重视"实体之辩",具体体现就是"无罪辩护""罪轻辩护"成为主流辩护形态,程序之辩、证据之辩、量刑之辩则受到冷落。这多少给人一种感觉,仿佛无罪

---

① 〔日〕河合弘之:《律师职业》,康树华译,法律出版社1987年版,第50页。
② 〔美〕伟恩·N.拉费弗等:《刑事诉讼法(上册)》,卞建林等译,中国政法大学出版社2003年版,第661页。
③ 田文昌、陈瑞华:《刑事辩护的中国经验——田文昌、陈瑞华对话录》,北京大学出版社2012年版,第85页。

辩护才是律师成功的标志,其他的辩护都登不得大雅之堂。2012年修改后的《刑事诉讼法》大量增设了非法证据排除规则、证据合法性调查程序、证人出庭作证、量刑调查程序等内容,可以预见未来控辩双方的对抗和辩论将大量体现在程序、证据和量刑等问题上。2018年《刑事诉讼法》修改增设了认罪认罚从宽制度,中国式的认罪协商已然来临。如今认罪认罚案件已经占刑事案件数的九成,量刑辩护的重要性不言而喻。多元化辩护的时代已经来临,刑辩律师必须扭转以无罪辩护为最高追究的观念。

刑辩没有江湖*

朋友圈一篇关于刑辩江湖的文章流传很广,正如该文作者所预料的一样,会引发很多的争论,特别是会在刑辩律师界一石激起千层浪。有人认为该文作者有意暗示自己天下无敌;有人认为作者故意以北京律师为中心,有意贬低京外刑辩律师;有人认为作者对其他刑辩律师的批评过于尖酸刻薄;有人认为作者赞扬的律师挂一漏万……论文似乎掀起了"刑辩江湖"的血雨腥风,火药味越来越浓。作为坐在辩护席对面的公诉人的笔者,隔岸观火,别有一番体会。

一、刑辩本无江湖

刑事辩护制度是刑事法治的重要内容,律师辩护权的完善也是刑事法治进步的重要表现。作为刑事辩护律师,一方面要忠实于当事人利益,另一方面也负有查明真相维护司法公正的职责。即便在自诩"法治模范生"的美国,律师辩护,一方面为被告人辩护,另一方面也是在协助法官实现公正。在法律面前,刑事辩护律师不是不可以有自己的利益,但是不能有太多自己的利益。律师

* 原文发表于《方圆律政》2016 年第 9 期。

从业虽相似于从商,但是律师毕竟不是商人。在这样的前提之下,刑事辩护本无江湖。江湖之中戾气太重,争斗太狠;而刑事辩护律师作为法律人需要理性平和,需要合作融合。行走江湖,讲究江湖规矩,讲究地位排序;而刑辩律师作为法律人,讲究依法行事,讲究"法律面前人人平等"。刑辩律师的自我标签化或者给他人标签化似乎都不妥。

二、刑辩无须江湖

我国律师行业发展起步较晚,发展相对滞后,但是近年来,随着依法治国的步伐加快和法治水平的提升,律师行业发展迅猛。刑辩律师的发展是一个国家法治水平特别是刑事法治水平的重要标志。以往人们普遍认为刑事辩护空间小,刑辩律师赚不了钱,很多立志要当律师的人对刑事辩护都是敬而远之,也有很多律师视刑辩业务为"鸡肋",很多刑辩律师慢慢转型放弃了刑辩业务而进入民商律师的行列。现如今,有名的大律师中有了越来越多刑辩律师,致力于刑事辩护的年轻律师也越来越多,专门的刑辩律师事务所如雨后春笋般涌现,给人一种刑辩律师"火起来了"的感觉。这种变化,一定程度上客观地反映了我国法治水平特别是刑事法治发展取得了重大进步。刑辩律师面临重大发展机遇,这本是一件好事,刑辩律师本该抓住这个重大发展机遇,立足专业,提供有效辩护,服务法治建设。

但是,这两年刑辩行业在发展的同时,也确实出现了一些问题,这些问题可能与"江湖习性"有关。主要表现为以下几个方面:

1. "敌人思维"

一些刑辩律师视法官、检察官为敌人，带着偏见做辩护人，动辄"恶性死磕"；还有一些刑辩律师视体制为敌人，动辄以体制受害者自居，攻击体制的一切，体制内的一切在他们看来都是不好的；一些刑辩律师视自己的同行为敌人，或为争夺案源，或为市场竞争，有时仅仅就是与自己意见不同就相互敌视。

2. "山头思维"

不知从何时开始，刑辩律师被划分为"勾兑派""忽悠派""死磕派""技术派""体制派""两面派"……这些所谓的"派系"之间相互挤对、相互瞧不起、相互攻击，各立山头。

3. "群殴思维"

这种思维表现为在一些影响较大的案件中，一些极端"死磕"律师"抱团支援"，出于"闹庭"的目的，通常使出"集团抗议""联名请愿""集体闹庭""网络配合围剿"等手段。律师之间相互配合协作，这本是应有之义，但是如果不是出于正当目的，而是违背职业精神，甚至是违背法律，为了吸引眼球，舆论造势，煽风点火，就不再属于配合协作，而是"群殴"。

三、刑辩没有江湖

法治的建设与发展离不开法律职业共同体的建构，我们真的需要一个和谐的"法律人的城邦"，而不是一个充满火药味的"法律人江湖"。法律职业共同体不仅是推进法治中国建设的重要力量，对司法公正和社会公平正义肩负重要的责任和使命，法律职业共同体建设本身就是法治中国建设的重要内容。尽管人们对于什么是法律职业共同体还存有争议,但是,最低程度的共识是有共同的知识背景,有共同的知识训练,有共同的思维、训练方法、理念,甚至可能还有共同的信仰(对法治的信仰)。法律职业共同体意味着共同的价值、思维方式和精神气质,他们经过相同的知识训练、思维训练和普遍的社会正义感的感染。他们之中,虽然有人在"体制之内",有人在"体制之外";他们虽然有人是律师,有人是法官、检察官,有人是大学教授,但是他们有共同的信仰,对公平正义的信仰,他们相信"法学是一门展示才华、满足自尊、唤起激情、伸张正义的学科"。这个共同体的建构靠的是理性、自律、信仰和法律技术,共同的力量来自耶林所说的"法本身"。

"好斗"既不应该是刑辩律师的职业形象,也不该是刑辩律师的职业精神,更不能被法律职业共同体所能容纳的。现在刑辩场确实存在这一"好斗"现象。以"死磕到底"的方式与法官、检察官斗,以诋毁、攻击的方式与律师同行斗,时刻将自己标榜为"斗士"。但这绝非一个成熟的法治社会应有的法律人职业形象,也不是一个理性的"法律人的城邦"所需要的。这种"好斗"心理或许与江湖上的"打打杀杀"有关。江湖与共同体显然是不同的。江湖秩序的维持是靠斗争、打杀,是盟主,尊卑长幼的等级秩序,这些带有严重"封建"色彩的东西都是与法治格格不入的,也与法律职业共同体的发展方向相龃龉的。在一个缺乏共同价值、思维方式、精神气质的江湖中,不仅体制之内与体制之外处于对立阶层,连律师同行自身都处于对立派系之中,就不可能建立起真正的法律职业共同体。

我们得承认,当前我国的法律职业共同体建设不尽如人意,共同的理念没有确立,相互缺少尊重和理解,不仅法官、检察官与律师之间缺乏相互的尊重和理解,连律师同行之间也缺乏尊重和理解,还没有形成职业共同体的文化,实践中产生了不少冲突和矛盾,没有形成推进法治建设的合力,影响了法律职业共同体作用的发挥,也影响了法律职业共同体的权威和地位。作为律师,动辄毫无理由地以申请回避、抗议等方式,故意让庭审开不下去,这不是法律职业共同体所需要的,以拉横幅、翻跟头、送红薯、组织访民围攻法院、以舆论挟持司法,这也不是法律职业共同体所需要的;同样,作为法官,以居高临下的姿态训斥、羞辱律师,不是法律职业共同体所需要的,没有法律依据的驱逐律师出法庭,也不是法律职业共同所需要的。

我们需要做的恰恰是改变,改变这种种不良现象,推动共同体的孕育、发生、发展。而首先要改变的就是这些"江湖习气"。当然,法律职业共同体也不是要求共同体内的个人对法律问题和社会问题的看法和观点没有分歧,对具体案件的观点完全一致,而是基本的思维方法、理念、价值的趋同,呈现出"大同小异"的特点。刑辩律师与公诉人对某个具体法律问题的观点不同,这很正常,也不影响法律职业共同的建构;法官与检察官对某个具体的法律问题观点不同,也很正常,同样不影响法律职业共同体的建构;法官与律师对某个具体的法律问题认识不同,这同样很正常,也无损于职业共同体的建构。但是,无论是律师,还是法官,抑或是检察官,对于诉讼的目的是实现程序正义和追求事实真相,应该不会有争议。如果律师为利益,不顾基本的正义,颠倒是非,混淆黑白,那显然是违背职业精神的。

我们还要改变的就是正确的"义利"观。律师毕竟不是商人,除了"利",更为重要的是"义"。这个"义"就是对公平正义的追求,对法律的信仰,对规则的信赖。刑辩律师如果仅在利益的漩涡中打转,在利益的江湖中争斗,那么损害的将不仅仅是刑事律师自身,更是法治本身。美国学者在《迷失的律师》一书中指出,那些把法律作为一种世俗的谋生方式的律师,不但失去了诚实的品格,而且也造成了理想的陷落。

法律人的职业是一个高度专业化的职业,刑辩律师还是应该钻研业务,以技能和专业取胜,对专业忠诚,"专业建立在知识上面,对知识忠诚,才可能有专业忠诚。对专业忠诚,也就不可收买,不会任意动摇;对专业忠诚,才可能精益求精,不为假问题所困惑,而能精准地面对问题、解决问题"①。

最后,用青岛律师协会《给全体青岛律师的倡议书》中的一句话作为结束语——"律师应当是专家、是君子、是精神贵族"。

---

① 许玉秀、陈志辉:《不移不惑献身法与正义——许迺曼教授刑事法论文选辑》,新学林出版股份有限公司 2006 年版,"序"第 1 页。

第三篇　跨越实体与程序的鸿沟

刑事一体化不能仅停留在宏观层面上，也不能仅停留在口头呼吁层面上，现在是时候进行具体行动了。具体行动从跨越实体与程序的鸿沟开始，从刑事实体法与程序法的深度交叉和融合开始!

3
Part

跨越实体与程序的鸿沟[＊]

一、引　言

　　储槐植教授在 20 世纪 80 年代末提出"刑事一体化"概念①，到底如何实现刑事一体化，储槐植教授曾经提出内部关系和外部关系的观点，内部关系就是刑法和刑事诉讼法的关系，也就是刑法作为一个实体法，而刑事诉讼法作为一个程序法，这两者在现实的运作当中，是密不可分的，具有非常紧密的联系。外部关系又包含两层关系，一个是前后关系，另一个是上下关系。所谓前后关系是指刑法之前的犯罪状态，刑法之后的刑罚执行情况，刑法受到刑法之前的犯罪状态，也就是犯罪态势和刑法之后的行刑效果这两个方面的制约，即"两头制约"。② 受时代的限制，储槐植先生提出的刑事一体化的主要立足点是刑法的结构，强调使刑法运行内外协调的结构，没有对内部关系中刑法与刑事诉讼法的关系进行系统阐述。理论界在讨论刑事一体化时，习惯于从刑事政策学、犯罪学

＊　原文发表于《法治现代化研究》2020 年第 1 期，收入本书时有修改。
① 　参见储槐植：《建立刑事一体化思想》，载《中外法学》1989 年第 1 期。
② 　参见储槐植：《建立刑事一体化思想》，载《中外法学》1989 年第 1 期；《再说刑事一体化》，载《法学》2004 年第 3 期。

的角度研究刑法问题,关注的主要是外部关系。

笔者认为,刑事一体化的真正实现,应当首先从内部关系入手,也就是刑法与刑事诉讼法(或者说刑事实体法与程序法)之间的关系入手。从犯罪学、刑事政策角度研究刑法仍然是就刑法研究刑法,依然是刑法中心论。李斯特在 19 世纪提出的"整体刑法学"观念,强调的是犯罪、刑事政策与刑法的关系;耶塞克提倡的"一个屋檐下的刑法学与犯罪学",强调的还是刑法学与犯罪学、刑事政策之间的关系①,从某种意义上说,上述观念都是刑法中心论。这种刑法中心论意义上的刑事一体化侧重于方法论上的一体化,属于观念和理念层面的一体化,没有具体化到法律的适用、实践问题的解决和个案的处理层面。这种停留于理念、观念、方法论层面的一体化只能是刑事一体化的初级阶段,离深度的刑事一体化尚有距离。要想实现刑事一体化的深入发展,就必须从理念、观念、方法论这些宏观问题进一步延伸到具体问题。真正高度融合、深度交叉的问题大都寄生于具体的法律争端、具体的实践问题,而刑事实体法与程序法的一体化无疑是这种具体问题的集中表现,这是刑事一体化走向深入的第一步。从储槐植教授于 1989 年提出刑事一体化到今天,已经经过 30 多年了,刑法与刑事诉讼法之间真正意义上的深度融合远未实现,呼吁者多,真正做融合研究者少;吆喝者多,真正能一体化"通吃"者少。我们缺乏像德国的罗克辛等学者这样刑法与刑事诉讼法通吃的大家,也缺乏像日本的平野龙一这样的精通刑法与刑事诉讼法的大家,也很少有我国台湾地区的林钰雄这样

---

① 参见〔德〕汉斯-海因里希·耶赛克:《一个屋檐下的刑法学和犯罪学》,周遵友译,载《刑法论丛》2010 年第 2 期。

的刑法与刑事诉讼法双料学者。笔者认为,推动刑事一体化的深度融合,应当从内部关系即刑法与刑事诉讼法的深度融合开始。

二、实体与程序的应然景象

从应然的角度来说,刑事实体法与刑事程序法是一体的,这种一体性不仅体现在司法实践具体案件处理时必须兼顾实体与程序,而且在理论上刑事实体法与程序法也是相互依存的。

(一) 实践层面的应然景象

从司法实践的角度来说,办理刑事案件只考虑实体而不考虑程序、证据,或者只考虑程序、证据而不考虑实体,几乎是难以想象的! 实践中,不存在纯粹的刑事实体法问题,也不存在纯粹的刑事程序法问题,二者从来都是相互交织的问题。所以,实践中只懂刑法而不懂刑事诉讼法,或者只懂刑事诉讼法而不懂刑法的法官、检察官、律师是不可能把案件真正办好的。

法释义学为现行法服务,或更精确地说,现行法是法释义学之研究对象。法释义学是彻底实务取向之学科。[①] 尽管刑法理论要高于实践,但也要应用于实践。法学研究具有实践品格,刑法学的这种实践品格更加突出。刑法学的研究终究是要解决实践的问题,脱离实务的理论与脱离理论的实务都是不可取的。理论和实务彼此之间就像眼睛和手:理论就像眼睛,看见了什么东西;实务就像

---

① Engisch, Einführung in das juristische Denken, 8. Aufl., 1983, 8 ff. 转引自〔德〕Peter A. Windel:《天啊,德国的法释义学——德国法释义学有何之用》,黄松茂译,载《月旦法学杂志》2019 年第 5 期。

手,对这一认识不能转化,则这一认识也就无法实现。同样,如果作为实务的手想做什么,而作为眼睛的理论表示反对,则实务的愿望不会实现。只有当双方融合,才存在理性的、公正的解决方案。[①] 刑法理论要应用于实践中的个案,就离不开事实和证据,因为个案是以事实和证据为存在载体的。例如,当前刑法热点话题——正当防卫问题,从刑法学角度研究正当防卫的成立条件、防卫限度当然是必要的,但是研究的结论以及提出的解决方案也要考虑证据上能否实现。笔者从一名办案人员的角度出发,得出一个基本的判断,那就是"正当防卫成立与否,关键在证据"。如何从证据上证明"不法侵害"这个前提是否存在,如何从证据上证明防卫手段没有"明显超过必要限度"(行为必要性)和"造成重大损害"(结果性相当性)?昆山反杀案之所以在公安机关立案后不久就以正当防卫为由撤销案件,其重要原因是有完整的监控视频证据,清晰地反映出事件全过程。可以设想,如果没有监控视频这一关键证据和舆论的推动作用,认定为防卫过当的可能性非常之大。与之形成鲜明对比的是福州赵宇案和涞源反杀案,就没有那么"一帆风顺"。赵宇案从认定防卫过当而相对不起诉,再到撤销相对不起诉,最终认定正当防卫而绝对不起诉,两次不起诉公布的案件事实和证据均有重要变化。[②]

---

① 参见〔德〕迈尔·格斯讷:《刑事诉讼中脱离实务的理论与脱离理论的实务》,喻海松译,载陈兴良主编:《刑事法判解》2012 年第 1 期,人民法院出版社 2012 年版,第 200 页。

② 主要变化有:将赵某"见李某正在殴打邹某"细化为"见李某把邹某摁在墙上并殴打其头部";将"赵某和李某一同倒地"修改为"致李某倒地";将李某"打了赵某两拳"修改为"欲殴打赵某";增加了李某"弄死你们"的表述;删除了"(赵某)接着上前打了李某两拳";将赵某"被自己的女友劝离现场"修改为"离开现场";增加了邹某面部轻微伤的鉴定意见;等等。参见陈菲、丁小溪:《检察机关纠正赵宇案:属正当防卫不负刑责》,载中国新闻网 https://mp.weixin.qq.com/s/VFQXtgoMlkgFUXlzHMfkUg,访问日期:2019 年 4 月 11 日。这些事实和证据的变化对正当防卫的认定起到重要作用。

涞源反杀案从涉嫌故意杀人罪先后被刑事拘留和逮捕,到检察机关两次以事实不清、证据不足为由退回补充侦查,再到最后不起诉。这两起案件所经历的反复和波折,主要原因在于证据和证明问题。实践中,大量发生在封闭场所的"一对一"涉及正当防卫的案件,没有监控视频和在场证人,是否存在不法侵害? 防卫的手段是否过当? 证据和证明就成为核心问题了。

因此,从实践的角度来说,实体与程序从来都是相互交织的。正如我国台湾学者林钰雄教授所言,对于学院以外,任何操作实务的法律人而言,这种关系本来就近乎至明至理,毕竟真实案例或者说具体法律争端的解决,从来都是实体与程序的交错适用。①

(二)理论层面的应然景象

首先,刑法作为实体法,刑事诉讼法作为程序法,实体法的罪刑规范依赖于程序才能实现。现代法治国家,要给予一个人刑罚处罚,必须按照特定的程序才具有其正当性。未经正当程序就给予一个人定罪处罚,这是不正义的。对一个人定罪处罚是一种国家行为,国家行为应按照一定的"游戏规则"进行,这也是法治国的基本原则,给予有利害关系的人应有程序并陈述事实及表达法律观点的平等机会,并且以公开的方式进行②,这是程序正义的要求。刑法所规定的犯罪构成要件及其刑罚后果的实体规范,必须通过刑事程序才能够落实到具体犯罪人身上。刑事诉讼法是确定并实现国家与具体刑事个案中对被告刑罚权的程序规范,实体刑

---

① 参见林钰雄:《刑法与刑诉之交错适用》,中国人民大学出版社 2009 年版,"序言"。
② 参见〔德〕莱因荷德·齐佩利乌斯:《法哲学(第六版)》,金振豹译,北京大学出版社 2013 年版,第 275 页。

法唯有通过诉讼程序才得以实践,而获致一个依照实体刑法的正确裁判,正是刑事诉讼的任务。① 从这个意义上说,刑事诉讼的内部结构是以实体形成为中心的。②

其次,刑法适用过程是事实与规范的对应过程,而事实来自证据和证明。罪名规范是刑法的主体内容,判断一个人的行为是否符合某个罪名,是通过构成要件来判断的,而构成要件事实正是刑事诉讼所要证明的。小野清一郎先生对此有精彩的论述,他指出,"刑事追诉的直接目的,在于确认被告人是否犯有一定的犯罪事实。这里所说的犯罪事实,是符合犯罪构成要件的事实。刑事程序一开始就是以某种构成要件为指导形象去辨明案件,并且就其实体逐步形成心证,最终以对某种符合构成要件的事实达到确实的认识为目标。这就是刑事诉讼中的实体形成过程。如果从证据法的观点来讲,刑事诉讼中的主要证明事项就是构成要件事实"③。犯罪成立条件中的构成要件符合性、违法性、有责性及其具体要素,无一不是需要证明的,例如构成要件符合性中的行为、后果、时间、地点、因果关系等;违法性是否存在正当防卫等违法阻却事由,如正当防卫中的不法侵害、防卫限度等;有责性中是故意还是过失、有无责任能力、是否具有期待可能性等。此外,共同犯罪、犯罪停止形态也需要运用证据证明。自首、立功等量刑情节同样需要运用证据证明。这里不仅仅是证明对象的问题,还涉及证

---

① 参见林钰雄:《刑法与刑诉之交错适用》,中国人民大学出版社 2009 年版,"序言"。

② 参见〔日〕小野清一郎:《犯罪构成要件理论》,王泰译,中国人民公安大学出版社 2004 年版,第 206 页。

③ 〔日〕小野清一郎:《犯罪构成要件理论》,王泰译,中国人民公安大学出版社 2004 年版,第 241 页。

明责任分配、证明标准和证明方法,实体法上的具体规定会直接影响证明责任分配、证明标准的判断和证明方法的运用。所以,实践中有一种说法,"办案就是办证据"。

最后,无论是刑法还是刑事诉讼法,都是为了限制国家刑罚权恣意发动而存在的。实体上,罪刑法定要求法无明文规定不为罪,法无明文规定不处罚;程序上,正当程序要求未经正当程序,不得剥夺任何人的财产、自由与生命。从这个意义上说,刑法和刑事诉讼法都是为了不随意处罚人而设立的,只不过刑法是从规范犯罪构成要件、明确刑罚种类和幅度、设定刑事追究标准等方面来发挥作用的。刑法中的罪刑法定、罪刑相适应等基本原则,也无一不是对国家定罪权、量刑权的法律限制。而刑事诉讼法则是从规范刑事追诉机构的权力、明确被告人的防御权利、确定刑事追究的证据标准等角度来发挥作用的,刑事诉讼法中的无罪推定、正当程序等一系列基本原则,也几乎是对刑事追诉机构、司法裁判机构的权力施加了限制。① 实体和程序分别从不同角度限制国家刑罚权,二者如鸟之两翼、车之双轮,确保国家刑罚权在合理的轨道上运转。

三、实体与程序的现实面相

如前所述,从应然的角度来说,实体与程序具有难分难舍的交织关系,但从实然层面来看,实体与程序依然存在巨大的鸿沟。

(一) 实体与程序在理论研究上的裂解

第一,跨学科研究的呼声与实际行动的裂解。近年来,跨学科

---

① 参见陈瑞华:《论法学研究方法》,法律出版社 2017 年版,第 352 页。

研究的呼声越来越高,但是实际行动并不尽如人意。刑法学研究与刑事诉讼法学研究"井水不犯河水"的现象依然严重。这里面涉及学科的专业化、精密化的问题。德国学者希尔根多夫一针见血地指出:"一个非常有意思的问题是:当今法学基础研究如何看待跨学科性?从学术政策到大型科研机构都经常呼吁跨学科性,所有学科代表在讨论中也都称赞跨学科性,然而,它在科学实践中难以实行。为什么呢?目前所有学科强调说明的专业化与跨学科性极不协调……然而,法学家们在基础研究的背景下倾向于自我封闭……导致的后果之一就是,直到今天,与相邻学科长期而有益的交流寥寥无几。"[1]这种现象在德国尚且存在,在我国更甚;在其他领域尚且存在,在刑事实体法与程序法领域更甚。通常认为,刑法教义学关注的是刑法规范本身,刑法教义学的任务就是"通过解释,来指出具体法律条文之间的意义和原理联系,并且追溯这些意义和原理联系的相关法律思想,从而形成一个协调的体系"[2]。刑法教义学假定刑法文本的正确性,主张解释刑法文本而非批判文本,法教义学的逻辑前提可以概括为一句话:法律永远是正确的。由此可以引申出一句近些年在中国刑法学界备受追捧的法律格言:法律不是嘲笑的对象。[3]"教义刑法学是指以刑法规范为根据或逻辑前提,主要运用逻辑推理的方法将法律概念、规范、原则、理论范畴组织起来,形成具有逻辑性最大化的

---

① 〔德〕埃里克·希尔根多夫:《德国刑法学:从传统到现代》,江溯、黄笑岩等译,北京大学出版社 2015 年版,第 11—12 页。

② 〔德〕沃斯·金德豪伊泽尔:《适应与自主之间的德国刑法教义学——用教义学来控制刑事政策的边界?》,蔡桂生译,载《国家检察官学院学报》2010 年第 5 期。

③ 参见陈兴良:《教义刑法学》,中国人民大学出版社 2010 年版,第 7 页。

知识体系。"①追求刑法自身的体系化和精密化。由此还引发了教义法学与社科法学之间的论战。上述情况恰恰从一个侧面反映了"专业化与跨学科性的极不协调"。长期以来,刑法学形成一个高度精密化的体系,形成一套独立自主、其他专业人士无法听懂的话语体系。精密化的体系对于一个学科的成熟来说或许是好事,但是同时也会带来自我封闭的风险。所以,现实中刑事诉讼法学者想跨界研究刑法问题"难于上青天",容易出现误解甚至出现在刑法学专业看来属于常识性的错误;相比而言,刑法学者跨界研究刑事诉讼法则要容易得多。②

第二,宏观研究与微观研究的裂解。近年来,涌现出很多刑事一体化研究的成果,但是这些研究大多停留于宏观研究层面上,体现在两个方面:一是进行跨学科的宏观理论探讨,例如从经济学、社会学、统计学等角度研究刑法问题,进而提出某种创新的刑法理论,大多属于"宏大叙事"。二是"以刑法为中心"和"以刑事政策为中心"。刑法学界习惯于从刑事政策角度讨论刑事一体化,特别关注刑法与刑事政策的关系,包括刑事政策刑法化、刑法刑事政策化,刑事政策对刑法结构的影响等,也有从犯罪学以及其他学科出发来研究刑法问题的,但是最终的落脚点仍然是以刑法为中心的。上述两个方面的共性在于忽视刑法与刑事诉讼法、刑事实体法与程序法的高度融合和深度交叉研究。或许是因为宏观跨界比微观跨界更为容易,空发议论比解决具体问题更为容易。因为一旦把

---

① 周详:《教义刑法学的概念及其价值》,载《环球法律评论》2011 年第 6 期。
② 例如,邓子滨教授专门写了一本《刑事诉讼原理》,北京大学出版社 2019 年版。再如,笔者是刑法学专业的,但是由于从事司法实践工作,对刑事诉讼法和刑事证据法也有一些研究。

刑法与刑事诉讼法深度融合和交叉研究,就必须立足于具体的微观问题,而具体微观问题的解决需要扎实的交叉学科知识。这种现象导致的结果就是很多刑法理论研究,习惯于在想象中建构某种高深理论,而没有考虑这种"想象的理论"在证据和证明上是否具有实现可能性和操作可能性。事实上,真正的疑难案件,从实践的角度来说,很大程度上都是一个如何证明的问题!正当防卫成立及过当与否、罪名之间的区分界限、因果关系的认定、共同犯罪的成立、故意与过失的区分等一系列难题,除了关于这些问题的刑法理论本身较为复杂之外,更为重要的是证据和证明问题!但是我国刑法理论研究习惯于自说自话,很少考虑其理论研究成果在证据和证明上能否实现,刑法理论与教学如果习于"从全知全能的上帝的角度出发,无视诉讼证明及事实不明的真实审判困境,不管演绎如何精彩,终究只是空中楼阁……另一方面,既然'获至一个依照实体刑法的正确裁判'是刑事诉讼的任务,欠缺实体刑法作为实践圭臬及延展腹地的刑事诉讼理论与教学,自难正中鹄的"①。

(二) 实体与程序在两大法系走向上的裂解

我国整体上作为一个大陆法系传统的国家,实体刑法是建立在苏俄、德日大陆法系刑法理论基础之上的;而刑事程序法却呈现出浓厚的英美法系色彩,作为一体两面的实体法和程序法朝着两个不同的方向行进,这是匪夷所思的。这种两大法系走向上的重大裂解,也给刑事实体法与程序法的交叉融合带来严重的障碍。无论是理论研究还是制度设计都存在两大法系走向上的裂解。

---

① 林钰雄:《刑法与刑诉之交错适用》,中国人民大学出版社 2009 年版,"序言"第2 页。

　　从比较法的角度来说,两大法系的融合趋势是不可否认的,但同样不可否认的是这种融合并未完全抹掉各自的本质特色和本土底色。法律制度是一国文化的一面镜子,完全脱离本国传统和文化的法律制度是不可想象的。德国证据法大师密特麦尔指出,职权主义诉讼是不可能确立与当事人主义一样的证据规则,"国家权力主导、职业法官裁判、实质真实探求"的诉讼特质决定了司法官员在刑事证据运用中的决定性作用,且这一作用自侦查阶段便已凸显。[①] 我国刑事诉讼的职权主义传统也不可能从根本上消除。

　　在我国刑事诉讼法学界,牢固地掌握着话语权的学者基本上是研究英美法系刑事诉讼法的,其中的原因,一方面,在于我国刑事诉讼法学者在学术传承上几乎完全来自英美法系的知识传统和话语体系,对德国等大陆法系刑事诉讼法知之甚少,精通英语的刑事诉讼法学者比比皆是;另一方面,我国刑法学者虽然精通德、日刑法学,精通德语、日语的学者比比皆是,但是对刑事诉讼法研究不屑一顾。然而,司法实践的现实情况又是另一番景象,法律实务人士的思维方式及其办案习惯和行为,自觉不自觉地更加亲近于大陆法系。实践中,很多习惯做法与大陆法系具有高度契合性。这种理论与实践完全在两个方向上的裂解,与实体法和程序法在两个方向上的裂解相互交织,必将对我国的刑事诉讼改革和制度设计形成难以估量的冲击,导致我国刑事诉讼的很多制度设计呈现出职权主义与当事人主义摇摆不定的姿态,如庭审方式、交叉询问、非法证据排除等,其中最典型的体现就是卷宗移送制度。卷宗

_____

[①]　参见施鹏鹏:《跨时代的智者——密特麦尔证据法学思想述评》,载《政法论坛》2015 年第 5 期。

作为大陆法系刑事诉讼事实与证据的重要载体,在英美法系没有类似的对应物。我国 1996 年《刑事诉讼法》修改时曾尝试借鉴日本的起诉状一本主义而实行移送主要证据复印件,但是卷宗移送制度在我国司法实践中已经根深蒂固,因此移送主要证据复印件制度在实践中变得毫无意义,2012 年《刑事诉讼法》修改时,重新调整为全部卷宗移送制度。

学者施鹏鹏批评指出,"在比较法上,这是一个颇为吊诡的现象:很难想象一个奉行职权主义传统、刑事实体法几乎沿袭欧陆国家做法的国度里,英美证据法的术语体系乃至运行规则却在理论及实践中大行其道……中国的证据法学研究应走出'英美法中心'的陷阱,走向更契合本国诉讼文化的'欧陆'证据法学"①。也许有人会说,日本也存在刑法与刑事诉讼法分别在大陆法系和英美法系两个轨道上运行的问题。事实上,日本学界很早已发现这个问题,并且进行过一定的调整,最终日本的刑事诉讼走向混合主义模式。国内有学者盲目赞扬这种混合主义模式,但是这种混合主义的模式在日本国内也备受批评。"二战"后,以大陆法系为蓝本的 1907 年《日本刑法典》沿用至今,日本刑法的大陆法系传统一直被传承。但是,日本的刑事诉讼法是战后在美国占领军的主导下按照英美法当事人主义模式进行的修改,同时职权主义的底色仍然存在,正如小野清一郎所言:"刑事诉讼以职权主义为基本,这在旧刑事诉讼法和新刑事诉讼法中都没有什么不同,只是在新刑

---

① 施鹏鹏:《跨时代的智者——密特麦尔证据法学思想述评》,载《政法论坛》2015 年第 5 期。

事诉讼法中,当事人主义被明显地加强了。"①日本刑法学家平野龙一先生在 20 世纪 60 年代就敏锐地指出:"这样,由于日本刑法和刑事诉讼法之间有矛盾……不是将刑法按照美国刑法的方式进行修改,就是将诉讼法按照德国的方式进行修改,二者之中必须择一。"②日本终究还是"无法跳脱在这两种主义间徘徊"③。事实上,当今的日本刑事诉讼法并非完全沿袭英美法系,而是大量吸收了大陆法系的合理因素,并且大陆法系传统在实践中更加明显。日本学者松尾浩也指出:"恰如其分地说应当是,日本对于英美法在理念上吸收了不少,但是几乎没有渗透到现实运作中……其结果,日本的刑事程序,从侦查到审判与美国的刑事程序呈现出显著的不同……对此现象,用一句话概括,抑或称之为精密司法吧。"④

四、跨越实体与程序鸿沟的路径

刑事一体化要真正步入深度一体化时代,刑事实体法与程序法的深度交叉和融合是必须要跨出的关键一步。

(一) 从客观叙事到微观命题的转向

要实现实体与程序的高度融合、深度交叉,就不能仅仅停留于

---

① 〔日〕小野清一郎:《犯罪构成要件理论》,王泰译,中国人民公安大学出版社 2004 年版,第 205 页。

② 〔日〕平野龙一:《刑法的基础》,黎宏译,中国政法大学出版社 2016 年版,第 101—102 页。

③ 何赖杰:《论刑事诉讼法之传承与变革——从我国与德国晚近刑事诉讼法修法谈起》,载《月旦法学教室》第 100 期,2011 年 2 月。

④ 李海东主编:《日本刑事法学者(下)》,法律出版社、日本成文堂联合出版 1999 年版,第 158 页。

呼吁层面,也不能仅仅停留于宏观架构层面,而要着眼于微观问题实实在在地研究。要实现刑事实体法与程序法的深度融合,理论研究就必须实现"从天空到地面"的转变。

(1)理论研究应该关注实体与程序互动融合的具体制度。

事实上,有些具体制度原本就是实体和程序高度融合的,这些具体制度大多是微观的,但是理论研究并没有给予足够的关注,更缺乏对这些具体制度的深入交叉研究。不能因为规定在刑事诉讼法之中就归为单纯的程序问题,而与实体法完全割裂;也不能因为规定在刑法之中就归为单纯的实体问题,而与程序法完全割裂。刑法和刑事诉讼法中类似的问题比比皆是,比如认罪认罚从宽制度,2018 年《刑事诉讼法》修改时将该制度作为一项基本制度规定在刑事诉讼法总则之中,但是认罪认罚从宽的基本特征是程序从简、实体从宽,[①]前者是程序问题,后者是实体问题。为什么认罪认罚案件可以简化程序?简化到何种程度?如何保障认罪认罚的真实性、自愿性?如何保障各方当事人的权利?这些均是程序问题。为什么可以从宽?从宽到何种程度?与刑法中坦白、自首是何种关系?与罪刑法定、与罪刑均衡是何关系?与刑罚理论中的预防刑和责任刑有何关系?这些均是实体问题。由于认罪认罚从宽制度是规定在刑事诉讼法之中的,所以刑事诉讼法学界研究得如火如荼,但是刑法学界却很少涉足。一些刑法学者甚至质疑刑事诉讼法凭什么来规定"实体从宽",甚至认为只有刑法也进行相应的修改,才能实现认罪认罚从宽。类似观点均是缺乏刑事实体

---

① 参见孙谦:《检察机关贯彻修改后刑事诉讼法的若干问题》,载《国家检察官学院学报》2018 年第 6 期。

法与程序法一体化思想的表现。又如,追诉时效制度也是典型实体与程序交织的问题,有的国家把追诉时效问题规定在刑事诉讼法中,如日本的追诉时效规定在《日本刑事诉讼法》第250条。我国的追诉时效是规定在刑法中的,我国《刑法》第88条规定"在人民检察院、公安机关、国家安全机关立案侦查或者在人民法院受理案件以后,逃避侦查或者审判的,不受追诉期限的限制。被害人在追诉期限内提出控告,人民法院、人民检察院、公安机关应当立案而不予立案的,不受追诉期限的限制"。但是,这里的立案侦查、逃避侦查或审判、控告等都是刑事诉讼法制度,不从程序法上界定这些制度就无法准确理解和适用追诉时效。实践中出现了大量的追诉时效问题,如公安机关立案后,长期搁置而消极侦查的,是否影响追诉时效? 这里的立案是以事立案还是以人立案? 这里的被害人是犯罪学或刑法学意义上的被害人还是刑事诉讼法意义上的被害人? 这些问题,刑法教科书不会谈论,刑事诉讼法教科书也极少会谈论,导致这些实践急需解决的问题成为一块"研究飞地"。除此之外,还有推定制度、存疑有利于被告制度等均是实体与程序交织的问题。

有些刑法问题,如果不用程序思维进行研究,就会出现无解的局面;如果运用程序思维,可能会出现"柳暗花明又一村"的局面。例如,昆山反杀案发生后,有人质疑公安机关有无权力对构成正当防卫的案件直接撤案,为什么不是由法院作出无罪判决? 有刑法学者质疑道:这种由公安机关撤案的做法违背审判中心主义。[①]

---

① 参见冯军:《感谢网友们辛苦"拍砖",冯军的回应都在这里了》,载《法律与生活》杂志微信公众号 https://mp.weixin.qq.com/s/k-1lJzK7M3yeEMlNv2G1Cw,访问日期:2018年9月17日。

这是缺乏程序法思维的体现。无罪推定原则是程序法的根基,其内涵是未经判决不得确定任何有罪。但不能说任何人无罪,也都必须经法院判决。普通大众作为无罪之人,无须法院颁发"良民证"!

（2）实体法研究结论需要顾及证明问题。

毋庸置疑,刑法学具有自己特定的研究对象,具有特定的话语体系,理论的体系化、精细化、教义化都是必要的。但是刑法学终究是要解决实践问题的,实践性始终是刑法学的品格。为解决微观的具体实践问题,刑法理论研究成果或者理论观点的提出,就必须考虑实践中能否操作和运用,而可操作性的直接体现就是证明问题。刑法适用的前提是事实认定,而事实是依赖于证据和证明来认定的,实体形成的过程就是证明的过程。从这个意义上说,证明是实体法与程序法的"接头处"。我国传统刑法对分则罪名的研究,一个重要内容就是罪名之间的区分,动辄说两个罪名之间的区别在于有无非法占有目的、有无流氓动机、有无追求性刺激动机、行为是想窃取还是想骗取、主观上是故意还是过失等。很多罪名的界限竟然取决于行为人"心里是怎么想的",遮蔽了对行为本质特征的研究。问题是行为人"心里是怎么想的"在证据上如何证明呢？或许唯一直接的证明方法就是获得犯罪嫌疑人、被告人的"口供",导致"口供是证据之王""口供中心主义"盛行。当我们在谴责刑事诉讼中的"口供中心主义"的时候,我们是否想过刑法学是有责任的,甚至无意之中成为重要的"幕后推手"？笔者之所以坚定地坚守结果无价值论的立场,重要原因之一就是笔者从司法实践中感受到行为无价值论对主观要素的侧重所产生的切肤之痛。[①] 例如,有学者认为互殴是参与者在伤害故意和斗殴意图的支配下所实施的相互伤害的行为,并认为斗殴意图是指基于欺凌、报复、逞强斗狠、寻求刺激等动机而主动挑起斗殴或积极参与斗殴的主观心态(即伤害故意+斗殴意图)。[②] 但是,让笔者大惑不解的是,这里的"欺凌、报复、逞强斗狠、寻求刺激"如何证明? 在证据上如何区分出于防卫的动机还是出于报复的动机?[③] 又如,传统刑法理论讨论因果关系所提出的所谓直接因果关系与间接因果关系、必然因果关系与偶然因果关系,如何从证据上证明是直接还是间接的? 如何证明是必然的还是偶然的? 丝毫不考虑证明问题的刑法理论观点难以被司法实践所接受,也难以对司法实践有所贡献。这是加剧理论与实践脱节的重要原因。

　　证明问题还直接影响刑法立法。这种影响也体现在微观层面的具体罪名甚至某个罪名的具体要素上。刑法会因为罪名的某些要素难以证明,而逐渐淡化乃至取消该构成要件要素,甚至会直接在刑法中规定证明责任倒置。例如,生产、销售假药罪曾经是具体危险犯,《刑法》第 141 条曾规定"足以严重危害人体健康"的条件,但是这里的"足以严重危害人体健康"在实践中几乎无法证明。《刑法修正案(八)》删除了这一规定,变成了抽象危险犯,降低了证明难度。刑法理论上一般从风险社会、法益保护前置化的

---

① 参见李勇:《结果无价值论的实践性展开》,中国民主法制出版社 2013 年版,第 20 页以下。

② 参见邹兵建:《互殴概念的反思与重构》,载《法学评论》2018 年第 3 期。

③ 参见李勇:《互殴与防卫关系之检讨——以类型化的实体与程序规则构建为中心》,载《中国刑事法杂志》2019 年第 4 期。

角度来论证这种修改的原因,但是从刑事诉讼法的角度来说,这种修改也可以说是为了降低证明难度。刑法中有些罪名的某些要素因难以证明会导致该罪名的"僵尸化",例如我国《刑法》第 303 条第 1 款规定了赌博罪、第 2 款规定了开设赌场罪,其中第 1 款的赌博罪规定了两种行为方式,一是聚众赌博;二是以赌博为业。开设赌场、聚众赌博比较容易证明,而以赌博为业几乎无法证明。在一个法律上禁止赌博的国家,如何证明一个人是以赌博为业呢?所以,司法实践中因以赌博为业被判处赌博罪的案件几乎没有发生过,在实际上这个立法规定被"僵尸化"了。还有的构成要件要素因为难以证明而被司法实践或者司法解释逐步架空,例如受贿罪中的"为他人谋取利益",按理说这是受贿罪必备的主观构成要件要素,但是实践中因为难以证明,于是,最高司法机关不断通过规范性文件、司法解释等来弱化、消解这一主观构成要件要素。例如,《全国法院审理经济犯罪案件工作座谈会纪要》规定,"为他人谋取利益包括承诺、事实和实现三个阶段的行为。只要具有其中一个阶段的行为,如国家工作人员收受他人财物时,根据他人提出的具体请托事项,承诺为他人谋取利益的,就具备了为他人谋取利益的要件。明知他人有具体请托事项而收受财物的,视为承诺为他人谋取利益。"又如我国《刑法》第 395 条规定的巨额财产来源不明罪,就是典型的证明责任倒置,其核心理由就是降低证明难度。

总之,上述这些问题,从宏观层面高谈阔论刑事一体化是无法解决的,必须从具体的问题入手,从微观层面进行观察和研究。

(二) 从理论建构到解释学的转向

刑法教义学的发达促进了解释学的精细化,所以我们会有一种感觉,刑法中所有的条文几乎都被研究过。但是与此形成鲜明对比的是,我国的刑事诉讼法解释学较为落后,我们同样会有一种感觉,刑事诉讼法中几乎所有的条文都没有被深入研究过。原因就在于我国刑事诉讼法学多年来习惯于进行"理论建构"而忽略具体条文的解释。长期以来,粗线条研究和落后的解释学,直接投射到立法技术的粗糙上。2018 年《刑事诉讼法》修改出现了两个令人诧异之处:一是仅因增加部分条文,而打乱全部法典的条文序号。二是修改决定"自公布之日起施行"。这个"自公布之日起施行"的规定放在修改决定的最后一条,看似不起眼,实则兹事体大。素有小宪法之称的刑事诉讼法,如此大的修改,不仅增加了一些新的制度,还调整了整个法典的条文序号,司法实务部门在极短时间内来不及修改法律文书的条文引用,对新制度的适用需要很长一段适应期。这与刑事诉讼法学界长期以来"抓大放小"进行理论架构研究而忽略解释学研究是有关系的。这种情况在刑法修改过程中是不大可能出现的。

刑事诉讼法解释学的不发达,刑事诉讼法学者是有责任的,刑事诉讼法学者应当借鉴刑法教义学的方法和成果来提高刑事诉讼法解释学的水平。同样,刑法学者也有责任和义务来推动刑事诉讼法解释学的水平。比如,刑法学中的实质解释论与形式解释论,已经发展出了实质刑法观与形式刑法观的基本立场之争,[1]而刑

---

[1] 参见刘艳红:《实质刑法观》(第二版),中国人民大学出版社 2019 年版,第 164 页以下。

事诉讼法中还在为被告人在供述笔录上填写"以上笔录,你已看过和我说的一样"能不能作为定案根据而争论不休。当前,我国刑事诉讼法已经建立了相对完备的非法证据排除规则,但对于什么是非法证据、什么是瑕疵证据,二者如何区分,远未达成共识。《刑事诉讼法》第 56 条对物证、书证的排除设定了"可能严重影响司法公正"的条件,如何理解这里的"可能严重影响司法公正",学界研究得不够深入。《刑事诉讼法》第 52 条规定了严禁"引诱、欺骗",而第 56 条没有列举"引诱、欺骗"作为非法证据排除,引诱、欺骗要不要作为非法证据排除,什么情况下排除,都需要精细化的解释学研究。笔者曾尝试将刑法学中的实质解释论引入刑事证据法的解释之中,对非法证据与瑕疵证据的区分提出先形式判断后实质判断的"二分法",实践证明是富有成效的。[1] 笔者还尝试将刑法中犯罪构成阶层论的思维引入证据法的解释中,提出证据能力与证明力之间的二阶层关系,在判断顺序上,与犯罪构成三阶层具有异曲同工之处,即第一步先判断证据的证据能力,如果没有证据能力,直接作为非法证据排除,无须进入第二步的判断;如果有证据能力,才进入第二步的证明力判断。[2]

(三) 两大法系从裂解走向弥合

如前所述,我国刑事实体法与刑事程序法分别在大陆法系和英美法系两个轨道上前行。对于我国刑事诉讼改革来说,既要合理借鉴英美法系的合理因素,更要吸收大陆法系的基本制度。但

---

① 参见李勇:《刑事证据审查三步法则》,法律出版社 2017 年版,第 50 页以下。

② 参见李勇:《重视证据能力与证明力之证据判断功能》,载《检察日报》2017 年 12 月 31 日,第 3 版。

是,多年来,我国的刑事诉讼制度从基本概念到制度设计,忽略了我国整体上属于大陆法系的法律文化传统,盲目推崇英美法系。这种现象是值得反思的。例如,非法证据排除在美国是指证据准入资格,也就是排除其进入法庭、被陪审团接触的资格。一些学者盲目将我国的非法证据排除也界定为证据进入法庭的准入资格问题,其实我国既没有陪审团,也不存在非法证据不得进入法庭的问题,而是能不能作为定案根据的问题。我国的非法证据排除其实与德国类似,是指不得作为定案根据,也就是无证据能力的证据,属于证据使用禁止。我国《刑事诉讼法》第 52 条和第 56 条恰恰对应于德国的证据法理论中的证据取得禁止和证据使用禁止。我们需要转换思路,拉近与大陆法系的距离。又如,一些学者批评印证证明模式,[1]事实上,印证是大陆法系普遍遵守的经典证明规则,特别是对言词证据的审查。19 世纪享誉欧洲的德国证据法大师密特麦尔指出,证人证言的证明力基础条件之一就是"证人证言与其他证据应形成印证"[2]。印证作为判断证明力的基本方法,与我国整体上属于大陆法系职权主义诉讼结构是相适应的,也与我国刑事诉讼的现实和传统是相适应的。[3] 实体刑法上的大陆法系传统与刑事诉讼法上的英美法系传统,理论上英美法系占据话语主导权与实践上亲近大陆法系,这双重矛盾或许是导致我们刑事诉讼制度改革诸多问题难以解决的深层次原因。

---

① 参见周洪波:《中国刑事印证理论批判》,载《法学研究》2015 年第 6 期。

② 施鹏鹏:《跨时代的智者——密特麦尔证据法思想述评》,载《政法论坛》2015 年第 5 期。

③ 参见李勇:《印证证明模式的重新审视》,载《人民检察》2019 年第 5 期;李勇:《坚守印证证明模式》,载《检察日报》2015 年 7 月 9 日,第 3 版。

　　国内很多学者认为当事人主义诉讼制度要优于大陆法系职权主义诉讼制度，但是这种判断可能是存在问题的。职权主义原则是否一定不妥？当事人进行主义是否一定优于职权主义，都必须慎重考虑。德国的刑事制度采取职权原则与调查原则的制度，并未见有人批评该国司法制度不符合时代需求或司法欠缺公信力。① 1999 年 5 月 13 日至 16 日，在德国 Halle 大学举行的刑法学家年会上，日本学者高田昭正、宫泽浩一、山中进一等教授都毫不讳言地指出，日本虽然实施以当事人主义为主的诉讼制度，却仍有许多制度上的问题必须借鉴德国的经验，高田教授更语重心长地说，台湾地区应该寻找适合自身情况的刑事诉讼制度，不必学习美国，也不必向往日本。② 笔者观察我国台湾地区学者的研究成果，发现一个有趣的现象，那就是对德国刑法学有深入研究的学者对刑事诉讼法学都有一些交叉研究，而且基本对大陆法系的刑事诉讼制度赞赏有加，前文提到的林钰雄教授如此，张丽卿教授亦如此。"别迷失在主义的丛林中，美国当事人进行主义已经沦为诉讼禁忌，而非发现真实，日本的以当事人进行主义为外表的制度，已经有审判空洞化的危机，这件事是让我们忧心，难道只要采取当事人进行主义，就能将刑事司法的一切弊端都改革了吗？"③我们似乎应当关注比较证据法学者达玛斯卡所提醒的，"必须回到他们自己的法律文化中，在那里才能寻找到他们正在衰败之制度的疾患

---

① 参见张丽卿：《刑事诉讼制度与刑事证据》，中国检察出版社 2016 年版，第 8 页。
② 同上书，第 8 页，注释 2。
③ 同上书，第 4 页，注释 4。

治疗法"①。刑事诉讼法学的研究应该更加关注大陆法系,逐步与刑事实体法在法系方向上逐步靠近、弥合,实现实体与程序的深度交叉和融合。

五、结　语

刑事一体化在观念层面已经取得广泛共识,深入人心,但真正走向深入还有很长的路要走。刑事一体化并非要抹平学科之间的界限,也并非反对专业化、精细化和教义化,而是要以开放和交叉的思维研究具体法律问题,这样更能促进各自学科的深入发展。如果说,此前的刑事一体化处于理念倡导和宏观呼吁的历史阶段,那么,现在就到了深度一体化的时代! 深度一体化就是高度的融合和深度的交叉,而真正高度融合、深度交叉的问题大都寄生于具体的法律争端、具体的实践问题。从这个意义上来说,跨越刑事实体与程序的鸿沟是深度刑事一体化的第一步!

---

① 〔美〕米尔建·R.达马斯卡:《漂移的证据法》,李学军等译,中国政法大学出版社2003年版,第209—210页。

正当防卫实体及程序难题研究*

　　山东聊城于欢案、江苏昆山于明海案,将刑法中正当防卫这一"沉睡"条款激活。实践中确实存在大量本该认定为正当防卫的行为而被作为犯罪处理,这是值得我们反思的。从司法适用的角度来看,正当防卫面临着诸多实体性和程序性难题,本文拟对其中几个常见的实体及程序难题进行分析。

一、正当防卫中的"不法侵害"问题

　　根据我国《刑法》第 20 条第 1 款之规定,我国刑法理论通说认为,不法侵害是正当防卫的起因条件,没有不法侵害就谈不上正当防卫。如何理解这里的"不法侵害"就成为首要的问题。

　　(一)"不法侵害"是否限定为暴力侵害

　　实践中发生的正当防卫案件,大多数是针对暴力侵害行为,加之《刑法》第 20 条第 3 款的特殊防卫限于暴力行为,就产生了对非暴力侵害是否可以进行正当防卫的问题。笔者认为,正当防卫所针对的不法侵害可以是对人身的暴力侵害,也可以是对财产、自

＊　原文发表于《中国检察官》(经典案例版)2018 年第 9 期,收入本书时有修改。

由、名誉等以相对平和的方式进行的侵害。

首先，从刑法的规定上看，《刑法》第 20 条第 1 款并没有将正当防卫的起因条件限定为暴力不法侵害，而只是规定"为了国家、公共利益、本人或者他人的人身、财产和其他权利免受正在进行的不法侵害"。从刑法的这一规定来看，这里的不法侵害既可以是针对人身权利，也可以针对财产权利，还可以是其他权利；对行为方式并没有限定为暴力方式。德国学者罗克辛也认为，正当防卫"在原则上是所有个人法益都具有的，也就是生命、健康、自由、财产、保管（Gewahrsam）、婚姻、房屋权，等等"①。但是，在我国司法实践的传统观念里，似乎难以接受针对盗窃等以平和方式侵害财产权的行为进行正当防卫。②

其次，正当防卫作为阻却违法事由，无论采取我国和日本刑法理论通说的法益衡量说，还是德国刑法理论流行的个人保护（保全）说、法保护（法确认）说，都不会将不法侵害限定为暴力侵害。为了保护更优越的法益，即使不是暴力侵害，只要具备紧迫性等其他正当防卫的要件，就可以进行正当防卫；同样，为了保全个人利益或确认法规范、法秩序的有效性，即使是非暴力侵害，该防卫的也要进行防卫，比如下面这个案例：

> [**案例 1**]张某某陷入传销组织，身份证和手机被没收，即使上厕所也得两三人跟踪看守，被非法拘禁近 20 天，期间受

---

① 〔德〕克劳斯·罗克辛：《德国刑法学总论（第 1 卷）：犯罪原理的基础构造》，王世洲译，法律出版社 2005 年版，第 434—435 页。

② 具体案例参见王楷：《男子追小偷致其摔倒身亡或担刑责回应：审查起诉阶段》，载网易新闻 http://news.163.com/16/1115/18/C5UEAT22000187V8.html，访问日期：2018 年 9 月 17 日。

到多次殴打,多次逃跑未能成功。2018 年 2 月 10 日凌晨,张某某在监管人员王某某的看守下上厕所时,双方发生争执,王某某被指动手掐住了张某某的脖子,张某某反击时用羽绒服帽檐上的带子将对方勒死。①

此案中,张某某在传销组织被非法限制人身自由,其人身自由正在遭受不法侵害,应当说是符合正当防卫起因条件的。

最后,司法实践将正当防卫的紧迫性条件错误地理解为行为方式只能是暴力。事实上,不管不法侵害的对象是人身权还是财产权甚至人格权,也不论行为方式是暴力的还是平和的,关键在于要符合紧迫性的要求,也就是正当防卫所针对的不法侵害必须是急迫的,即"是指法益侵害的危险是紧迫的,或者法益侵害现实存在或者已经迫近。在存在这种状况的场合,无暇去寻求公权力机关的保护,为了保护正面侵害之危险的法益,就有必要去实施某种反击行为",正是基于此,"正当防卫和紧急避险一同被称为紧急行为"②。

(二)"不法侵害"中的"不法"如何理解

正当防卫中的不法侵害之"不法"是仅限于犯罪行为,还是包括一般违法行为? 我国刑法学界对此有争议。但通说认为,这里的"不法"不需要达到构成犯罪的程度,既可以是犯罪行为,也可以是其他一般的违法行为。司法实践应当坚守通说观点。

第一,我国《刑法》第 20 条使用的是"不法",并没有使用"犯

---

① 参见王万春等:《"云南小伙反杀传销监工案"调查:被女网友骗入组织,多次逃跑未果》,载"澎湃新闻"微信公众号 https://mp.weixin.qq.com/s/7AmxHt5kQfXyB1TTvshKMQ,访问日期:2018 年 9 月 17 日。

② 〔日〕山口厚:《刑法总论(第 3 版)》,付立庆译,中国人民大学出版社 2018 年版,第 121 页。

罪",因此,从文理解释的角度来说,没有理由将不法侵害限定为犯罪行为。"要称为'不法',没有必要非得是该当了构成要件的'侵害'。"①

第二,正当防卫作为一种紧急自卫权,在当时急迫的情况下,要求防卫人判断对方行为是构成犯罪还是一般违法,是不现实的。比如对方的殴打行为是否可能导致轻伤以上后果、对方的盗窃财物是否可能达到数额较大的标准,防卫人根本无法判断。

二、对无责任能力的人能否防卫的问题

对于未达刑事责任年龄、不具有刑事责任能力的人的不法侵害,能否正当防卫?这是我国刑法理论颇具争议的问题,传统学说认为正当防卫中的不法侵害只能是达到刑事责任年龄、具有刑事责任能力的人的行为(以下简称责任能力必要说)。刑法学者冯军教授在评论昆山于明海案时也持类似观点。②

笔者认为,责任能力必要说是不妥当的,司法实践中应当舍弃这种观点。

首先,我国《刑法》第 20 条第 1 款中的"不法侵害"并没有排除儿童、无责任能力的精神病人和醉酒者实施的侵害行为。如前所述,如果认为这里的"不法"仅仅是刑法上的刑事不法,根据犯

---

① 〔日〕山口厚:《刑法总论(第 3 版)》,付立庆译,中国人民大学出版社 2018 年版,第 120 页。

② 参见冯军:《感谢网友们辛苦"拍砖",冯军的回应都在这里了》,载《法律与生活》杂志微信公众号 https://mp.weixin.qq.com/s/k- 1lJzK7M3yeEMlNv2G1Cw,访问日期: 2018 年 9 月 17 日。

罪构成三阶层理论,不法也应当属于违法性阶层,行为人有无达到责任年龄、有无责任能力属于有责性阶层的问题。责任能力必要说其实是早已过时的主观违法性论的立场。但是在客观违法性论占据主流的背景下,固守主观违法论是不合时宜的。如果认为这里的"不法"还包括其他违法行为,那么就更没有理由限定为达到责任年龄、具有责任能力的人的行为,因为即使未成年人或精神病人侵害他人利益,其法定监护人也应当承担侵权责任,依然属于违法行为,在法律上也不会评价其为合法行为。

其次,正当防卫作为阻却违法事由,本质上是为解决现实生活中的利益冲突问题,为保护一种利益而牺牲另一种不值得保护的利益。从这个意义上讲,只要是侵害法益的行为,不管有无责任能力,为了保护处于优越地位的利益,就可以进行正当防卫。即使针对酩酊大醉的人、精神病人、儿童、陷入错误认识的人、有过失行为的人造成的侵害也允许进行正当防卫。① 这是正当防卫的立法初衷。

最后,正当防卫作为一种紧急情况下的自救行为,在行为当时难以苛求防卫人去判断对方是否达到责任年龄以及是否属于无责任能力的精神病人。否则,不利于保护防卫人的合法利益,也违背基本的常理,比如下面这个案例:

> [**案例 2**]王某某(13 周岁半,身高 170cm)跟随其父母一起参加邪教组织"全能神",受邪教蛊惑,在一快餐店持刀追砍一女被害人张某某。面对这一突如其来的袭击,张某某随手拿起椅子砸向王某某,将王某某手中的刀打掉,并导致王某

---

① 参见〔德〕汉斯·海因里希·耶塞克、〔德〕托马斯·魏根特:《德国刑法教科书》,徐久生译,中国法制出版社 2001 年版,第 408 页。

某手臂骨折(经鉴定,为轻伤)。

按照责任能力必要说,由于王某某只有 13 周岁,属于无责任能力人,不能正当防卫,张某某构成故意伤害罪。这个结论恐怕是难以接受的。面对突如其来的砍杀,张某某无法判断王某某是否已满 14 周岁。责任能力必要说为了解决这一不合理性又提出具体问题具体分析的方案,即如果防卫人不知道不法侵害者为无责任能力的人,可以实行正当防卫。如果防卫人知道不法侵害者为无责任能力的人,不得实行正当防卫;知道但别无他法可以避免的情况下也可以实行正当防卫。① 这种解决方案在逻辑上不能自洽,按照主观违法性论的立场,对无责任能力者是不能进行正当防卫的,但这里又提出特定情况下可以进行正当防卫,这种理论上自相矛盾是难以接受的。况且,将能不能实行正当防卫奠定在防卫人"知不知道""能不能躲得掉"上面,太过恣意。

三、防卫的限度问题

我国《刑法》第 20 条第 2 款规定:"正当防卫明显超过必要限度造成重大损害的,应当负刑事责任,但是应当减轻或者免除处罚。"司法实践中,如何把握防卫的限度?笔者认为,我国的正当防卫限度标准应当坚持的标准:一是必要性原则;二是优越利益(法益衡量)原则。

第一,防卫限度的标准不能逾越刑法立法的规定。我国《刑法》第 20 条第 2 款关于防卫过当的立法标准是明确的:一是不能

---

① 参见高铭暄:《刑法专论》(第二版),高等教育出版社 2006 年版,第 426 页。

明显超过必要的限度,也就是必要性原则。这里的必要性可以借鉴德国刑法理论,即"为了制止攻击,基于客观的事前判断,防卫必须是适当的……说防卫是不是必要的,说的是防卫的行为,而不是防卫的结果。也就是说,考察的是防卫行为的性质和方式"①。二是不能造成不应有的重大损害。是否造成了不应有的重大损害,基本的判断标准就是优越利益(法益衡量)原则,即不能造成显著的法益不均衡,这是用来限制必要性的。换言之,不能认为只要是排除不法侵害所必要的行为,无论造成多大的损害,都是正当的。必要性原则必须受到法益衡量原则的约束,这一点不能盲目移植德国那种"宽泛和凌厉"的正当防卫权。像德国那种开枪打死偷苹果的少年也成立正当防卫的观念,恐怕是国人无法接受的,我们不能从一个极端走向另一个极端。

至于《刑法》第 20 条第 3 款的特殊防卫问题,笔者赞同刘艳红教授的观点,即这一规定是特殊防卫而不是无限防卫,不存在没有任何极限和边界的正当防卫。② 特殊防卫是针对严重暴力侵害的防卫,其本身也受必要性和优越利益原则的约束。《刑法》第 20 条第 3 款设定了两个限制条件,一是"严重危及人身安全的暴力犯罪",这其实就是必要性条件;二是"造成不法侵害人伤亡",这其实就是法益衡量(优越利益)原则。与《刑法》第 20 条第 1 款相比,在限度标准上,没有本质上的差别。至于《刑法》第 20 条第 3 款中"行凶"的界定并不困难,就是可能严重危及人身安全的暴力行为。

---

① 〔德〕乌尔斯·金德霍伊泽尔:《刑法总论教科书(第六版)》,蔡桂生译,北京大学出版社 2015 年版,第 167 页。
② 参见刘艳红:《走向实质的刑法解释》,北京大学出版社 2009 年版,第 64 页以下。

第二,从司法判例的立场来看,必要性原则和优越利益(法益衡量)原则是可接受的。山东聊城于欢案二审判决指出,"评判防卫是否过当,应当从不法侵害的性质、手段、紧迫程度和严重程度,防卫的条件、方式、强度和后果等情节综合判定……在催债过程中未携带、使用任何器械……致一人死亡、二人重伤、一人轻伤,且其中一人系被背后捅伤,应当认定于欢的防卫行为明显超过必要限度造成重大损害"①。从该案判决书的表述来看,在必要性原则上,主张综合"不法侵害的性质、手段、紧迫程度和严重程度"以及对方有无"携带、使用任何器械"的"武器对等"角度进行判断;在法益衡量原则上认为"致一人死亡、二人重伤、一人轻伤"明显超过必要限度。

笔者认为,就司法适用而言,归纳出可操作的规则可能比原理本身的探讨更为重要,在操作上应当把握以下几个规则。

(一)在必要性与优越利益(法益衡量)的关系上,应当坚持必要性审查在先,法益衡量在后

先进行必要性的判断,如果所采取的防卫手段是不必要的,则无须进行第二步的判断,直接认定防卫过当;如果符合必要性原则,则接下来进行第二步的法益衡量,通过法益衡量来判断是否造成了显著的法益失衡。实践中,要避免两种倾向:一是先进行法益衡量,"唯结果论",认为只要造成重大伤亡的损害后果就一定是防卫过当。比如下面这个案例:

[**案例3**]犯罪嫌疑人蓝某在家中睡觉,忽然感觉有人偷

---

① 山东省高级人民法院(2017)鲁刑终 151 号刑事附带民事判决书。

窃其养殖的家禽,偷窃家禽的陈某随即奔逃,蓝某随后追赶欲
抓捕陈某。蓝某追了一段后,抓住陈某的左手衣袖,陈某用力
挣脱,因雨天路滑,陈某侧身摔倒,致颅脑损伤,经抢救无效死
亡。公安机关以蓝某涉嫌过失致人死亡罪移送检察机关审查
起诉。①

如果先看后果,造成了陈某死亡,表面上看,损害的生命权与保全
的财产权似乎不均衡,很容易得出防卫过当的错误结论。但是,如果
先判断必要性,按照一般人的认知,发现小偷上前抓捕、扭送是理所当
然的,蓝某的追赶行为以及拉衣袖的行为都是在必要限度之内,不属
于防卫过当。至于小偷挣脱摔倒死亡,那是其自我答责,属于意外事
件。二是只要是排除侵害所必要的手段,无论造成多大的损害,一概
认为不属于防卫过当。这种错误倾向就忽略了法益衡量对必要性的
限制作用,从一个极端走向另一个极端,会导致防卫权的滥用。

（二）正当防卫的优越利益是质的优越,不是简单的量的计算

与紧急避险不同,正当防卫所侵害的利益即使大于所保护的
利益也并不一定是防卫过当,比如下面这个案例:

[**案例4**]被告人甲与乙发生口角,乙使劲揪住甲的衬衫
往上勒,甲为了挣脱而拳击乙的脸部,乙后脑着地,因脑障碍
而死亡。②

---

① 王楷:《男子追小偷致其摔倒身亡或担刑责 回应:审查起诉阶段》,载网易新闻 http://
news.163.com/16/1115/18/C5UEAT22000187V8.html,访问日期:2018 年 9 月 17 日。
② 参见〔日〕西田典之:《日本刑法总论》,刘明祥、王昭武译,中国人民大学出版社
2007 年版,第 131 页。

这种情况下,被告人甲的利益处于优越地位,为了挣脱而用拳头击打,在必要性的范围之内,即使造成因脑障碍而死亡的损害后果,依然不属于防卫过当。衡量的关键在于判断是否处于优越地位:"被侵害者的优越地位不是量的,而是所谓的质的优位性、优越性。"①正如张明楷教授所指出的:"通过防卫人本质的优越地位的确认与上述全面比较就会发现,正当防卫所造成的损害并不大于其所避免的损害;人们通常所说的'正当防卫所造成的损害大于所避免的损害'只是一种表面现象,或者只是就结局进行的静态比较,其中忽视了不法侵害造成的危险以及防卫人的优越地位。如果全面考虑不法侵害的各种危险以及防卫人的优越地位,就不会认为正当防卫造成的损害大于所避免的损害。"②

(三)攻击型防卫和防御型防卫注意区分

攻击型防卫是指为了立即制止不法侵害而对侵害人实施反击;防御型防卫是指并不是排除侵害本身,而是单纯地防止被害发生。防御型防卫的手段限制要比攻击型防卫宽,武器对等原则应当仅适用于攻击型防卫。原因在防御型防卫面对侵害人的攻击,处于优越地位,没有其他更优的行为选择,为了回避侵害,而采取必要手段,只要不是为了保护显著轻微的法益,原则上就不属于防卫过当,例如下面这个案例:

[**案例5**]一女子在站台上等车,被醉酒男子骚扰和纠缠,

---

① 〔日〕山口厚:《刑法总论(第3版)》,付立庆译,中国人民大学出版社2018年版,第116—117页。
② 张明楷:《正当防卫的原理及其运用——对二元论的批判性考察》,载《环球法律评论》2018年第2期。

该男子还抓住女子的大衣领,该女子出于想要摆脱侵害的目的,推搡男子,该男子从站台上跌落轨道,而被夹死在驶入的电车与站台之间。[①]

这个案例中,行为人作为女性,为了预防侵害,推搡挣脱的行为,在当时情况下属于不得已而采取的回避侵害的手段,属于防御型防卫,并不过当,该男子的死亡属于意外事件。但是在攻击型防卫中就会不同,比如发现小偷盗窃财物,原本可以通过呵斥、抓捕甚至伤害等方法来保全,但是却直接开枪将小偷击毙,这属于直接制止不法侵害的攻击型防卫,这时造成的侵害与保全的利益相比,显然是失衡的,因而是过当的。

(四)"一体性(整体性)"规则

在进行必要性原则的判断时,对于不法侵害和防卫行为在时间和空间上有连续性、持续性的场合,不宜将行为切割为片段而进行分段考察,应当坚持"一体性(整体性)"规则。比如在昆山于海明案件中,刘海龙的不法侵害是一个持续的过程,刘海龙先是下车对于海明拳打脚踢,后又返回车内取出砍刀,对于海明连续数次击打,刀甩落在地后,又上前抢刀,被致伤后,仍没有放弃侵害的迹象,不法侵害整体上处于持续状态。"一体性(整体性)"规则的具体判断标准,一是行为在客观上具有时间和空间的连续性、延续性;二是不法侵害人在主观上的不法侵害意图的同一性和防卫人防卫意思的同一性。对此,日本学者山口厚指出,"有些时候就需要,不是将个别行为分别作为判断对象,而是将一系列行为作为一

---

① 参见〔日〕前田雅英:《刑法总论讲义(第6版)》,曾文科译,北京大学出版社2017年版,第243页。

个整体(一体性),进行整体判断"①。

(五)"动态、情境"规则

采取何种防卫手段才是适当的,不能从事后损害后果这一静态的立场去评价,而应在当时的情境之下,根据社会一般人的观念进行动态评价。"将具有一般理解力、行动力的'社会一般人'放在事件发生当时的境地进行客观的观察,即假设有一个处于与防卫人情状相同的、有通常理解能力、冷静且理智的第三人,在行为当时的特殊'情境'下,按照防卫人所处的实际地位,究竟会有何种反应。"②前述案例1,行为人被传销组织非法拘禁近20天,期间多次向外界求助以及逃跑未能成功,多次受到殴打,从一系列情形进行动态考量,就会得出属于正当防卫的结论。

四、正当防卫案件的结案程序问题

成立正当防卫的行为不构成犯罪,在程序上是通过法院判决宣告无罪,还是由检察机关做出不起诉决定,还是由公安机关直接撤销案件? 这个问题以往并没有引起重视,昆山于海明案将这个问题推到了风口浪尖。刑法学者冯军质疑道:"涉及是否属于正当防卫的性质认定问题,行为性质的认定问题也能由公安机关决定吗? 人命关天的事,没有律师代表死者在法庭上辩论就作出结论,是否有失公平? 这样的做法是否与中央'以审判为中心'的司法

---

① 〔日〕山口厚:《刑法总论(第3版)》,付立庆译,中国人民大学出版社2018年版,第138页。

② 周光权:《正当防卫成立条件的"情境"判断》,载《法学》2006年第12期。

改革方案背道而驰?"①

　　在笔者看来,冯军教授的上述疑虑完全是误解。首先,根据无罪推定原则,无罪的行为由公安机关撤案并无不当。无罪推定的基本含义就是任何人未经判决确定有罪前,应推定其无罪。但是由此能不能推导出要确定一个人无罪也必须经法院判决呢? 显然不能。要让法院对天下所有无罪之人都判决无罪,类似于颁发"良民证",岂不荒谬?! 无罪推定原则是为了保障犯罪嫌疑人或被告人的人权,在判决前推定其无罪,从而有效保障其各项诉讼权利,并让控方承担证明责任,从而成为"保护犯罪嫌疑人、被告人自由的壁垒"②。因此,要定某一个人的罪,必须经法院判决;要想确定某一个人无罪,则未必要经过法院判决。

　　其次,如果明显不构成犯罪的正当防卫案件都要由法院判决,那么必然涉及对防卫人的刑事强制措施,不利于保障防卫人的人权。结案程序越提前越有利于保障防卫人的人权。比如,昆山于海明案,如果要法院来宣告其无罪,这意味着从侦查到判决,于海明需要被羁押半年之久。试想,一个无罪之人为了等待法院的一纸宣告,牺牲半年的自由,这无法令人接受。即便是取保候审,作为一种刑事强制措施依然会影响当事人的重大权利。

　　因此,关于正当防卫的程序问题,可以进行如下处理:①对于明显成立正当防卫不构成犯罪的,可以由公安机关撤案或检察机

①　冯军:《感谢网友们辛苦"拍砖",冯军的回应都在这里了》,载《法律与生活》杂志微信公众号 https://mp.weixin.qq.com/s/k-1lJzK7M3yeEMlNv2G1Cw,访问日期:2018 年 9 月 17 日。
②　陈光中、张佳华、肖沛权:《论无罪推定原则及其在中国的适用》,载《法学杂志》2013 年第 10 期。

关绝对不起诉;②对于是否属于正当防卫或防卫过当存在疑问的,可以由检察机关进行审查后决定起诉或不起诉。如果检察机关作出不起诉决定则程序终结;如果检察机关提起公诉则由法院判决以确定是否有罪;③对于明显属于防卫过当或者明显不成立正当防卫的,应当由法院判决确定。

自诉转公诉正当性的实体与程序双重考察[*]

——评杭州郎某、何某网络诽谤犯罪案

2020 年 7 月 7 日 18 时许，郎某在杭州市余杭区某小区东门快递驿站内，使用手机偷拍正在等待取快递的被害人谷某，并将视频发布在某微信群。后郎某、何某分别假扮快递员和谷某聊天，捏造谷某结识快递员并多次发生不正当性关系的微信聊天记录。为增强聊天记录的可信度，郎某、何某还捏造"赴约途中""约会现场"等视频、图片。7 月 7 日至 7 月 16 日期间，郎某将上述捏造的微信聊天记录截图 39 张及视频、图片陆续发布在该微信群，引发群内大量低俗、侮辱性评论。8 月 5 日，上述偷拍的视频以及捏造的微信聊天记录截图 27 张被他人合并转发，并相继扩散到 110 余个微信群（群成员约 2.6 万）、7 个微信公众号（阅读数 2 万余次）及 1 个网站（浏览量 1000 次）等网络平台，引发大量低俗、侮辱性评论，严重影响了谷某的正常工作生活。8 月至 12 月，此事经多家媒体报道引发网络热议，其中，仅微博话题"被造谣出轨女子至今找不到工作"阅读量就达4.7 亿次、话题讨论 5.8 万人次。该事件在网络上广泛传播，给

---

[*] 原文发表于"最高人民检察院"微博 https://weibo.com/ttarticle/p/show?id=2309404588316044427427，访问日期：2020 年 12 月 31 日。

广大公众造成不安全感,严重扰乱了网络社会公共秩序。

被害人谷某于 2020 年 10 月 26 日向杭州市余杭区人民法院提起自诉,12 月 14 日,杭州市余杭区人民法院对自诉予以立案。2020 年 12 月 25 日,根据杭州市余杭区人民检察院建议,杭州市公安局余杭分局对郎某、何某涉嫌诽谤案立案侦查。

同一事实,自诉已经提起的情况下,能否以及如何转为公诉呢？这里既涉及刑事实体法也涉及刑事程序法,需要仔细厘清。笔者的基本观点是,此案自诉转公诉在实体和程序上均具有正当性,在程序操作上,检察机关建议公安机关立案侦查是可行的,但检察机关应在被害人撤回起诉后才能提起公诉,并将这种裁判规则以指导性案例的形式进行固化,为同类案件提供操作指引。

一、实体正当性分析

诽谤罪原则上属于"告诉才处理"的自诉案件,但是特定情况下也可以转为公诉案件。《刑法》第 246 条第 1 款规定:以暴力或者其他方法公然侮辱他人或者捏造事实诽谤他人,情节严重的,处 3 年以下有期徒刑、拘役、管制或者剥夺政治权利。第 2 款规定:前款罪,告诉的才处理,但是严重危害社会秩序和国家利益的除外。

从《刑法》的上述规定可以看出,诽谤罪原则上是自诉案件,但特殊情况下可转为公诉。因此,从实体法的角度来说,自诉转公诉具有法律依据。

从实质解释的角度来说,诽谤罪保护的是个人的人格法益,属于个人专属法益。因为属于侵害私人法益的轻罪,加之该罪通常发生于熟人、亲朋、邻里之间,所以立法上将其设定为"告诉才处理"。但是当诽谤行为侵害的法益"溢出"个人专属领域之外,而侵害到国家法益和社会秩序等集体法益的时候,就可能引发公诉权的启动。因此,《刑法》第246条第2款将"严重危害社会秩序和国家利益"作为诽谤罪转为公诉的法定条件。

问题是,如何理解这里的"严重危害社会秩序和国家利益"呢?本案是否符合这一条件呢?《关于办理利用信息网络实施诽谤等刑事案件适用法律若干问题的解释》规定了7种情形:①引发群体性事件的;②引发公共秩序混乱的;③引发民族、宗教冲突的;④诽谤多人,造成恶劣社会影响的;⑤损害国家形象,严重危害国家利益的;⑥造成恶劣国际影响的;⑦其他严重危害社会秩序和国家利益的情形。就本案而言,前六种情况均不符合,可以适用的只有第7项的兜底条款,即"其他严重危害社会秩序……的情形"。在司法实践中,兜底条款的适用是极其慎重的,但是本案并非适用的是《刑法》的兜底条款,而是司法解释的兜底条款。司法解释本来就是对《刑法》条文的解释而非对《刑法》条文的修改。因此,能否适用该司法解释的兜底条款就必须回到对《刑法》条文本身的解释上。

笔者认为,本案适用该司法解释的兜底条款具有正当性。我们需要结合网络社会的特征和《刑法》第246条第2款的实质内涵来理解"其他严重危害社会秩序的情形"。

我们已经进入web 3.0时代①,随着智能手机的普及,社会生

---

① 参见刘艳红:《Web 3.0时代网络犯罪的代际特征及刑法应对》,载《环球法律评论》2020年第5期。

活全面网络化,人类赖以生存的社会呈现出线下传统社会与线上网络社会的二元结构。人们习惯于将网络社会称为虚拟社会,其实这种称呼在 web 3.0 时代并不准确。web 3.0 时代的网络社会早已"脱虚向实",并不"虚拟",已经被赋予社会意义,已经成为人类生存、生活、生产的实实在在的现实场域。在 web 3.0 时代,通过网络实施诽谤行为,对个人和社会所造成的损害不是"虚拟"的,而是"实实在在"的。由于网络社会具有开放性、快捷性等特点,网络犯罪行为与后果呈现出海量化的扩散和繁殖效应。这样一来,传统社会的诽谤罪在熟人之间、亲朋、邻里之间,只限于个体法益的侵害,就发生微妙的变化。诽谤的流言蜚语借助网络甚至能够"杀人于无形""社会性死亡"这一网络词语的出现可谓是这种严重危害性的生动写照,对网络传播真实、合法的有序状态造成严重损害,而网络秩序是社会秩序的重要组成部分,如此必然会侵害社会秩序。更为重要的是,本案的行为人与被害人素不相识,仅仅下楼拿一个快递就被犯罪分子命中,此案的被害人对于行为人来说是不特定的,今天是谷某,明天就可能是王某、李某,这种"隔墙扔砖头砸到谁是谁"的不特定性,会导致网络时代的社会人群人人自危,缺乏安全感,这恰恰侵犯的是一种秩序法益。上述两个方面叠加,导致此案侵害的法益已经从个人法益领域步入社会秩序这一集体法益领域。这样就在本质上符合了《刑法》第 246 条第 2款规定的"严重危害社会秩序",也自然就符合司法解释中的"其他严重危害社会秩序的情形"。

二、程序正当性分析

第一,可以肯定的是,目前检察机关建议公安机关立案侦查是合理、合法的。检察机关是国家的法律监督机关,具有侦查监督的职能。《刑事诉讼法》规定,人民检察院依法对刑事诉讼实行法律监督,包括对立案的监督。就本案而言,检察机关发现此案可能"严重危害社会秩序",有权监督公安机关立案侦查。《德国刑事诉讼法》第 377 条也有类似规定,即当法院认为应由检察机关来进行追诉时,则应将卷宗移交给检察官。需要特别指出的是,检察机关此时并没有提起公诉,只是建议公安机关进行立案侦查,因此,并不存在同一事实既有自诉又有公诉的问题。就此阶段而言,并不存在违背"禁止双重危险"原则的问题。

第二,在检察机关提起公诉时,自诉程序应当停止。就同一事实而言,审判机关不能两次受理,也不能两次、同步审理,这是"禁止双重危险"的内在要求。我国台湾地区《刑事诉讼法》第 303 条规定,已经提起公诉或自诉之案件,在同一法院重新起诉者,法院不予受理。至于有学者提出,公诉程序自动"吸收""合并"自诉,是值得商榷的。自诉与公诉既非并列关系也非补充关系,不存在"吸收"与"合并"问题。正如林钰雄教授所言"犯罪之被害人就同一案件,固分别有告诉及自诉之权,然二者应互相消长,不得同时行使"。理论上说,自诉与"告诉才处理"的案件,在诉讼程序法律效力确定之前,均可撤回起诉,因为被害人的自诉权,与检察机关的公诉权一样,都是可以撤回的。通说认为,撤回后自诉人不可再行起诉,这是基于一事不再理原则的考量,但并不意味着检察官不可以提起公诉。因此,被告人自诉后又撤回起诉的,检察机关如果认为案件涉及国家和公共利益,就可以启动公诉程序。

因此,笔者认为,目前比较可行的做法是,被害人在检察机关决定提起公诉时自行撤回起诉。换言之,检察机关应该在被害人撤回自诉后才能提起公诉。不能说检察机关不顾被害人的自诉权直接提起公诉,把已经启动的自诉程序给自动"合并"或"吸收"了。

三、实体与程序一体化展望与建议

笔者曾经提出,刑事一体化真正走向深入,应当从刑事实体与程序的深度融合开始。刑事领域的具体法律争端和实践问题都是实体与程序相互交织的,刑事一体化的研究应当从宏观叙事转向微观命题,从理论建构转向具体解释。[1]

此案深刻反映出实体与程序在立法上的脱节。《刑法》第246条规定了自诉转公诉的条件,但是《刑事诉讼法》并没有将这一实体的规定落实在程序操作中,《刑事诉讼法》对如何将自诉转为公诉并无明确规定。这个漏洞如何弥补?立法填补无疑是一劳永逸的,但是司法办案不可能无限期地等待立法,可行的路径是通过个案确定裁判规则,并将这种裁判规则以指导性案例的形式进行固化,形成普遍适用的规制,为同类案件提供操作指引。[2]

---

[1] 参见李勇:《跨越实体与程序的鸿沟——刑事一体化走向深入的第一步》,载《法治现代化研究》2020年第1期。

[2] 此案在转公诉之前的网络热议期间,应浙江省检察院相关部门之约,笔者撰写了此文,提出了处理此案的论证意见。2023年1月,最高人民检察院发布第34批指导性案例,将此案作为"检例第137号",最终采用的处理方式与笔者的论证意见一致。

追诉时效争议问题探究[*]

一、引　言

　　1992 年,南京医科大学发生一起残忍杀害在校女学生林某的案件(以下简称南医大案),当时社会影响巨大。2020 年 2 月 23 日,公安机关抓获犯罪嫌疑人麻某某。该案是否已过 20 年追诉时效? 适用 1979 年《刑法》(以下简称旧《刑法》)还是现行 1997 年《刑法》(以下简称新《刑法》)? 是否需要最高人民检察院核准? 这一系列问题引起法律界的广泛讨论。随着现代科学技术的发展,遗传基因技术(Y 库建立)以及大数据、人工智能等新技术在刑事侦查中被运用,大量的 20 世纪 90 年代的陈年旧案将会被侦破,此类问题将更加突出,亟待研究解决。

二、适用新刑法还是旧刑法?

(一)禁止溯及既往的内涵及适用范围

　　此案到底是适用新《刑法》还是旧《刑法》,争议背后的本质问

<hr>

＊　原文发表于《中国检察官》(经典案例)2020 年第 6 期,发表时标题为《追诉时效适用遵循原则之探究》。

题是溯及力问题。禁止溯及既往又称禁止事后法,是罪刑法定原则的基本要义,也就是不允许适用事后所制定的法律对行为人当时的行为进行处罚,原则上应当适用行为时的法律。"这是因为,如果不禁止溯及处罚,国民就丧失了关于自身行动的预测可能性"①,就等于强求公民遵守当时尚不存在的"法律"。禁止溯及既往的情形主要包括:①对行为时并未禁止的行为处罚;②对行为时虽有法律禁止但并未以刑罚禁止的行为科处刑罚;③事后减少或降低犯罪成立条件而增加犯罪成立的可能性;④事后提高法定刑或加重刑罚内容;⑤事后增加或加重保安处分或非刑罚处罚;⑥事后将自诉罪变为公诉罪;⑦事后延长追诉时效;⑧改变刑事证据规则、降低证据要求。② 但是,当新法对被告人更为有利的,则适用新法,这是国家刑罚权克制和保障被告人权利的要求,必要时应当对保护个人权利让步。③ 禁止溯及既往的适用规则可以概括为"从旧兼从轻"。"从旧兼从轻"原则是新旧法律更迭中必须遵守的权利保障性原则,应当坚持有利于犯罪人的原则计算追诉时效。④

　　旧《刑法》第 77 条规定:"在人民法院、人民检察院、公安机关采取强制措施以后,逃避侦查或者审判的,不受追诉期限的限制。"而新《刑法》第 88 条规定:"在人民检察院、公安机关、国家安全机

---

① 〔日〕山口厚:《刑法总论(第 3 版)》,付立庆译,中国人民大学出版社 2018 年版,第 15 页。

② 参见张明楷:《刑法学》(第五版),法律出版社 2016 年版,第 51 页。

③ 参见〔日〕田口守一:《刑事诉讼法(第五版)》,张凌、于秀峰译,中国政法大学出版社 2010 年版,第 147 页。

④ 参见陈伟:《法定刑调整后的追诉时效问题及其澄清——以最高人民法院"答复"为中心的考察》,载《环球法律评论》2018 年第 2 期。

关立案侦查或者在人民法院受理案件以后,逃避侦查或者审判的,不受追诉期限的限制。"二者的差别在于延长追诉期限,旧《刑法》要求采取强制措施,新《刑法》要求立案即可,相比较而言,旧《刑法》对被告人更为有利。按照从旧兼从轻的原则,应当适用旧《刑法》。南医大案当时没有锁定犯罪嫌疑人,也就不可能采取强制措施,超过了20年的追诉期限。

关于禁止溯及既往的适用范围还涉及实体与程序问题。有观点认为,禁止溯及既往是实体刑法的原则,"从旧兼从轻"规则只适用于实体问题,程序问题只能从新,时效虽规定在《刑法》中,但属于程序问题,故直接适用新《刑法》第88条。笔者认为,这种观点是不妥当的。

第一,将追诉时效界定为程序问题是值得商榷的。时效制度是对超过一定期限的犯罪行为,不再给予行为人刑罚处罚,本质上是一种刑罚消灭制度。正如其他实体法需要通过程序实现一样,程序只是时效制度的实现方式而已。"追诉时效是一个介于实体刑法和诉讼法之间的法律制度:其根据主要存在于实体法,但其效果被局限于程序部分。"①时效是一个实体与程序交叉的问题,但主体是实体问题。即便承认其具有程序属性,既然规定在刑法中,也没有理由不遵守刑法总则关于罪刑法定的规定。

第二,"从旧兼从轻"本质根据是"行为预测可能性+有利于被告的原则"。就程序法而言,大多数新旧法更改不涉及减损被告人利益,但是也不能绝对化,有些程序制度修改涉及减损被告人利益

---

① 〔德〕汉斯·海因里希·耶塞克、〔德〕托马斯·魏根特:《德国刑法教科书》,徐久生译,中国法制出版社2001年版,第1087页。

的也要按有利于被告的原则处理。张明楷教授认为,事后延长追诉时效、事后改变证据规则和降低证据要求属于违反禁止溯及既往原则。① 根本原因在于减损了被告人利益。

笔者的观点是,对于程序问题,是否适用禁止溯及既往原则,取决于这个程序问题的修改是否给被告人带来不利,减损被告人利益。我国也不乏类似规定,比如最高人民法院《关于审理行政案件适用法律规范问题的座谈会纪要》第 3 条规定:"人民法院审查具体行政行为的合法性时,实体问题适用旧法规定,程序问题适用新法规定",但"适用新法对保护行政相对人的合法权益更为有利的除外"。日本学者平野龙一等人也认为,当追诉时效等给行为人带来不利之改正时,禁止溯及既往,并有相关判例。②

(二)最高人民法院《关于适用刑法时间效力规定若干问题的解释》的理解问题

最高人民法院《关于适用刑法时间效力规定若干问题的解释》(以下简称《解释》)第 1 条规定,"对于行为人 1997 年 9 月 30 日以前实施的犯罪行为,在人民检察院、公安机关、国家安全机关立案侦查或者在人民法院受理案件以后,行为人逃避侦查或者审判,超过追诉期限或者被害人在追诉期限内提出控告,人民法院、人民检察院、公安机关应当立案而不予立案,超过追诉期限的,是否追究行为人的刑事责任,适用修订前的刑法第七十七条的规定"。据此规定,南医大案也应该适用旧刑法第 77 条。但有观点

---

① 参见张明楷:《刑法学》(第五版),法律出版社 2016 年版,第 51 页。
② 参见〔日〕山口厚:《刑法总论(第 3 版)》,付立庆译,中国人民大学出版社 2018 年版,第 16 页。

认为《解释》仅指在新刑法生效前已经超过追诉时效的情形,即新刑法施行以前实施的犯罪行为,且在新刑法施行前就已超过追诉期限的,才适用旧刑法第 77 条的规定。新刑法施行时未超过追诉时效期限的,直接适用新刑法的规定。笔者认为,这种观点不妥。

首先,这种观点既违反适用行为时的原则,也违反有利于被告的原则。这个"行为时"不是取决于新刑法生效时间,而是取决于行为本身所经过的时间以及因连续犯或继续犯导致的行为持续时间。

其次,这种观点背离时效制度的初衷。时效制度的正当性根据,理论上有准受刑说、改善推测说、证据湮灭说、规范感情缓和说等。① 其实,时效制度本质上是国家刑罚权的消灭。"时效实质的根据存在于处罚需要(Strafbeddurefnisse)的消灭中。"② 寻找追诉时效制度的正当性根据必须回归到刑罚正当性根基上来。关于刑罚正当性根基,主流的理论是并合主义,报应刑与预防刑的折中。报应刑是为了实现正义,但是也不能为了报应而报应,还要实现预防犯罪目的。某种犯罪行为经过一段时间后,一方面,报应的正义感诉求淡化,报应刑的必要性降低乃至消失,比如双方已和解,法和平已恢复;另一方面,经过一段时间,行为人没有再犯罪,社会影响消失,说明特别预防和一般预防的必要性降低乃至消失,因此,可以不予刑罚处罚。决定刑罚权消灭的决定性因素是有无超过法定的期限,报应和预防必要性降低和消失的标志也是有无超过法定期限,而与某个案件追诉期限是在 1997 年 10 月 1 日之前届满还是

---

① 参见张明楷:《刑法学》(第五版),法律出版社 2016 年版,第 648 页。
② 参见〔德〕汉斯·海因里希·耶塞克、〔德〕托马斯·魏根特:《德国刑法教科书》,徐久生译,中国法制出版社 2001 年版,第 1088 页。

1997 年 10 月 1 日之后届满无关，不能将涉及行为人是否承受刑罚处罚甚至是否判处死刑的问题答案建立在行为人的"运气"是撞在 1997 年 10 月 1 日之前还是之后上。

最后，这种观点会架空最长追诉期限的规定。如果将法定最高刑为死刑、无期徒刑的 20 年最长追诉期限的时间终点卡在 1997 年 10 月 1 日之前，那意味着这样的案件都是发生在 1977 年以前，距离今天 40 余年，如果行为人 30 岁时犯案，至今已经 70 余岁，按照平均寿命计算，还有几人几案存在？这种制度还有何意义？这无异于架空这一制度规定。如果到 2050 年破案，届时行为人的年龄将达到 100 余岁！最长追诉期限制度的意义竟然还会随着岁月的流逝而流逝，足见这种观点的荒谬性。

三、关于"例外追诉"核准的问题

（一）核准追诉的正当性根据及其功能

如前所述，超过追诉时效，刑罚必要性消灭，原则上不应再给予刑罚处罚。但是对于有些案件特别是恶性案件，即使超过追诉时效，报应刑和预防刑的必要性仍然存在，仍然具有追究刑事责任的必要性，就需要"例外追诉"。旧《刑法》第 76 条第 4 项和新《刑法》第 87 条第 4 项均规定："法定最高刑为无期徒刑、死刑的，经过二十年。如果二十年以后认为必须追诉的，须报请最高人民检察院核准。"其正当性根据就在于某些恶性案件的报应和预防必要性即使经过一定期限仍然存在。

为防止"例外追诉"的滥用，刑法设立了核准制度，通过层层把关来限制"例外追诉"的启动。由最高人民检察院来核准,能够从国家利益和公共利益层面,慎重考虑是否具有预防和报应的必要性,谨慎行使"例外追诉"权。张军检察长指出:"刑法规定了追诉时效制度,明确法定最高刑为无期徒刑、死刑的,如果20年以后认为必须追诉的,须报请最高人民检察院核准。这样的规定,立法本意应该是以不追诉为原则,以追诉为例外。……考虑是否追诉的时候,就要认真思考为什么法律规定由最高人民检察院核准?就是要严格把握,从国家利益、社会发展稳定的大局考虑,从国家层面去判断……在办案中一定要从立法本意出发,认真研究、稳妥慎重作出处理。"①最高人民检察院办理核准追诉案件,坚持的理念是"以不核准为原则,以核准为例外"。②

(二)核准追诉的条件和标准

无论是下级"认为必须追诉"还是最高人民检察院"予以核准",其本质性的条件和标准都必须围绕报应和预防的必要性。最高人民检察院《关于办理核准追诉案件若干问题的规定》第5条规定的条件包括:①有证据证明存在犯罪事实,且犯罪事实是犯罪嫌疑人实施的;②涉嫌犯罪的行为应当适用的法定量刑幅度的最高刑为无期徒刑或者死刑的;③涉嫌犯罪的性质、情节和后果特别严重,虽然已过20年追诉期限,但社会危害性和影响依然存在,不追诉会严重影响社会稳定或者产生其他严重后果,而必须追诉的;④犯罪嫌疑人能够及时到案接受追诉的。实质条件是第3项。最

---

① 张军:《关于检察工作的若干问题》,载《人民检察》2019年第13期。
② 参见史卫忠等:《核准追诉中的若干实务问题考察》,载《人民检察》2016年第10期。

高人民检察院指导性案例第 20 号和第 21 号核准追诉理由中提到的"被害方以及案发地群众反映强烈",表达的是报应的必要性;"社会影响没有消失,不追诉可能严重影响社会稳定或者产生其他严重后果"表达的是预防必要性。在第 22 号和第 23 号指导性案例中,不予核准的理由是"犯罪嫌疑人没有再犯罪危险性""消除犯罪影响、犯罪破坏的社会秩序明显恢复",表达的分别是特殊预防和一般预防必要性消失,其中"赔礼道歉、赔偿损失""被害方表示谅解"表达的是报应必要性消失。①

按照目前披露的情况,南医大案的社会影响至今依然巨大,被害人家属每年都到公安机关追问侦查进展。根据上述条件和标准,属于必须追诉的,应当报最高人民检察院核准,最高人民检察院经审慎审查应当会予以核准。但是前述主张直接适用新刑法第 88 条规定的观点,就是试图绕过核准制度这一程序限制,是值得警惕的!刑法把核准追诉的权力赋予最高人民检察院,就体现了国家立法对核准追诉的慎重态度。② 如果没有核准这项制度或者架空这种制度,下级随意启动"例外追诉",将会使"例外"变成"常态"。主张直接适用新《刑法》第 88 条的规定的观点实际上是变相"下放核准权",也不利于死刑控制和轻刑化的实现。

四、关于《刑法》第 12 条的理解

有观点认为,南医大案根本不用考虑追诉时效问题,直接根据

---

① 参见最高人民检察院指导性案例检例第 20 号、第 21 号、第 22 号、第 23 号。
② 参见朱孝清:《"核准追诉"若干问题之我见》,载《人民检察》2011 年第12 期。

《刑法》第 12 条的规定,即"如果当时的法律认为是犯罪的,依照本法总则第四章第八节的规定应当追诉的,按照当时的法律追究刑事责任"即可。新《刑法》第四章第八节中的第 88 条规定,在公安机关立案侦查后,逃避侦查的,不受追诉期限限制。所以,此案不受追诉期限限制。

笔者认为这种观点也是不妥当的。按照该观点,《刑法》中关于追诉时效的规定是可以溯及既往的,并且不管对行为人是否有利。但是这与刑法总则罪刑法定、禁止溯及既往的规定和法理相互冲突。从体系解释的角度来说,新《刑法》第 12 条规定的内容依然要遵守"从旧兼从轻"规则,新《刑法》第 12 条中的按照"依照本法总则第四章第八节的规定"是对新《刑法》第 87 条关于追诉期限规定的注意规定,其内涵是:新旧《刑法》均认为是犯罪,要不要追究刑事责任,要受刑法追诉时效的限制(即第 87 条),而不是指直接适用追诉期限延长(即新《刑法》第 88 条的规定)。

或许有人会说,立法者为什么不直接将第 12 条表述为"依照本法第八十七条的规定"呢?这需要考察以下两个立法背景:其一,新《刑法》第 87 条和旧《刑法》第 76 条关于追诉期限的规定是一致的,均是"犯罪经过下列期限不再追诉:(一)法定最高刑为不满五年有期徒刑的,经过五年……(四)法定最高刑为无期徒刑、死刑的,经过二十年。如果二十年以后认为必须追诉的,须报请最高人民检察院核准。"而旧《刑法》第 9 条关于溯及力的规定与新《刑法》第 12 条也是一致的,旧《刑法》第 9 条规定:"如果当时的法律、法令、政策认为是犯罪的,依照本法总则第四章第八节的规定应当追诉的,按照当时的法律、法令、政策追究刑事责任。"新《刑法》立法时为保持稳定性,除了与时俱进地删除"法令、政策"

外,直接保留了原来的表述——"依照本法总则第四章第八节的规定应当追诉的。"我们应当从体系解释的角度,结合罪刑法定、溯及力等法理对上述规定进行善意的解释,而不能钻立法上的"小漏洞"作出对被告不利的恶意解释。张明楷教授对此指出:"除《刑法》第 87 条外,对行为人不利的时效规定,也应当采取从旧兼从轻的原则。"①其实,没有必要强调"除《刑法》第 87 条外",一方面,从旧兼从轻不应该有例外,另一方面新《刑法》第 87 条与旧《刑法》第 76 条完全一致,无须除外。新《刑法》第 12 条之所以规定"依照本法总则第四章第八节的规定应当追诉",表面上看似乎是"从新",但是实际上由于新旧《刑法》关于追诉期限的规定一致,实质上依然符合"从旧兼从轻"规则。

五、结　语

综上所述,笔者对南医大案的基本结论是,该案已超过了追诉时效,应当报最高人民检察院核准。② 法律解释是有价值取向的,不是文字游戏。追诉时效制度具有以不追诉为原则的本质、"例外追诉"核准的程序限制功能,体现了有利于被告原则,这些价值取向应当在法律解释时发挥指引作用。

---

① 张明楷:《刑法学》(第五版),法律出版社 2016 年版,第 77 页,注释 22。
② 此案由南京市人民检察院层报最高人民检察院核准。最高人民检察院于 2020 年 5月 8 日作出核准追诉决定。

公诉环节如何体现宽严相济 *

宽严相济是我国在构建和谐社会的背景下确立起来的刑事司法政策,其基本含义可以概括为该宽则宽,当严则严,宽严互补,宽严有度,它是宽与严的统一体,必须全面理解和把握。刑事政策是一国刑事立法与刑事司法的灵魂,无论是立法还是司法,都必须以此为指导。笔者认为,当前检察公诉环节中全面贯彻宽严相济刑事政策,关键是构建好"两项机制"、行使好"三项权力"。

一、构建"案件分流机制",做到"宽严有别"

宽严相济刑事司法政策的核心是宽严区别对待,即针对不同个案的不同情况,体现宽严不同政策。"案件分流机制"从公诉工作的第一个节点对案件进行宽严分流,既有利于对轻微刑事案件的从宽处理和对严重危害社会案件的严厉打击,以体现宽严有别;又提高了办案的专业化程度,提高了办案效率。所谓"案件分流机制",即对案件实行繁简分流、轻重分流,据办案人员的专业特长、办案能力、办案经验、社会阅历等特征,将办案人员分成轻微刑事案件快速办理小组、普通刑事案件办理小组和疑难重大案件办理

---

* 　原文发表于《检察日报》2007 年 4 月 1 日,第 3 版。

小组等。具体可作如下安排：

(1)内勤收到移送审查起诉的案件后，在 3 日内进行形式审查，报部门负责人，由部门负责人综合对犯罪的社会危害性、犯罪人的主观恶性、案件的社会影响等情况进行初步审查。

(2)部门负责人认为符合最高人民检察院《关于依法快速办理轻微刑事案件的意见》第 3 条规定的轻微刑事案件，可以决定由轻微刑事案件快速办理小组的成员承办。

(3)案件承办人经审查发现不符合快速办理轻微刑事案件条件的，及时报告部门负责人，由部门负责人决定是否转为按普通审查方式办理，并交由普通刑事案件办理小组或疑难重大案件办理小组办理。

二、构建"刑事和解的规范化机制"，
做到"宽而有节"

刑事和解适应了轻刑化的理念，得到我国理论界的普遍认同，并在司法实践中得到试点。司法实践在适用刑事和解的过程中，往往重视"宽"，而忽视了"严"，比如存在扩大刑事和解适用范围、缺乏规范化的程序、后续监督措施不到位等倾向，没有做到"宽而有节"。公诉环节中应注意建立刑事和解的规范化机制。具体内容应包括：

(1)严格限定刑事和解的适用范围，刑事和解应限于自诉案件、未成年人犯罪案件、轻伤害案件、在条件成熟时可推广到其他法定最高刑为 3 年以下有期徒刑的侵害个人法益的轻微刑事案件，但危害国家安全、危害公共安全、贪污贿赂、渎职案件不适用刑事和解程序。

（2）严格限定刑事和解的适用条件：案件事实清楚，证据确实、充分；犯罪嫌疑人认罪；犯罪嫌疑人、被害人均自愿进行和解；犯罪嫌疑人能够切实履行和解协议中的补偿内容；犯罪嫌疑人的再犯可能性和可改造程度得到合理评价并得到合理控制；等等。同时，累犯、惯犯和犯罪集团的首要分子一般不适用刑事和解。

（3）应对刑事和解的具体程序包括提出、受理、磋商、后续监督等进行规范。

三、行使好抗诉权，做到"严而有度"

作为一项完整的刑事政策，宽严相济的另一项重要内容就是"严而有度"，失去了"严"，司法的威慑力就会荡然无存，最终也会使"宽"失去保证，宽严相济的价值目标也会落空。抗诉权是检察机关履行法律监督职能的重要体现，合理运用抗诉权，就要做到既对有罪判无罪、量刑畸轻的案件及时提出抗诉，又要重视对无罪判有罪、量刑畸重的案件及时提出抗诉。

四、行使好起诉裁量权，做到
"当宽则宽，该严则严"

起诉裁量权是检察机关行使法律监督权的重要体现，贯彻宽严相济的刑事司法政策，必须合理掌控起诉裁量权，依法作出起诉或不起诉的决定，尤其要合理把握好相对不起诉的适用。符合起诉条件，就要毫不犹豫地作出起诉决定，体现"严"的精神；符合绝对不起诉的要果断作出不起诉决定,符合相对不起诉的依法作出相对不起诉决定,符合存疑不起诉的慎重作出存疑不起诉,体现"宽"的内涵,切实做到"该宽则宽,该严则严"。

五、行使好量刑建议权,做到"宽严互补"

尽管前几年人们对检察机关的量刑建议权有所争议,但是检察机关拥有相对量刑建议权无论在理论上还是实践上都是毋庸置疑的。对在贯彻宽严相济的刑事政策过程中,合理掌控量刑建议权,就要既重视犯罪嫌疑人的自首、立功、未遂、中止、从犯、认罪态度和悔罪表现良好等"宽"的情节,又重视累犯、主犯、惯犯、社会危害性和主观恶性大、社会影响恶劣、手段残忍、后果严重等"严"的情节,真正做到"严中有宽、宽中有严、宽严互补"。

余金平交通肇事中的六个问题剖析 *

　　北京余金平交通肇事案在法律界可谓"一案激起千层浪"。余金平交通肇事的认罪认罚案件，一审未采纳检方量刑建议，被告人上诉、检方抗诉，二审改判，具体案情及判决情况如下：

　　2019 年 6 月 5 日 21 时许，被告人余金平酒后驾驶白色丰田牌小型普通客车由南向北行驶至北京市门头沟区河堤路 1 公里处时，车辆前部右侧撞到被害人宋某致其死亡，撞人后余金平驾车逃逸。经北京民生物证科学司法鉴定所鉴定，被害人宋某为颅脑损伤合并创伤性休克死亡。经北京市公安局门头沟分局交通支队认定，被告人余金平发生事故时系酒后驾车，且驾车逃逸，负事故全部责任。2019 年 6 月 6 日 5 时许，被告人余金平到公安机关自动投案，如实供述了自己的罪行。被告人余金平案发前系中国中铁股份有限公司总部纪检干部。案发当晚其酒后驾车从海淀区五棵松附近回门头沟区居住地时发生交通事故。交通肇事后，其驾车逃逸，擦拭车身血迹，回现场观望，之后逃离。被告人余金平自首的同时，公安机关对其经呼吸式乙醇检测，血液乙醇浓度为 8.6 毫克/100 毫升。6 月 17 日，被告人余金平的家属赔偿被害人宋某的

*　原文发表于"悄悄法律人"微信公众号 https://mp.weixin.qq.com/s/A8_bl_K8VypZ-L-lgiu22g，访问日期：2020 年 4 月 18 日。

近亲属各项经济损失共计160万元,获得了被害人近亲属的谅解。

北京市门头沟区人民法院认为,被告人余金平违反交通运输管理法规,酒后驾驶机动车,因而发生重大事故,致一人死亡,并负事故全部责任,且在肇事后逃逸,其行为已构成交通肇事罪,应依法惩处。被告人余金平作为一名纪检干部,本应严格要求自己,其明知酒后不能驾车,但仍酒后驾车从海淀区回门头沟区住所,且在发生交通事故后逃逸,特别是逃逸后擦拭车身血迹,回现场附近观望后仍逃离,意图逃避法律追究,表明其主观恶性较大,判处缓刑不足以惩戒犯罪,因此对于公诉机关判处缓刑的量刑建议,该院不予采纳。鉴于被告人余金平自动投案,到案后如实供述犯罪事实,可认定为自首,依法减轻处罚;其系初犯,案发后其家属积极赔偿被害人家属经济损失,得到被害人家属谅解,可酌情从轻处罚。据此,北京市门头沟区人民法院判决:被告人余金平犯交通肇事罪,判处有期徒刑2年。

北京市门头沟区人民检察院认为原判量刑错误,提出抗诉。主要理由如下:①本案系认罪认罚案件,不属于法定改判情形,一审法院改判属程序违法,不符合刑事诉讼法的规定,也不符合认罪认罚从宽制度的规定和精神。②一审法院不采纳量刑建议的理由不能成立。③余金平符合适用缓刑条件,该院提出的量刑建议适当。④一审法院对于类似案件曾判处缓刑,对本案判处实刑属同案不同判。

北京市人民检察院第一分院的支持抗诉意见是:原判量刑确有错误,北京市门头沟区人民检察院提出抗诉正确,应予支持,建议法院予以改判。

北京市第一中级人民法院二审认为,北京市门头沟区人民检察院及北京市人民检察院第一分院有关原判量刑错误并应对余金平适用缓刑的意见均不能成立;上诉人余金平所提应对其改判适用缓刑的理由及其辩护人所提原判量刑过重,请求改判两年以下有期徒刑并适用缓刑的意见均缺乏法律依据。原审人民法院根据余金平犯罪的事实、犯罪的性质、情节以及对于社会的危害程度所作出的判决,认定余金平犯交通肇事罪的事实清楚,证据确实、充分,定罪正确,审判程序合法,但认定余金平的行为构成自首并据此对其减轻处罚,以及认定余金平酒后驾驶机动车却并未据此对其从重处罚不当,本院一并予以纠正,驳回北京市门头沟区人民检察院的抗诉及余金平的上诉;撤销北京市门头沟区人民法院(2019)京 0109 刑初 138 号刑事判决,上诉人余金平犯交通肇事罪,判处有期徒刑 3 年 6 个月。

　　此案涉及诸多程序问题、实体问题以及实体与程序交叉问题。对于此案的二审改判,笔者是持批评态度的,批判不是目的,背后反映的问题更值得深思。一是"上诉不加刑"作为保障被告人权利的重要制度设计,应当得到善意呵护,而非"绕道"违反。二是实体刑法中的刑罚轻重比较与程序法中的量刑轻重比较存在重大差异。三是自首等有利于被告人的量刑事实,应当坚持存疑时有利于被告的原则,定罪证据与量刑证据存在差异。四是认罪认罚、刑事和解均是刑事模式由对抗向合作的重大转变,法、检均应以善意和理性看待这种重大改革。五是刑事诉讼法的解释学落后应当引起足够重视,程序法中的机械司法与实体法一样值得反思。具体阐述如下:

一、关于"上诉不加刑"与检察机关为
被告人利益抗诉是否构成例外的问题

上诉不加刑原则已成为现代世界绝大多数国家普遍确立的一项重要刑事诉讼原则,我国也不例外。"上诉不加刑"的法理基础在于"禁止不利益变更"原则(又称不利益变更禁止原则),就是对于被告人上诉或者为被告人利益而上诉者,第二审法院不得宣告比原判更重的刑罚。[1] 上诉不加刑原则被称为保障被告人上诉权的基石。我国《刑事诉讼法》第 237 条规定:"第二审人民法院审理被告人或者他的法定代理人、辩护人、近亲属上诉的案件,不得加重被告人的刑罚。第二审人民法院发回原审人民法院重新审判的案件,除有新的犯罪事实,人民检察院补充起诉的以外,原审人民法院也不得加重被告人的刑罚。"(以往,很多案件通过发回重审来变相规避上诉不加刑原则,在 2012 年《刑事诉讼法》修改之后这条路已经被堵死。)

正如法律领域的其他制度一样,有原则就有例外,上诉不加刑也有例外,典型的例外就包括检察机关抗诉。我国《刑事诉讼法》第 237 条还规定:"人民检察院提出抗诉或者自诉人提出上诉的,不受前款规定的限制。"这里虽然没有将"人民检察院提出抗诉"限定为"为被告人利益"而抗诉,但是根据"禁止不利益变更"的法理,推导出这样的结论是自然而然的事情,也是实质解释的必然归

---

[1] 参见林钰雄:《刑事诉讼法》(下册 各论编),中国人民大学出版社 2005 年版,第 234 页。

结。所以,全国人大常委会刑法室释义指出"人民检察院提出抗诉
的案件",包括地方各级人民检察院认为本级人民法院第一审的判
决确有错误,处刑过轻,提出抗诉的,以及被害人及其法定代理人
不服地方各级人民法院第一审的判决,请求人民检察院提出抗诉,
人民检察院经审查后提出抗诉的案件。但人民检察院认为第一审
判决确有错误,处刑过重而提出抗诉的,第二审人民法院经过审理
也不应当加重被告人的刑罚。[①] 或许有人说,全国人大常委会法
工委的释义,也是学理解释,既不是立法解释也不是司法解释,但
是符合法理和立法目的的学理解释,不得随意违反。法律是正义
的文字表述,不能违背正义和法律,钻文字的漏洞。

二、缓刑与实刑孰重孰轻的问题

有人说余金平交通肇事案,检察机关提出抗诉,不能说是为了
被告人利益抗诉。因为一审中检察机关的求刑是有期徒刑 3 年缓
刑 4 年(以下简称判三缓四),而法院一审判决是有期徒刑 2 年实
刑。检察机关抗诉的诉求按照认罪认罚量刑协商的结果即有期徒
刑 3 年缓刑 4 年。不考虑缓刑的话,单从有期徒刑时间来看,一审
判的是有期徒刑 2 年,而检察机关抗诉的诉求是 3 年,所以其实检
察机关是认为一审判轻了而抗诉要求加重为 3 年有期徒刑,这是
一道简单的算术题嘛! 该观点进而认为此案二审判决没毛病。

这样的理解与前述对上诉不加刑之检察机关抗诉例外情形一

---

① 全国人大常委会法制工作委员会刑法室编著:《〈中华人民共和国刑事诉讼法〉释
义及实用指南》,中国民主法制出版社 2012 年版。

样,属于玩文字游戏! 这还真不是一道简单的算术题。

　　首先,上诉不加刑的本质在于禁止不利益变更,禁止不利益变更就是"对于被告人提出控诉的案件或者为被告人利益而提起控诉的案件,不得宣告比原判刑罚更重的刑罚"①。也就是说,为了被告人利益的抗诉也不能加重刑罚,因此,是否"为了被告人利益"而抗诉应当实质解释是否有利于被告人,是否实质上给被告人带来利益。缓刑与实刑相比,哪个更有利于被告人? 哪个更符合被告人利益? 显然是不言自明的道理。如果法律人一定要说缓刑3 年比实刑 2 年更重,那一定是违背人性的! 法律的解释不能违背基本的人性,违背基本人性的解释一定是存在问题的。换言之,被告人需要获得的是实实在在的要不要"坐牢"的实惠,而不是一个冷冰冰的数字"2"或"3"。不能机械司法,更不能机械解释法律!

　　其次,实体刑法中的刑罚轻重比较与程序法中量刑轻重比较存在差异,或者说实体法律适用中的刑罚轻重比较与"上诉不加刑"中的刑罚是否更符合被告人利益具有差异。刑法中的想象竞合从一重处等刑罚比较,是通过比较法定最高刑、最低刑等进行的,而不会考虑缓刑,因为在刑法语境中,缓刑只是刑罚执行方式而已。但是程序法中"上诉不加刑"的"被告人利益",决不能将缓刑仅仅理解为刑罚执行方式而已,因为这个执行方式涉及被告人的切实利益,缓刑与实刑对于被告人利益而言,可谓天壤之别! 因此,最高人民法院《关于执行〈中华人民共和国刑事诉

---

① 〔日〕田口守一:《刑事诉讼法》,张凌、于秀峰译,中国政法大学出版社 2010 年版,第 354—355 页。

讼法〉若干问题的解释》规定,对被告人判处拘役或者有期徒刑宣告缓刑的,二审不得撤销原判决宣告的缓刑或者延长缓刑考验期。因此,此案中检察机关的抗诉实质上是为被告人争取利益,实质上是为了被告人利益而抗诉!是为"求轻"而抗诉!这一点不应当被曲解!日本有判例,盗窃案件一审判处1年惩役实刑,二审改为1年6个月惩役缓刑,实质上是对被告人有利的。① 不应仅考虑抽象的量刑,还应考虑服刑的实际状况。② 最高人民法院研究室关于第二审人民法院对上诉案件维持原判刑期撤销缓刑是否违反"上诉不加刑"的原则的电话答复也采取了同一立场。

最后,此案是认罪认罚案件,认罪认罚本质上是量刑协商。换言之,检察机关提出的量刑建议是经过双方协商而达成的,检察机关提出抗诉是为了"捍卫"这一协商成果,"捍卫"这一协商成果就是"捍卫"被告人的利益。从这个角度上来说,也可以看出检察机关抗诉是为了被告人利益而抗诉。

三、关于自首问题

二审撤销自首认定无论是在实体法上还是程序法上都存在重大问题,实在难以理解为什么会有人赞扬此案二审判决的"典范"

---

① 参见〔日〕田口守一:《刑事诉讼法(第五版)》,张凌、于秀峰译,中国政法大学出版社 2010 年版,第 355 页。

② 参见施鹏鹏:《认罪认罚从宽适用中的抗诉与改判问题》,载"青苗法鸣"微信公众号 https://mp.weixin.qq.com/s/09zrUVR8wEEpRgVSu9MVUQ,访问日期:2020 年 4 月 17 日。

和"伟大"。二审不认定自首的理由阐述是这样的:交通肇事案件中,主要犯罪事实包括交通事故的具体过程、事故原因及犯罪对象等方面事实。对于驾驶机动车肇事致人死亡的案件而言,行为人在事故发生时驾车撞击的是人还是物属关键性的主要犯罪事实,应属犯罪嫌疑人投案后必须如实供述的内容。本案中,根据现场道路环境、物证痕迹、监控录像等可以认定,余金平在事故发生时对于撞人这一事实是明知的。其在自动投案后始终对这一关键事实不能如实供述,因而属未能如实供述主要犯罪事实,故其行为不能被认定为自首。① 这段匪夷所思的表述至少存在以下问题:

首先,刑法中的自首的条件是"投案+如实供述",如实供述主要犯罪事实,当然是指犯罪构成要件的主要事实,交通肇事罪是过失犯罪,被告人主要供述了犯罪构成要件的主要事实即可认定为如实主要犯罪事实。根据二审判决引用的侦查期间的被告人供述,被告人称,撞车时,"感觉车右前方撞到了路边的一个物体",后在车库中看了车辆状况包括斑状血迹后,才"知道自己撞到人"。可见,被告人就案件客观事实已经作了如实供述的情况下,对主观意识的供述确实有避重就轻之嫌,事实上,类似情况在实践中广泛存在,但是实践中罕见据此不认定为"如实供述"!

其次,正如龙宗智教授所言:在一审各程序均认定自首成立、二审检察机关也未否定的情况下,由二审法院在裁判中直接否定,因没有给予被告人辩解与修正供述的机会,这种裁判实系诉讼法理上

① 参见龙宗智:《评余金平交通肇事案终审判决》,载"中国法律评论"微信公众号 https://mp.weixin.qq.com/s/ylOM0RfV_XQMw34w9GPOxw,访问日期:2020 年 4 月 17 日。

的"突袭裁判"。对于一个认罪认罚的简易程序(甚至速裁程序)案件来说,一审控辩审三方均对此没有异议,就自首问题可能既不会举证质证更不会进行法庭辩论,二审判决有"突袭裁判"之嫌。

再次,二审一方面认可了认罪认罚的适用,另一方面又否认自首,如此自相矛盾,怎么会被一些人赞叹为"说理判决之典范"。认罪认罚中的"认罪"就是如实供述,其内涵与自首中的如实供述一致,比如对行为性质的辩解不影响认罪认罚的适用,也不影响自首的认定。二审既然认可认罪认罚就是认可如实供述,既然认可如实供述,为何采取"双标"而不认定自首?

最后,关于有利于被告的量刑事实的证明标准问题。定罪证明标准不同于量刑证明标准,英美法系中的量刑事实一般采用优势证明标准;大陆法系中程序性事实采用自由证明的方法,在证明标准上达到"释明"的程度即可。2018年1月1日起试行的《人民法院办理刑事案件排除非法证据规程(试行)》第52条规定,法庭认定被告人有罪,必须达到犯罪事实清楚、证据确实、充分,对于定罪事实应当综合全案证据排除合理怀疑。定罪证据不足的案件,不能认定被告人有罪,应当作出证据不足、指控的犯罪不能成立的无罪判决。定罪证据要求确实、充分,量刑证据存疑的,应当作出有利于被告人的认定。余金平案中,即便按照二审判决的思路,如实供述就必须供述当时明知撞到人了,在证据上也不妥当。二审判决指出"据现场道路环境、物证痕迹、监控录像等可以认定,余金平在事故发生时对于撞人这一事实是明知的"。这显然是根据间接证据做出的推定,但是被告人供述称当时确实没注意,应当是存疑的,是涉及有利于被告人的自首的量刑事实,理当作出有利于被告人的认定,而不是相反。

四、如何理性看待认罪认罚从宽制度

很多人说此案反映出认罪认罚从宽制度中的法检博弈,对量刑建议特别是精准量刑建议的博弈。这可能言过其实。

认罪认罚从宽制度不仅是诉讼经济原则、繁简分流、合理配置司法资源的要求,更是刑事治理模式的重大变更,认罪认罚从宽体现的是被告人与国家的合作,国家给予认罪认罚的被告人以从宽处罚,是犯罪治理由被告人与国家二元对立,走向合作与对立并存;刑事和解体现的是犯罪人与被害人的和解,国家予以认可,是三方合作模式,这是我国社会治理能力现代化中的重要内容。我国的认罪认罚从宽制度很大程度上是量刑协商,对于认罪认罚的速裁程序和简易程序而言,庭审主要是对量刑协商结果的确认,证据裁判原则和庭审实质化在这些程序中具有例外,这也是世界通例(如美国辩诉交易案件不需要经过陪审团审理、德国的处罚令程序实行书面审),只有让一部分认罪认罚的案件通过量刑确认式的快速审理,才能节省出更多的司法资源让不认罪认罚案件、重大疑难案件真正彻底地贯彻证据裁判原则和庭审实质化,只有分流出简易案件,才能让普通案件真实实现以审判为中心。因此,对于认罪认罚案件特别是简易程序和速裁程序而言,量刑建议越精准才能表明量刑协商越充分越真实,才能保障被告人的量刑预期,才能保障被告人认罪认罚的真实性和自愿性。因此,对于这类案件而言,检察机关的量刑建议特别是精准化的量刑建议,并不是因为检察机关要"夺取审判权",而是认罪认罚从宽制度的本质所要求的;法院也不应该认为检察机关的量刑建议越精准就越是在"觊觎审判权",而是应当从法理上深入理解认罪认罚从宽制度的本质和初衷。

余金平交通肇事案,既有认罪认罚,也有刑事和解,法院应当对三方合作的"成果"持尊重态度,除非明显不当,一般不宜改变。从实践情况来看,一审的检方量刑建议并无明显不当。2012年《刑事诉讼法》修订之后,因刑事和解而相对不起诉在实践中主要集中在轻伤害案件和交通肇事案件,交通肇事罪没有其他恶劣情节的,刑事和解后一般是相对不起诉;有逃逸等恶劣情节的,判处缓刑的比例也很大。2018年《刑事诉讼法》修订又规定了认罪认罚从宽,这样从宽的幅度就更大了。事实上,这样的制度设计对被害方更为有利,实践中有一些交通肇事案件,如果通过附带民事诉讼索赔,赔偿的数额因为举证和法律规定的标准,所能赔偿的数额有限,但是通过刑事和解而不起诉或缓刑,让被害人一方增加了谈判的筹码,从而在无须举证的情况下获得更多赔偿,所以在实践中运行效果良好。

因此,对于认罪认罚从宽制度,法、检都应当从国家治理能力现代化和犯罪治理模式、刑事模式转变的高度进行理性认识。检察机关应当积极、稳妥、循序渐进地推进量刑建议及其精准化,简单粗暴地下指标激进追诉数量,可能招致法官的反感,也可能因能力跟不上而丧失信誉,最终有害于制度本身;同样,审判机关应当理性、平和、敞开胸怀地接纳甚至鼓励检察机关的量刑建议,应当欢迎准确的高质量的精准量刑建议。

五、刑事诉讼法解释学的落后应当引起足够重视

此案反映出刑事诉讼法解释学的落后,应当引起足够重视,也

反映出程序法中的机械司法与实体法中的机械司法一样值得重视。刑法教义学的发达促进了解释学的精细化,使我们有一种感觉,即刑法中所有的条文几乎都被研究过;但与此形成鲜明对比的是,我国的刑事诉讼法解释学较为落后,似乎感觉,刑事诉讼法中的条文都没有被真正深入研究过。究其原委在于我国的刑事诉讼法学多年来习惯于进行"理论建构"而忽略具体条文的解释。刑法学中已经发展出实质解释与形式解释论、实质刑法观与形式刑法观的学派之争,而实质解释在刑事诉讼法领域甚至还相当陌生。前述上诉不加刑中的"检察机关抗诉"如何理解、何为"为了被告人利益"都反映出解释学的落后和机械司法的弊端!

六、关于车浩教授评余金平案的几点商榷意见

读了车浩教授《评余金平案:基本犯自首、认罪认罚的合指控性与抗诉求刑轻重不明》,深受启发。车浩教授是笔者非常尊敬和崇敬的学者,也是熟识的朋友,本文中他提出很多值得深思的问题和有创新性的观点,读来酣畅淋漓,很多是笔者赞同的,但是也有些是笔者无法赞同的:①对于车浩教授关于不宜否定"基本犯自首"的自首性,值得赞同,司法实践中一般可采取这样的立场。②关于自首中的"如实供述"与认罪认罚中的"如实供述"虽然理论基础有差异,但是实践中对如何认定"如实供述"一般采取同样的认定标准,"两高"相关负责人对认罪认罚指导意见的解读也是采取这样的立场,即"是否如实供述"参照自首中的"如实供述"认定。因此不能赞同车浩教授完全割裂二者的观点。③关于车浩教授认为:"抗诉求刑轻重不明时,不适用'上诉不加刑'。"该观点不

符合程序法原理。在程序上,存疑时利益归于被告,这是基本原则。即便"抗诉求刑轻重不明"时也应当采取有利于被告的原则。更何况,此案检察抗轻的意图明显。正如陈兴良教授所点评的(来自微信圈):抗轻还是抗重不仅取决于客观上的规范判断,而且应当考虑抗诉方的主观认知,这在抗诉书中应当会有明确表述。即使二审法官认为不是抗轻而是抗重,也不能根据自己的主观认知按照抗重改判,而只能是对抗诉不予支持而已。④车浩教授说:"在任何情况下,检察机关都不可能是为了被告人利益,而只能是为了监督法律正确实施的国家利益提出抗诉。"这个观点在程序法上是不严谨的。大陆法系国家检察官具有客观义务,客观义务也是大陆法系检察制度的根本支柱,我国修订后的《检察官法》第5条也明确规定:"检察官履行职责,应当以事实为根据,以法律为准绳,秉持客观公正的立场。检察官办理刑事案件,应当严格坚持罪刑法定原则,尊重和保障人权,既要追诉犯罪,也要保障无罪的人不受刑事追究。"检察官当然可以为了被告人利益而抗诉,这种为了被告利益抗诉虽然也是为了维护国家利益和法律的公正实施,但不可否认有为了被告人利益的一面。《德国刑事诉讼法》第331条规定,"事实审上诉,若仅由狭义被告提起,或为狭义被告之利益由检察官……提起时,不得对于原判决在犯罪法律效果之种类及刑度上,为不利于狭义被告之变更"。事实上,检察官具有保障被告人人权和权益的法定责任。司法实践,检察机关为被告人利益而抗诉的案件比比皆是。检察官既是犯罪的追诉者,也是被告人权的保护者。

认罪认罚与自首、坦白之界分[*]

认罪认罚从宽制度的基本特征就是实体从宽、程序从简。根据《刑事诉讼法》第 15 条的规定，认罪认罚的可以依法从宽。这里的实体从宽与刑法中的自首、坦白从宽之间有何区别、有何联系、如何量刑，这些问题在实践中还存在一些模糊认识，亟待澄清。

一、认罪认罚与坦白、自首的区别

虽然认罪认罚、坦白、自首都是从宽情节，但是认罪认罚是独立的量刑情节，与坦白、自首具有明显的界限，主要体现在以下方面：①坦白的基本特征是"到案后如实供述"，即犯罪嫌疑人被动到案后如实供述自己的罪行。但是坦白的犯罪嫌疑人、被告人未必愿意认罚，未必同意与检察机关就量刑建议进行协商并签署具结书。因此，坦白的犯罪嫌疑人、被告人未必符合认罪认罚的条件。②自首的基本特征是"投案＋如实供述"，即被告人自动投案并如实供述自己的罪行。但是认罪认罚并不要求自动投案。具有自首情节的犯罪嫌疑人、被告人虽然是认罪，但未必认罚，自首的被告人完全可能只承认自己的犯罪事实，但拒绝检察机关的量刑

* 原文发表于《检察日报》2020 年 2 月 15 日，第 3 版。

建议,也可以不同意法院所判处的刑罚。因此,具有自首情节的犯罪嫌疑人、被告人未必符合认罪认罚的条件,认罪认罚的犯罪嫌疑人、被告人也未必符合自首的条件。③认罪认罚的基本特征是"认罪+认罚",既要认罪,又要认罚。这里的"认罪"就是要如实供述自己的罪行;这里的"认罚"在侦查阶段表现为愿意接受处罚;在审查起诉阶段表现为同意检察机关经协商提出的量刑建议并签署具结书;在审判阶段表现为接受法院判处的刑罚。但是自首和坦白,只需要认罪即可,不必然要求认罚。④自首和坦白只能始于侦查阶段,而认罪认罚可贯穿于整个诉讼阶段。自首只能是犯罪嫌疑人在侦查机关未抓获其之前主动投案;坦白是犯罪嫌疑人被公安机关抓获到案后及时如实供述,原则上应当是到案后立即供述。但是认罪认罚既可以在侦查阶段,也可以在审查起诉阶段或审判阶段,只是从宽幅度不同而已。

二、认罪认罚与坦白、自首的联系

不可否认,认罪认罚与坦白、自首具有一定的联系,主要表现为以下方面:①认罪认罚与自首、坦白一样,都是法定从宽情节。既然刑事诉讼法已经明确规定认罪认罚可以从宽,那么其就是法定的从宽情节,至于这个法律是程序法还是实体法,在所不问。那种认为认罪认罚只是酌定情节,或者法定从宽情节只能由刑法来规定的观点是错误的,是狭隘的。刑事实体法与程序法原本就是一体的,具体案件的办理、定罪量刑从来都是实体法与程序法并用的,认罪认罚从宽是典型的实体与程序交叉问题,更是如此。②认罪认罚与自首、坦白具有一定的重合性。认罪认罚中的"认罪"应当理解为如实供述自己的犯罪事实即可,对行为性质的辩解、对罪名适用的异议,不影响认罪的认定。最高人民法院、最高人民检察院、公安部、国家安全部、司法部《关于适用认罪认罚从宽制度的指导意见》(下称《指导意见》)对此进行了阐述。认罪认罚中的"认罪"与自首、坦白中的"如实供述自己的罪行"具有相同的含义,换言之,认罪认罚与自首、坦白在"如实供述自己的罪行"的范围内具有交叉、重合之处。

三、认罪认罚同时具有坦白、自首情节如何从宽

《指导意见》规定,"认罪认罚的从宽幅度一般应当大于仅有坦白,或者虽认罪但不认罚的从宽幅度。对犯罪嫌疑人、被告人具有自首、坦白情节,同时认罪认罚的,应当在法定刑幅度内给予相对更大的从宽幅度。认罪认罚与自首、坦白不作重复评价"。

第一,需要明确禁止重复评价的内涵。禁止重复评价来源于"一事不两罚""禁止双重危险",其基本内涵"任何人不因同一犯罪再度受罚"。其本质含义在于禁止对被告人不利的重复处罚。《德国刑法典》第46条规定的刑罚裁量原则,其中第3项就是"法定构成要件已有之情状,不得再予审酌"①。因此,禁止重复评价的准确含义是禁止不利于被告人的重复评价,禁止将定罪事实再次评价为量刑事实进而导致罪刑不均衡,其背后的基本法理是实质的罪刑法定,即处罚的适正性,禁止不当的处罚。事实上,法律并不禁止对被告人有利的重复评价,例如超法规的阻却违法性事

---

① 甘添贵主编:《德国刑法翻译与解析》,五南图书出版公司2018年版,第53页。

由,是有利于被告人的,但是未必要有刑法的规定。因此,把认罪认罚作为独立量刑情节,有利于被告人,并不违反禁止重复评价原则。

第二,如何理解《指导意见》的"不作重复评价"之规定呢?正确的理解应该是"认罪认罚同时具有自首、坦白情节的,已经给予更大幅度从宽处罚的,不再重复评价"。换言之,自首、坦白的犯罪嫌疑人、被告人,同时认罪认罚的,在量刑时既要按照自首、坦白的规定给予从宽,也要按照认罪认罚的规定给予从宽,从而体现出"更大的从宽幅度"。这里的"不作重复评价"应当理解为,不得在考量自首、坦白从宽的同时已经给予认罪认罚更大幅度的从宽后,再一次重复给予从宽;而不能理解为具有自首、坦白的犯罪嫌疑人、被告人即使认罪认罚,也只能按照自首、坦白给予从宽处罚而不再适用认罪认罚的从宽规定。当然,自首(或坦白)与认罪认罚后从宽处罚的适用,有时也需要综合全案情况进行调节,这种调节是基于罪刑相适应基本原则的要求,任何量刑情节、量刑规则都要受罪刑相适应基本原则的制约,而并非对认罪认罚作为独立从宽情节的否定。

认罪认罚与"禁止重复评价" *

　　犯罪嫌疑人、被告人认罪认罚,同时具有自首或坦白情节的情况下,量刑从宽如何把握?如何理解"重复评价"?对此,理论界存在一定的争议,实践界也存在一些困惑,需要厘清。

一、问题的由来

　　2018年《刑事诉讼法》修改时在第15条增设"犯罪嫌疑人、被告人自愿如实供述自己的罪行,承认指控的犯罪事实,愿意接受处罚的,可以依法从宽处理"。从《刑事诉讼法》这一基本规定看,认罪认罚是作为独立量刑情节存在的。《指导意见》的表述是"对犯罪嫌疑人、被告人具有自首、坦白情节,同时认罪认罚的,应当在法定刑幅度内给予相对更大的从宽幅度。认罪认罚与自首、坦白不作重复评价。"该意见一方面认可"认罪认罚"的独立性,给予更大幅度的从宽,另一方面又强调"不作重复评价"。2021年《关于常见犯罪的量刑指导意见(试行)》规定:"认罪认罚与自首、坦白、当庭自愿认罪、退赃退赔、赔偿谅解、刑事和解、羁押期间表现好等量刑情节不作重

＊　　原文发表于《检察日报》2021年8月4日,第3版,原文标题为《从认罪认罚独立性把握"禁止重复评价"》。

复评价。"再次强调了"不作重复评价",没有提及"给予相对更大的从宽幅度"。如何理解这里的"不作重复评价",产生一些争议。目前主流观点认为,认罪认罚是独立量刑情节,认罪认罚与自首、坦白在"认罪"部分是重合的,对于同时具有认罪认罚和自首或坦白情节的,在量刑上对于"认罚"单独给予从宽,但是"认罪"的重合部分不作重复评价。笔者赞同这种意见,本文对此加以阐述。

二、认罪认罚是独立量刑情节

第一,认罪认罚在立法上具有独立的价值。认罪认罚从宽作为我国《刑事诉讼法》总则规定的基本制度,是"合作型"司法理念的体现,是刑事诉讼模式从二元对抗向合作协商的重大转变,也是国家治理体系和治理能力现代化的重要内容。认罪认罚从宽制度不是自首、坦白制度的"翻版",也不单单是宽严相济刑事政策的"翻版"。坦白从宽、自首从宽在立法上早有规定;宽严相济刑事政策一直是我国的基本刑事政策,如果仅仅是它们的"翻版",显然没有必要大费周章地先试点再立法。认罪认罚从宽制度在本质上是刑事诉讼模式由对抗走向合作的重大转型,以此推进案件繁简分流,合理配置司法资源。认罪认罚从宽制度在本质上是通过被告人与国家的合作,以简化程序作为代价而换取从宽处罚的权利。作为一个合作型司法和犯罪治理模式的重大变革,其具有独立的立法价值,也是一种独立的量刑情节。

第二,认罪认罚作为独立量刑情节并不违反禁止重复评价原则。禁止重复评价原则是一个实体与程序交叉的问题。就程序法而言,禁止重复评价原则的基本内涵是"任何人不因同一犯罪再度受罚",即禁止双重危险。禁止双重危险的重点在于不因一事而两度被置于受刑之危险,核心要义在于禁止对被告人不利的重复处罚。就实体法而言,禁止重复评价原则的基本内涵就是"构成要件之要素,于刑罚裁量中,不得重复予以审查"。因此,刑法上的禁止重复评价又称量刑上的禁止重复评价,也就是对法条所规定的构成要件要素,在刑罚裁量过程中,不能再度作为刑罚裁量事实重复加以考量。实质上就是禁止量刑上对被告人的不利评价,禁止不合理加重被告人的刑罚负担,否则在实质上就是不当的、不均衡的刑罚,从而实质违反罪刑法定原则。因此,禁止重复评价原则的基本内涵应当做如下理解:一是禁止不利于被告人的不当评价。禁止重复评价"意旨系在犯罪宣示与国家刑罚权的行使过程中,避免多重评价的宣告与多重处罚而造成对人民基本权利过度之侵害"。二是禁止将定罪事实再次评价为量刑事实,或者是将量刑事实再次评价为定罪事实,其背后的基本法理是实质的罪刑法定,即处罚的适当性,禁止不当的处罚。例如,将累犯这一量刑事实作为降低入罪门槛的情节,就属于将量刑事实重复评价为定罪事实,是典型的违反禁止重复评价原则。三是法律并不禁止对被告人有利的重复评价,实质上也不违反罪刑法定的原则。例如,《刑事诉讼法》第 290 条关于刑事和解可以从宽、免除处罚的规定。罪刑法定原则强调"依照法律定罪处刑",不能恣意对公民定罪量刑,防止司法人员滥用权力,但并不禁止行为触犯刑法规定但基于程序上的理由而不予处罚的情形。正如西田典之所言,如果是缩小、阻却处罚范围,则不一定要有明文的规定,通过对相关联法规的解释出罪也是得到认可的。

　　因此,认罪认罚是独立量刑情节,不违反禁止重复评价原则,也不违反罪刑法定原则。

　　量刑实务中如何处理认罪认罚与自首、坦白的关系。第一,如前所述,认罪认罚与自首、坦白有重合、交叉之处,认罪认罚中的"认罪"与自首和坦白中的"如实供述"是重合的,但"认罚"处于重合范围之外,具有独立性。《指导意见》对此进行了阐述。认罪认罚中的"认罪"与自首、坦白中的"如实供述自己的罪行"具有相同的含义。换言之,认罪认罚与自首、坦白在"如实供述自己的罪行"的范围内具有交叉、重合之处。

　　第二,在量刑实务操作中须准确处理好独立性与重合性的关系。刑罚裁量由责任刑和预防刑两大部分决定,认罪认罚是预防刑因素,被告人因认罪认罚而降低预防必要性,因此预防刑降低,从而导致刑罚量减少。按照《关于常见犯罪的量刑指导意见(试行)》,量刑分为三个步骤:确定起点刑、确定基准刑、调节基准刑而形成宣告刑。调节基准刑过程中,如果有多个量刑情节的,先对未成年人犯罪、防卫过当、犯罪未遂、从犯等"修正量刑情节"按照连乘模式进行调节;再对自首、坦白等"一般量刑情节"采用同向相加、逆向相减的方法进行调节。在实际操作中,应当将认罪认罚作为"一般量刑情节"来调节基准刑。对于同时具有自首(或坦白)和认罪认罚情节的,应当给予比仅有自首(或坦白)更大幅度的从宽,以体现认罪认罚的独立意义。例如,自首给予30%的从宽幅度,同时又认罪认罚的再给予20%的从宽幅度,一般而言,合计从宽幅度不超过60%。这样操作,相当于对于重合的"认罪"给予30%的从宽,而"认罚"再给予最高30%的从宽,这样既对"认罪"的重合部分没有重复评价,也体现对"认罚"部分的独立评价,从这个意义上来说,《指导意见》《关于常见犯罪的量刑指导意见(试行)》中的"不作重复评价"其实是指"对重合部分不作重复评价"。

别滥用了"存疑时有利于被告"

一、问题的提出

"存疑时有利于被告"原则是人类司法文明进步的表现和结晶。1996 年《刑事诉讼法》修改时在一定程度上规定了无罪推定原则,使"存疑时有利于被告"不仅得到理论上的响应,也为司法实践广泛接受。但是,近年来司法实践对"有利于被告"有滥用之虞,比如对于案件定性存在争议之时,不对罪名进行深入研究,动不动引用"存疑有利于被告"原则,按照轻罪进行定罪处罚;又比如对"存疑有利于被告"中的"存疑"进行扩大解释,甚至将不具有合理怀疑的疑问也作为"存疑有利于被告人"中的"存疑"。其中的原因当然是多方面的,包括司法者对该原则本身的理解不深,也包括司法者法学素养的有待提高,还包括法院系统的绩效考核中将被告人上诉率作为重要指标,法官为了防止被告人上诉尽量满足有利于被告人的要求。上述这些非正常现象既是对"存疑有利于被告"的误读,也不利于司法公正。

二、"存疑时有利于被告"的真正内涵

"存疑时有利于被告"来源于罗马法格言,是现代刑事诉讼无

罪推定原则的源泉。根据无罪推定原则,任何人在被证明有罪前,应假定为无罪。换言之,任何人未受到正式的有罪判决,在法律上就是清白的。一个人要受到有罪判决,必须经由检方起诉,并由法官根据事实和法律作出判决,承担起诉责任的控方必须通过证据证明其所指控的犯罪事实在法律上是没有疑问的。如果不能排除合理怀疑,则必须作出有利于被告的判决。可见,存疑有利于被告原则是由刑事诉讼的本质和特点决定的,与无罪推定相辅相成。存疑有利于被告原则的基本内涵即在"谁主张,谁证明"的规则下,若控方不能证明案情而使案情有怀疑时,以有利于被告人利益的结论为裁决,有学者指出其基本内涵是指"犯罪事实存在与否在证据上尚有合理怀疑时,则本乎刑罚解释谦抑性的作用,应为有利于被告之推定"①。因为被告不承担自证其罪的责任,"存疑时有利于被告"实质上是个证明责任问题。存疑有利于被告只是反映了证明责任的逻辑结果,而这一结果在客观上是对被告有利的。这一基本内涵在国外并无争论,但是,近来国内一些学者在解读该格言时随意扩大,造成了只要"案件存在难以解决的疑问时,应作出有利于被告的选择"的局面,而司法实践中则走得更远。这是对"存疑时有利于被告"内涵的误读。

三、存疑时有利于被告的正确运用

(一) 适用的前提条件

　　"存疑时有利于被告"这一格言本身就已经清晰地为其限定了

---

①　林山田:《刑法通论》(增订六版),台湾大学法律系发行 1998 年版,第 44 页。

适用的前提条件——存疑时,且必须是合理怀疑,否则便无有利于被告存在的余地。人类认识的非至上性和智识的非圆满性,决定了人不可能绝对把握世界,必定存在一些无法清楚认识的领域和空间,对于刑事诉讼而言,更不可能将已经发生的案件事实原原本本地重新复制和再现,因此疑问必然存在。如果不加区分地将所有的疑问都有利于被告显然是不切实际的,必须是合理的疑问和怀疑才能作有利于被告的处理,不具有合理性的怀疑时,不得有利于被告。至于何种怀疑才算是合理怀疑,这需要进行价值判断。英国学者塞西尔·特纳指出,"所谓合理怀疑,指的是陪审员在对控告的事实缺乏道德上确信、对有罪判决的可靠性没有把握时所存在的心理状态"①。如果说这一建立在自由心证基础上的标准,对于我国司法者来说过于抽象,那么张明楷教授提出的三项标准则是明确的、可操作的,具体来说:第一,合理怀疑的构成依据是客观事实和证据,而非随意主观猜测。第二,合理怀疑的判断标准是理智正常的、不带偏见的一般人的认识,由法官根据一般人的观念以中立的身份作出是否达到确信的判断。第三,合理怀疑的成立标准是证明有罪的证据尚不确实、充分,如孤证不能定案、证据间存在的不能排除影响案件事实认定的矛盾等;反之,如果有罪证据已经确实充分则不能成立合理怀疑。②

(二)适用范围

(1)"存疑时有利于被告"仅限于事实、证据。

如前所述,存疑时有利于被告原则的基本含义是指事实在证

---

① 〔英〕J. W. 塞西尔·特纳:《肯尼刑法原理》,王国庆、李启家等译,华夏出版社 1989 年版,第 549 页。

② 参见张明楷:《刑法格言的展开》,法律出版社 2003 年版,第 319—320 页。

据上存在合理疑问时,应当作出有利于被告人的判决、裁定,其针对的是事实认定和证据采信问题。需要强调指出的是,对定罪量刑有重要意义的事实存在疑问时,应当作出有利于被告人的推定,比如无法证实被告人贩卖毒品的数量是 100 克还是 50 克时,只能有利于被告从轻认定,这也是我国刑事诉讼法"事实清楚,证据确实、充分"的证明标准的应有之义;不影响定罪量刑的事实或细节存在疑问,不得适用存疑时有利于被告,如有些案件中的赃物、作案工具灭失,但对定罪量刑有决定意义的事实均已得到证据证实,则不得以存疑为由,作有利于被告人的推定。

(2)"存疑时有利于被告"不适用于实体刑法。

"存疑时有利于被告"是否适用实体刑法?刑法界存在否定说和肯定说之争,前者如张明楷教授认为存疑有利于被告的原则不适用于实体法;①后者如邱兴隆教授认为,实体意义上的有利于被告,作为罪刑法定与刑法明确性原则的一条派生原则,当刑法适用上遇到解释不清的疑难时,应该作出有利于被告的选择。② 笔者认为"存疑时有利于被告"不能运用到刑法适用上。理由如下:其一,"存疑时有利于被告"针对的是事实认定和证据采信,是国际普遍认可的,如德国学者罗克辛指出:存疑有利于被告的原则并不适用对法律疑问之澄清;③法国学者斯特法尼指出:"在法律有疑问的情况下……法院并不能因此而免于适用法律,法院也无义

① 参见张明楷:《"存疑时有利于被告"原则的适用界限》,载《吉林大学社会科学学报》2002 年第 1 期,第 54 页。

② 参见邱兴隆:《有利被告论探究——以实体刑法为视角》,载《中国法学》2004 年第 6 期,第 146 页。

③ 参见〔德〕克劳思·罗科信:《德国刑事诉讼法》,吴丽琪译,三民书局 1998 年版,第 145 页。

务一定要采取有利于被告的限制解释。如同在法律的规定不甚明确的情况下一样,法官应当首先借助于一般的解释方法,从中找到法律的真正意义。"①其二,如果将该原则推广到实体刑法领域会导致法律虚无、法学虚无。一方面,从某种意义上讲,刑法中的任何一个罪名都是对被告人不利的,如果彻底对被告人有利,那么就该废除刑法,导致法律虚无主义;另一方面,只要实体法律适用存在争议,就直接按照有利于被告进行裁决,就不存在疑难案件,更无刑法解释之必要,也没有刑法理论研究之余地,会导致法学虚无主义。其三,如果将该原则推广到实体刑法领域会加剧司法不公,尤其是司法者自己不愿意或不善于深究或解释法律条文,而在遇到法律适用争议时索性来个"有利于被告"定轻罪了之,更是一种不负责任的态度。其四,实体刑法中关于溯及力从旧兼从轻原则、数罪并罚中的限制加重原则等的规定,是从刑法保障机能的角度作出的明确规定,根本不"存在存疑时有利于被告"的适用前提条件——存疑。因此,以刑法的这些规定为由认为存疑时有利于被告原则也适用于实体刑法根本站不住脚。

① 〔法〕卡斯东·斯特法尼等:《法国刑法总论精义》,罗结珍译,中国政法大学出版社1998年版,第139页。

非法获取计算机信息系统
数据罪实体及程序难题*

　　被告人谷某 2003 年至 2007 年系上海某资讯科技集团公司(以下简称上海公司)研发部主管,因研发工作需要被授权用户名和密码进入公司数据库的计算机系统后台,谷某没有按照公司规定在使用后即删除用户名和密码,而是故意存储在电脑中。2009年谷某被调至上海公司的子公司南京某资讯科技有限公司(以下简称南京公司)任技术开发部 WDP(一种自动化办公系统平台)主管,因岗位发生变化而不再有权进入数据库的计算机系统后台,只是有权通过 WDP 工作平台读取少量的数据,且会有读取记录、乱码等限制。2011 年 7 月被告人谷某因嫌薪水低而想辞职,于是将2007 年在上海公司从事研发工作期间得到的数据库后台系统的用户名和密码调出来试用,发现仍然能够使用,于是先后多次登录计算机系统后台,通过专用软件从该数据库导出 1700 余份数据(占该公司全部数据的 80%,该公司每年销售数据利润为 2 亿余元)及 WDP 平台的全部配置文件,并通过电子邮件传输、存储至家中电脑内。

---

*　原文发表于《中国检察官》(经典案例)2012 年第 8 期,发表时标题为《非法获取计算机信息系统数据罪认定中的两个难题》。

该案争议的焦点集中在以下两点:一是谷某是公司内部员工,而且有权通过 WDP 平台读取少量数据,是否属于非法侵入计算机信息系统;二是司法解释列举了非法获取计算机信息系统数据罪"情节严重"的四种具体情形后,用了兜底条款"其他情节严重的情形",本案中谷某获取的计算机系统数据并没有泄露出去,没有获取利益,是否属于"其他情节严重的情形"。

一、如何从证据角度认定"非法侵入"

由于计算机犯罪的特殊性,其证据的审查与认定也具有特殊性。非法获取计算机信息系统数据罪中"非法侵入"的证据认定,关键在于以下两个方面:一是行为人的权限。行为人的权限在证据上主要依赖于书证。一般而言,被害单位会根据本单位工作人员的工作内容、职务等赋予其进入计算机信息系统的相关权限,主要体现为工作责任书、岗位职责、劳动合同、保密协议等客观性证据;同时结合被告人自己的供述、证人证言等主观性证据来辅助判断被告人的权限。坚持以客观证据为主,以主观证据为辅的原则。在前述案例中,通过审查被告人谷某从 2007 年直到 2011 年的劳动合同和岗位职责说明书,发现被告人谷某于 2007 年在上海公司工作期间,其岗位职责是数据处理软件的研发和数据加工,具有进入数据库后台的权限。但 2009 年到南京公司后,其岗位职责发生重大变化,由原来的数据处理软件研发和数据加工变更为办公自动化工作平台 WDP 的维护和升级,而 WDP 不能直接进入数据库后台,只能读取少量的数据,且会有读取记录、乱码等限制。二是侵入计算机信息系统的行为。这主要靠电子证据来认定。被告人侵入计算机系统会留下信息记录,获取数据的方式、输入的身份认证以及获取的数据,会形成电子证据,一般体现为文字、数字、表格、图片、声音、图像、视频等。因此,认定非法获取计算机信息系统数据罪需要侦查机关及时对涉案的计算机进行扣押、查封,并及时进行电子证据提取和计算机远程勘验。在前述案例中,公安机关网监部门对被告人谷某办公室电脑、被告人谷某的电子邮箱、被害单位数据库后台进行勘验。通过对电子证据提取笔录和远程勘验笔录的审查,发现被告人谷某从其工作使用的电脑 D 盘内调取了其 2007 年在上海公司使用过的用户名和密码,先后 4 次登录公司数据库后台,导出 1700 份数据表,又通过电子邮箱传输到其住处的电脑内。这些客观性的电子证据锁定了谷某侵入计算机信息系统并获取数据的事实。

二、关于情节严重的理解与认定

(一)实体方面"情节严重"之理解

非法获取计算机信息系统罪是情节犯。刑法理论中的"情节犯"是指以情节严重为必要条件的犯罪类型。犯罪的本质是法益侵害,法益侵害性是质和量的统一,在质的意义上指法益侵害的有无,在量上指法益侵害的程度大小。刑法中存在一些行为难以通过强调、增加某种构成要件要素来使犯罪构成总体所反映的社会危害性达到应受刑罚惩罚的程度,或者是立法者不能预见所有情节严重的情形,在这种情况下,刑法会以"情节严重"作出综合性规定。所以情节严重作为构成要件,其特点是综合性,涉及客观方面、主体、主观方面等内容。这意味着此种情节不属于犯罪构成要件某一方面的要素,而是一个包括手段、目的、结果等主、客观方面的综合性构成要件要素。正是因为它是一个综合性的要件,所以无论是司法解释还是刑法条文都无法穷尽所有可能的情形,所以"情节严重"具体包括哪些情形需要结合具体个案,以法益侵害为指导,进行实质的、综合性的评定。"两高"《关于办理危害计算机信息系统安全刑事案件应用法律若干问题的解释》(以下简称《解释》)规定,非法获取计算机信息系统数据罪的"情节严重"包括身份认证信息 500 组以上的、非法控制计算机信息系统 20 台以上的、违法所得 5000 元以上或者造成经济损失 10000 元以上的、其他情节严重的等五种情形。结合本案来看,前述司法解释的前四种情况都不符合,只能看是否符合兜底条款"其他严重情节"。从理论上说,这里的"其他严重情节"至少包括获取信息的数量、次数、手段、潜在的危险性等,从实质上判断其行为的法益侵害性和有责性是否到达需要刑罚处罚的程度,既要防止将没有达到刑罚处罚程度的行为认定为犯罪而随意入罪,又要防止将达到刑罚处罚程度的行为排除在犯罪之外而放纵犯罪。

结合前述案例来看,谷某侵入计算机信息系统获取的数据占公司全部数据的 80%,价值近亿元,虽然没有泄露出去造成现实的经济损失后果,但是危险性巨大;谷某获取的 WDP 全部配置文件,可以迅速搭建一个与公司相同的程序,该公司 WDP 的开发成本 200 余万元,其获取的数据量之大,潜在的危险性之大,将其评价为"其他严重情节"并不违法刑法的规定,也符合刑法保护法益之目的。

(二) 证据方面之"情节严重"的认定

《解释》中规定的前四种情况,即"身份认证信息 500 组以上的""非法控制计算机信息系统 20 台以上的""违法所得 5000 元以上或者造成经济损失 10000 元以上的",由于在客观上造成了现实的后果,因此在证据的认定上比较简单。但是对于"其他严重情节"的认定是比较困难的,也是争议最大的。结合前述案例,认定属于"其他严重情节"关键在于两个问题:一是获取的信息数据与被害公司数据库中的数据进行比对,以确定其获取的数据量之大。通过审查电子证据提取笔录,发现公司数据库总共只有数据表2100 余份,而被告人谷某非法获取了 1700 余份,且 1700 余份均包含在 2100 余份之内,具有对应性。而且电子证据提取笔录还表明谷某将 WDP 工作平台的全部配置文件全部导出。这在证据上就足以认定其获取的数据量之大。二是数据价值的评估。由于这种数据具有垄断性,不具有市场统一价格,物价部门无法进行价格鉴定。从证据的角度来看,一方面要对已经销售出去的数据与被告人获取的数据进行比对,通过销售合同记载的价格以及合同附件对应的数据进行比对;另一方面要对 WDP 开发成本进行核算,包括硬件购买凭证、员工工资凭证等会计资料,委托会计师事务所等中介机构进行审计。通过第三方审计出的价值,从证据角度认定行为情节的严重性。前述案例中,通过评估,被告人获取的数据价值 1 亿余元,为认定"其他严重情节"奠定了重要基础。

综上,笔者认为,前述案例中谷某的行为构成非法获取计算机信息系统数据罪。这一点也得到法院判决的认可,2012 年 2 月 6日,江苏省南京市建邺区人民法院以非法获取计算机信息系统数据罪判处谷某有期徒刑 6 个月,缓刑 1 年。计算机犯罪作为一种新的犯罪形式,"就犯罪构成而言,大致上是一个新的现象,但是并不是一个新的问题",这正如用电脑来伤害他人,还是故意伤害罪;用电脑来杀人,也仍然构成故意杀人罪,所以只是一个对现有刑法条文的解释问题。①

① 　参见黄荣坚:《刑罚的极限》,元照出版有限公司 1999 年版,第 209 页。

第四篇　现代化进程中的司法改革

司法是解决社会矛盾的，而社会是动态发展的，因此，司法改革不可避免。只有符合诉讼规律的司法改革才能行稳致远。法律人对司法改革，既要有开放包容的胸怀，也要有遵循诉讼规律的谨慎。

4
Part

现代化进程中的司法改革

中国式法治现代化是中国式现代化在法治领域的具体体现,是中国式现代化的重要组成部分。推进中国式法治现代化,不断深化新时代法治领域各项改革,充分发挥法治固根本、稳预期、利长远的保障作用。司法是解决社会矛盾的,而社会是动态发展的,因此,司法改革不可避免。即便"有一个引以为豪的刑事司法传统。但为了对刑事司法制度所服务的社会作出迅速反应,该制度需要随着社会的变化而变化"①。中国式法治现代化与中国式现代化一样,既有各国的共同特征,更有基于自己国情的中国特色。我国的司法改革既需要吸收世界先进国家的经验,遵循基本司法规律,也要立足于本国特色,以"世界的眼光,解决中国的问题",既要对标国际,也要立足本土,还要前瞻未来。笔者以为,以下几点是当前司法改革应重点关注的问题。

一、司法责任制改革

党的十八届三中全会《关于全面深化改革若干重大问题的决

---

① 最高人民检察院法律政策研究室编译:《所有人的正义:英国司法改革报告》,中国检察出版社 2003 年版,第 5 页。

定》要求"建立符合职业特点的司法人员管理制度,完善司法人员分类管理制度,健全法官、检察官、人民警察职业保障制度"。党的十九大作出了"深化司法体制综合配套改革,全面落实司法责任制,努力让人民群众在每一个司法案件中感受到公平正义"的重大战略部署。党的二十大进一步要求"深化司法体制综合配套改革,全面准确落实司法责任制,加快建设公正高效权威的社会主义司法制度,努力让人民群众在每一个司法案件中感受到公平正义"。从上述一系列重要文件可见,司法责任制改革的重要性。

司法活动具有高度的专业性,司法官的职业化是确保司法公正的基本要求,也是司法责任制改革的起点。法官、检察官的职业化是落实依法治国方略的重要基础之一。法官、检察官职业化是指一个具有专业素养、职业信仰和享有一定自主和保障的法官、检察官队伍群体。司法的独特属性,决定了掌握司法权的人,应当是具有职业素养的精英。司法人员经验的丰富性和司法队伍稳定性对于司法公正具有重要意义,而职业保障体系是保证法官、检察官队伍稳定性的重要支柱,健全的职业保障可以使法官、检察官无后顾之忧地履行职责,依法独立、公正、严格地执行法律。严格的选拔和遴选机制以及强有力的职业保障和职业尊荣感,是保障司法官坚守良知、善尽职责、维护公正的必要条件。

近年来,员额制改革及其配套体系基本框架已经形成,改革取得重要成就。当前亟待解决的问题依然存在,主要包括以下方面:①"案多员额少"的矛盾依然突出。东部发达地区办案部门人员超负荷工作,按照30%的比例确定员额,院长、副院长、检察长、副检察长占据一定名额之后所剩无几,"有生"办案力量偏少;有的地方如西部偏远山区,案件量少,如果按照30%的比例确定员额,又显得过剩。同样,基层院与省、市院情况差别也很大。如何合理调配员额数量,任重道远。②遴选机制还不顺畅。80%的案件在基层,在基层办案的法官、检察官入额的名额有限,职级晋升通道狭窄;省、市院员额相对较多、职级晋升空间更大,但缺乏一线办案的历练,如何形成上下畅通有序的遴选机制,还有很长的路要走。法律职业共同体内部有序流动尚未真正"破冰"。③责任追究机制尚不完善。如何建立符合司法规律的责任划分标准和豁免机制,实现既能激发司法人员的积极性依法履职,又能有效防止和惩治滥用权力,这是一项艰巨的系统工程。④绩效考评机制离科学性、合理性、公平性的目标尚有距离。绩效考评机制是司法责任改革不可忽略的重要组成部分。考核具有"指挥棒""风向标"的作用,但实践中设置既符合司法规律又具有合理性和公平性的指标体系,常常处于"不要数据不行,唯数据论也不行"的两难境地。

二、犯罪治理体系改革

犯罪是社会的特有现象,有社会就有犯罪,如何治理犯罪是国家治理现代化的重要组成部分。犯罪的态势会随着社会形势的发展而变化,刑事司法制度作为治理犯罪的制度体系也需要顺应新的社会形势进行改革。当前,我国犯罪治理体系改革主要集中在两个方面:

其一,合作型刑事司法模式改革。合作型刑事司法模式主要体现在刑事和解(恢复性司法)、认罪协商(认罪认罚从宽)、企业合规三大制度上。刑事和解体现的是被告人与被害人之间的合作,国家对这种合作给予刑罚的宽宥;认罪认罚从宽体现的是被告人与国家的合作,国家给予认罪认罚的被告人以从宽处罚;企业合规是涉罪企业与国家的合作,国家给予制订并实施了有效企业合规的企业以从宽处罚。

　　从刑事和解到认罪认罚,再到企业合规,是犯罪治理模式从对立走向合作发展脉络的具体体现。在刑事追诉方面,人类历史经历了从私人追诉到国家垄断,再到部分私权化的历程。人类历史上曾长期实行私人追诉主义,"不告不理",刑民不分。随着人类社会发展,公法与私法逐步分野,刑事犯罪的私人追诉主义逐步走向国家垄断主义。中古时期盛行于欧洲大陆的纠问式诉讼模式中,法官独揽了刑事犯罪的侦查、起诉和审判的全部职权;中国封建社会地方官员也是包办了刑事犯罪的全部程序。1789 年法国大革命胜利后,以拿破仑为代表的法国资产阶级对纠问式诉讼进行改革,逐步形成了刑事犯罪的国家追诉主义。这样,检察机关垄断了绝大多数刑事案件的追诉权(少数自诉案件除外),"国家—被告人"的关系成为刑法的核心命题,犯罪的本质被认为是个人对社会的侵犯,国家垄断了对被告人进行追诉和惩罚的权力,形成"国家—被告人"二元对立的模式,被害人的当事人角色被国家替代了,"使被害人丧失了其原有的角色,公共的刑罚也取代了赎罪金。受害者处在被遗忘的角落中"①。为了改变被害人的不利处境,被害人复兴运动逐步开展起来。欧美国家 20 世纪 70 年代兴起的"恢复性司法",将被害人与被告人之间的谅解与合作置于刑事诉讼活动的中心。我国司法机关从 2001 年以来开始尝试刑事

---

① 〔德〕托马斯·希伦坎普:《被害人教义学今何在?——对于作为立法、解释、归责和量刑原则之"被害人学准则"的一个小结》,陈璇译,载《比较法研究》2018 年第 5 期。

和解,2012年《刑事诉讼法》修改时正式将刑事和解进行立法。刑事和解是一种全新的合作模式,不单纯是"被告人—被害人"双方私力合作,而是"被告人—被害人—司法机关"三方合作,体现了"部分私权化"。

我国的认罪认罚从宽制度,在具体制度设计上虽然不同于英美法系的辩诉交易,也不同于大陆法系的认罪协商,但是,在理论上属于合作刑事司法模式,更具体地说,是被告人与国家之间的合作。如果说刑事和解主要是被告人与被害人的合作(更准确地说是被告人、被害人、国家三方合作),属于刑事私力合作,那么认罪认罚从宽、协商司法、辩诉交易就属于刑事公力合作。[1] 根据我国《刑事诉讼法》的规定,认罪认罚从宽是《刑事诉讼法》总则的一项基本制度,被告人可以在侦查、审查起诉和审判的任何一个环节认罪认罚,并换取国家的从宽处罚。

企业合规是针对企业犯罪而言的,一般是指企业为预防、发现违法犯罪行为而实施的自我管理、约束的内部治理体系。企业合规的好处在于:(1)减轻国家侦查成本。因为企业犯罪、金融犯罪调查成本高昂,通过企业合规,能够把调查成本转移给企业。一方面,通过诸如使公司以建立监督体系和开展内部调查的方式承担现行法律的义务,并因此将成本负担转嫁给公司,国家就可以降低部分刑事追诉的开销;另一方面,公司内部调查的结果,或者是中间结果,经常可以使国家层面的刑事追诉成为可能,或者至少会明

---

① 参见陈瑞华:《刑事诉讼的公力合作模式——量刑协商制度在中国的兴起》,载《法学论坛》2019年第4期。

显对其发挥推动作用。① （2）节约预防犯罪的成本和提高预防犯罪效果。因为企业特别是大型企业,内部结构复杂,业务流程复杂,外部预防难以奏效,而通过企业的自我管理和约束能更加有效地预防犯罪。(3)推动企业治理结构变革,促进合规经营。(4)树立企业形象和声誉,"通过给予企业奖励的方式,在企业内部创造并维持预防犯罪、发现犯罪、报告犯罪的良好机制",合规管理制度的引入被认为创造了名为"良好企业公民"的新社会群体形态。②可见,企业合规通过企业与国家的合作及其承诺并有效实施自主管理来换取从宽处罚,是刑事追诉的部分私权化的表现。企业合规是一种犯罪控制和治理的"家庭模型",其"特别的魅力在于原本属于国家主权的管理责任转移给了私人",刑事模式由"对抗模式"走向"合作模式"。③

　　上述刑事和解、认罪认罚从宽、企业合规的制度改革,既顺应了国际上的普遍趋势,也独具中国特色。当前,认罪认罚从宽制度的繁简分流机制以及非认罪认罚案件的证人出庭、企业合规有效性及刑行双向衔接等还存在诸多问题,这是下一步改革要重点解决的。

　　其二,轻罪治理体系改革。近年来,我国刑事犯罪结构发生明显变化,轻罪治理体系逐步形成。在实体法层面,刑法立法中增设

---

① 参见〔德〕弗兰克·萨力格尔:《刑事合规的基本问题》,马寅翔译,载李本灿等编译:《合规与刑法:全球视野的考察》,中国政法大学出版社 2018 年版,第 64 页。
② 参见〔日〕川崎友巳:《合规管理制度的产生与发展》,李世阳译,载李本灿等编译:《合规与刑法:全球视野的考察》,中国政法大学出版社 2018 年版,第 16 页。
③ 参见〔德〕托马斯·罗什:《合规与刑法:问题、内涵与展望——对所谓的"刑事合规"理论的介绍》,李本灿译,载《刑法论丛》2016 年第 4 卷。

的新罪名大多是轻罪；司法实践中，危险驾驶罪、帮助信息网络犯罪活动罪等轻罪案件占比高。在这种社会背景之下，少捕慎诉慎押刑事司法政策改革应运而生。少捕慎诉慎押刑事司法政策是在我国犯罪结构呈现轻罪化、治安形势总体向好的新时代背景下，在刑事司法领域提出的贯彻宽严相济刑事政策、推进全面依法治国的重大举措，是推进轻罪治理体系完善的重大举措。目前已经取得重大成效，2022 年，诉前羁押率仅为 26.7%（2018 年为 54.9%），为有司法统计以来最低。[1]

与轻罪治理体系相配套的改革措施尚未启动，但亟待开启。一是替代性的非刑罚处罚措施及保安处分。我国《刑法》第 37 条规定的训诫、责令具结悔过、赔礼道歉、赔偿损失，或者由主管部门予以行政处罚或者行政处分，在理论上属于非刑罚处罚措施，但体系很不完善。从国际上看，不起诉的重要考量因素在于是否存在替代性非刑罚处罚措施。非刑罚处罚措施中的社会服务令，在替代短期自由刑方面发挥着重要作用，既能通过非监禁的劳动改造实现预防效果，又能防止监禁场所的交叉感染。但是我国立法上尚未规定社会服务令，亟须在《刑法》中增设社会服务令。另外，我国《刑法》中的保安处分措施也需要完善，目前主要有禁止令，但是其他保安处分措施还需要进一步补充规定。二是建立轻罪前科消灭制度。犯罪前科记录不仅影响到犯罪人本人的再社会化、就业、生活，而且还影响到其子女的升学、就业等。虽然前科制度具有惩罚和预防的效果，但是对于轻罪来说，其负面效应不容忽

---

[1]　参见《刑事检察：强化能动履职，增强人民群众安全感》，载《检察日报》2023 年 2 月 19 日，第 4 版。

视,社会治理成本也极其高昂。对标国际,立足本国实际,需要在立法层面建中国特色的轻罪前科消灭制度。

三、数字司法

Web 3.0 时代的社会逐步全面数据化,"数字主宰一切"逐步成为现实,Web 3.0 时代的社会是一个数字洪流的社会,数字正在改变社会,也在改变司法。《法治中国建设规划(2020—2025 年)》指出"充分运用大数据、云计算、人工智能等现代科技手段,全面建设'智慧法治',推进法治中国建设的数据化、网络化、智能化"。数字司法是智慧法治的重要组成部分。当前,数字司法的探索主要集中在"小数据""弱智能"信息检索和类案比对上,属于司法工作数字化,是在司法工作信息化基础上的迭代更新,数字司法的智能化发展趋势是走向智能司法(又称智慧司法)。从发展脉络上看,科技赋能司法的历程是司法信息化(信息司法)——司法数字化(数字司法)——司法智能化(智能司法、智慧司法)。

当前,我们尚处于司法数字化的阶段,这个阶段属于阵痛期,一方面司法数字化本身费时费力,短期内需要大量的人财物投入;另一方面各个司法机关的数据相互保密、隔离,导致"数据孤岛",加剧了司法数字化的难度。未来,推理模型、知识图谱的建构难度更大,需要遵循司法规律,长远规划,攻坚克难。

办案责任制中的"办案"与"责任"[*]

当前司法改革已经进入深水区,法官、检察官员额制和司法官办案责任制是改革核心内容。司法官员额制与办案责任制是一体两面的关系,只有进入了员额才需承担办案责任,因此办案责任制是本轮司法改革的关键。当前人们对于办案责任制中的"办案"与"责任"内涵的认识存在诸多误区,给司法改革带来不利影响,亟须澄清。

一、办案

第一,什么叫办案?这原本不是一个需要回答的问题,但是由于司法官员额制改革的推行,这个问题直接决定了哪些人有进入员额的资格,所以现在这是个亟须回答的问题。中央已经明确,只有从事一线办案的人员才能进入法官、检察官的员额。换言之,谁办案谁才有可能进入员额。那么问题来了,谁来办案?什么才叫办案?

有人认为,领导层虽不直接办案,但其签发、审批案件,所以也属于办案人员;还有观点认为,检察委员会委员、审判委员会委员对于提交会议的案件要作出判断、发表意见,这也是一种办案;检察委员会办公室、审判委员会办公室人员对于提交检察委员会和审判委员会的案件要进行程序性审查(有的地方还进行实体审查),也是办案;甚至还有观点认为,检察机关的案件监督管理办公室、人民法院的审判管理办公室对案件进行监督、管理、评价、综合协调,这也属于办案。实践中,这种认识还比较普遍。

笔者认为,上述观点是典型的部门利益本位主义甚至是个人利益本位主义的立场,与司法规律不符,与司法改革的大局相背,也与中央要求相左。司法活动讲究亲历性,案件办理的过程就是作为诉讼构造一方参与诉讼活动的过程,从本质上讲,办案就是作为诉讼一方参与诉讼活动的过程,因此案件的办理既要亲自阅卷,还要亲自听取相关当事人的意见,撰写相关法律文书,亲自参与诉讼活动,并承担诉讼不利的后果。他人承办的案件,对案件进行审批、监督、管理的人,既不能改变原案件承办人的诉讼角色,也不会将他人变成这个案件的另一个承办人。果真如此,所有碰过这个案件的人就都变成了案件承办人,岂不是连书记员、档案员……都变成了办案人员,这样员额制必然被架空,司法官的精英化将成为水月镜花。

第二,如何办案?办案作为一种司法诉讼活动,按理说就该谁办理谁决定。但长期以来,"办者不定""定者不办"的行政决策流程一直支配着司法办案工作。办案责任制改革的重要目的就是要赋予法官、检察官作为案件承办人的相对独立的决策权。从试点的情况来看,改革的难点在于检察官、主任检察官与科处长、分管检察长,法官、主审法官与庭长、分管院长之间的权力划分。

事实上,实践中基层法院、检察院办理的90%以上的案件,部门负责人和分管院领导的签发,只是程序性的,只是大概浏览一下法律文书,偶尔翻阅卷宗,甚至很多案件分管院领导连看都不看一眼,只是签个姓名而已。既然如此,何不将这部分案件直接放手给承办法官、检察官自行决定呢?也许有人会说,10%的疑难复杂案件需要层层把关。但真实的情况却是,这类案件一般都是经过部门集体讨论或检察委员会、审判委员会的讨论,然后由承办人按照会议决议办理,再通过部门负责人和分管院领导签发。既然已经集体讨论作出决议了,那么再走一遍行政审批、签发程序还有多少必要性呢?

二、责任

如前所述,大胆放权并无障碍,也不会有风险,因为有责任机制作为保障,承办人需要对案件终身负责。责任与权力是对应的,有多大的权力就要承担多大的责任。赋予法官、检察官独立案件决定权的同时,还要求其对案件终身负责。但是这种责任不是无边际的,也不是鸡毛蒜皮的瑕疵,更不是文书中的错别字,主要是错案责任追究。

其一,错案追究中的"错案"的标准是什么?有人认为凡对进入了刑事诉讼程序中的案件,作了错误定性或者错误处理的,都属于"刑事错案",包括无罪认定为有罪、有罪认定为无罪、此罪认定为彼罪、轻罪认定为重罪、重罪认定为轻罪的案件,甚至还包括量刑情节认定错误。但是错案追究中的错案只能是指责任性的错案。司法的判断是一种价值判断,与物理化学实验不同。个案处理存在不同意见和观点是正常的,不能将因认识不同而导致判决与起诉不一致的案件认定为错案进而追究公诉检察官的责任,也不能将因认识不同而导致二审(或再审)判决与一审判决不一致的案件认定为错案进而追究一审法官的责任。错案责任追究意义上的错案应该仅限于责任性错案,包括故意徇私枉法办理案件、出于其他不正当目的故意错误办理案件、严重不负责存在重大过失而错误办理案件。同时,错案的追究责任需要建立一整套的程序,建立公开公正程序,以保障被追究责任的法官、检察官受到公开、公正的问责程序保障;建立救济程序,赋予其申诉的权利,要做到错案责任追究的法定化。责任的评定不得盲目把诉讼中的后一道程序对前一道程序的否定作为对错案及其责任的宣告,更不能由外行评判内行。

其二,无罪就是错案吗?无罪判决率是一国刑事诉讼的重要指标,它与社会公平正义、人权保障和程序公正紧密联系,西方国家的司法体系中均有一定比例的无罪判决率。英美法系国家或地区无罪判决率一般在25%左右。办案责任要真正落实,就必须理性看待无罪判决。无罪判决与错案并不能直接画等号,只有责任性的无罪判决才属于错案的范畴,因认识分歧而产生的无罪判决与错案无关。这一点对检察官而言更为重要,因为起诉原本就是有风险的,诉讼风险责任与错案责任不可同日而语。

"以审判为中心"的精髓与支柱[*]

  "以审判为中心"又称"审判中心主义"，理论界对其基本含义的争论由来已久。党的十八届四中全会通过的《中共中央关于全面推进依法治国若干重大问题的决定》明确提出"推进以审判为中心的诉讼制度改革，确保侦查、审查起诉的案件事实证据经得起法律的检验。全面贯彻证据裁判规则，严格依法收集、固定、保存、审查、运用证据，完善证人、鉴定人出庭制度，保证庭审在查明事实、认定证据、保护诉权、公正裁判中发挥决定性作用"。这意味着审判中心主义已经由理论探讨走向实践贯彻。因此，当务之急是如何在实践中贯彻审判中心主义，结合我国的现实情况从如何贯彻落实的角度对审判中心主义的内涵进行概括，比纯理论上的争论意义更大。

  笔者认为，结合我国目前的现实情况，从贯彻落实的角度，可以将"以审判为中心"的基本内容概括为"一个精髓"和"两大支柱"。"一个精髓"就是庭审的实质化；"两大支柱"就是证据裁判原则、直接言词原则。司法实践中只要将上述精髓和支柱落到实处，以审判为中心的诉讼制度改革目标实现就指日可待了。

＊ 原文发表于《人民法院报》2016 年 5 月 26 日，第 6 版。

一、庭审实质化是"以审判为中心"的精髓所在

为什么要提出"以审判为中心"这个要求？原因就在于长期以来，庭审在事实认定、证据采信、定罪量刑中的作用被淡化、被架空。所以，"以审判为中心"的精髓就在于庭审的实质化，使庭审在事实认定、证据采信、定罪量刑中发挥决定性作用，回归审判的司法属性。"以审判为中心"，意味着案件事实的认定和证据的采信等均通过庭审来确定，证据必须通过庭审的调查和辩论才能作为定案的根据，定罪量刑要在法官听取控辩双方意见的基础上进行裁决，庭审的实质化才是"以审判为中心"的精髓所在。

对庭审实质化这一精髓的正确把握具有重要意义，有利于平息公、检、法三家到底谁是中心之争，也有利于平息控、辩、审三方谁是主角之争。"以审判为中心"提出来以后，有人说今后的刑事诉讼主要是看法院的，公安、检察、律师都无所谓了；有人说"以审判为中心"是法院胜利了，就是要提高法院的权威，检察院和公安地位下降了；有人说贯彻"以审判为中心"，重点就要放在检察院了，公诉的质量决定着审判，检察官才是中心，如此等等，不一而足。其实，上述说法都是错误的。因为庭审的实质化就要求"一切庭上见分晓"，无论是事实认定抑或证据采信，还是定罪量刑，都要接受控辩审三方的质证、辩论、裁决，控、辩、审三方缺一不可，都是"以审判为中心"的主角；公、检作为广义上的控方，法院作为审判方，都是刑事诉讼不可或缺的，不存在谁重要谁不重要的问题，所以"以审判为中心"，只是就诉讼活动而言的，不是就诉讼角色而言的。那种认为"以审判为中心"就是"以法院为中心"甚至是"以

法官为中心"的观点是错误的;那种认为以审判为中心就是要提高法官权威、法院权威的观点是狭隘的;那种认为以审判为中心实际是以检察官为中心更是荒唐的。中国政法大学教授樊崇义一针见血地指出:"以审判为中心的实施主体,不仅仅是人民法院,而是由法院、公安、检察、辩护律师形成合力,才能贯彻实施以审判为中心。"

二、证据裁判原则、直接言词原则是"以审判为中心"的两大支柱

既然庭审的实质化才是"以审判为中心"的精髓所在,那么如何将这一精髓在实践中贯彻落实呢?

庭审的实质化实现的第一个支柱是证据裁判原则。庭审的实质化意味着检察机关移送给法院的证据,法院不会轻易照单全收,而是要在法庭上接受质证,这正是证据裁判原则的核心所在。作为现代法治国家证据制度基石的证据裁判原则,是指诉讼中司法人员认定案件事实必须以证据为依据,没有证据不得认定事实;认定事实必须根据具有证据能力的证据,证据能力就是指能够成为证据的资格,也就是证据的合法性问题;裁判所依据的必须是经过法庭调查的证据,未经庭审调查、质证的证据不得作为定案根据。可见,要发挥庭审在事实认定、证据采信中的实质作用,就必须切实贯彻证据裁判原则。正因如此,有学者指出,"以审判为中心"的诉讼制度改革,必须树立"打官司就是打证据"的理念,在两个方面贯彻证据裁判原则:其一,强调将证据作为事实认定的基础;其二,强调案件事实认定的根据,必须是经过法庭举证、质证和认

证后采纳的证据。

　　庭审实质化实现的第二个支柱是直接言词原则。长期以来，我国的刑事诉讼活动是"以侦查案卷笔录为中心"而展开的，法官定案主要依赖于庭外阅卷。证人证言和其他言词证据，例如被告人陈述、被害人陈述等，都是以案卷笔录为载体存在于刑事诉讼中的，庭审举证的主要方式是宣读书面的言词证据，法庭审理也大都通过记载言词证据的案卷笔录的宣读和调查来进行，法庭审判在一定程度上变成对侦查结论的审查和确认过程。

　　直接言词原则包括直接审理原则和言词审理原则。直接审理原则要求参加审判的法官必须亲自参加证据审查、亲自聆听法庭辩论，强调审理法官与判决法官的一体化，反对审者不判；言词审理原则要求当事人等在法庭上用言词形式开展质证辩论，让作证者亲自到法庭，旨在严格审查证人证言的真伪，避免先入为主地将侦查机关的侦查或讯问笔录作为定案依据。可见，直接言词原则要求法官亲自参加审、聆听法庭辩论并独立裁判，以及强调证人出庭作证接受质证，均是实现庭审实质化的基本内容和重要保障。

　　笔者认为，摒弃对"以审判为中心"概念的纯理论之争，从现实角度把握庭审实质化这一精髓和证据裁判原则、直接言词原则两大支柱，才是贯彻落实"以审判为中心"的根本之道。

独立行使检察权的方向与路径 *

十八届三中全会明确提出,改革司法管理体制,确保依法独立行使检察权、审判权。如何实现这一目标? 这是摆在我们面前的紧迫课题。笔者认为,改革的方向是去地方化和去行政化,路径是经费统管、职业化,并完善党委领导和人大监督方式。

一、改革的方向

(一) 去地方化:经费统管

要实现独立行使检察权这个目标,关键点之一在于去地方化。长期以来,地方检察院往往成为地方的检察院(法院也是如此)。因为检察机关的经费保障完全依赖地方政府,所以,实践中,一方面,检察院往往成为一级政府的一个部门,参与地方政府的打扫卫生、巡逻站岗、执行等活动,不仅与检察院职能严重背离,也与"一府两院"的宪制架构相去甚远;另一方面,地方行政权甚至行政领导干预检察权行使的事例也并不鲜见。也正因为如此,中央提出了由省一级检察院统管财物,可以在一定程度上避免当地不当干

＊ 原文发表于《检察日报》2014 年 7 月 1 日,第 3 版。

预。目前省级统管应该是一个过渡，为中央层面统管创造条件。

1. 具体由谁来管？

有人认为应该由省人民检察院来管，有人认为应该由省一级政府来管，实际上，去地方化和去行政化是相互关联的。省级政府管肯定不合适，因为地方行政会干预检察权，省级行政也会干预，有时会干预力度更大，这样就走不出检察权地方化的怪圈。笔者认为，可以由省人民法院、省人民检察院核定基数，精确预算，向省人大提出申请，由省人大进行审批。这与国外由议会审批具有异曲同工之处。

2. 经费从哪来？

中国国情比较特殊，地域辽阔，且各地经济发展极不平衡，所以要循序渐进，稳步推进。我国有大约 3000 多个基层人民检察院，几百个中级人民法院，经费统管绝非轻而易举之事。这么多的钱从哪来？是由省级财政承担全部费用而不从地方收缴，还是将原来各地承担的司法预算全部上缴省财政后由省级统一支配？笔者认为，目前的过渡期的选择应该是后者。对于特别贫困地区，中央财政可以给予适当补助。

3. 经费怎么分配？

在经费的使用、拨付上，要在充分调研论证和精确预算的基础上，考虑地区差异，不能"一刀切"。要向基层倾斜，要确保贫困地区待遇有所提升，同时要确保发达地区保持不降，维护队伍的职业化和稳定性。因为 80% 以上的案件在基层，80% 以上的司法人员也在基层，加之司法队伍人数较多，导致基层司法机关人多职数少，基层检察官职级低、待遇差、发展空间有限，因此经费分配必须向基层倾斜。

(二) 去行政化:职业化

1. 队伍管理的职业化

目前,中国司法人员的招录、遴选、培养、任用、待遇等方面,实行与普通公务员相同的模式,且待遇特别是职级、政治待遇比一般公务员还要差。地方党委政府给检察院(包括法院)的职数是有限的,而检察院(包括法院)人数普遍比地方一般的政府部门要多,"僧多粥少",人才流失严重,队伍不稳定,职业化就无从谈起。

检察官职业的特殊性决定了国家需要建立一套不同于一般公务员的职业保障制度。一方面,要将检察官的待遇与行政级别彻底脱钩,按照检察官等级确定薪资水平;另一方面,严格实行司法行政人员与司法业务人员的分类管理,并适当降低司法行政人员的待遇和人数,逐步分流,使"不能办案、不会办案、不具有办案资格"的人逐步分流出检察院,增强职业化和专业化。同时,将检察官的人事任免权从地方剥离,由省级院统管。目前,可以把选拔、考察、提名权集中到省,由省决定提名,市、县分别通过法定任免程序落实省的决定。这样,现行法定任免程序的形式不变,但实质内容变了,提名权集中到了省,与"一府两院"架构不冲突。

2. 案件办理的职业化

检察机关内部机构设置要进行改革,减少和削减非业务部门,真正做到将精力放在执法办案上。探索主诉检察官制度,赋予检察官一定的办案独立性。主诉检察官制度,是以一名检察官为主,在检察长和检察委员会的领导下,依法相对独立地承办案件的办案制度。主诉检察官制度的突出特点是检察官相对独立地行使检察权,克服"定而不审"之弊端。

二、改善路径

(一)上下级关系改善

人财物到省级统管了,上级的权力更大了,那么上级会不会滥用权力,干预下级办案呢?这种情况虽然不多,但不代表没有。而且经验表明,权力越大、权位越高,滥用的可能性越大,造成的危害后果越严重。如果不能从制度上防范这一点,那么检察权独立行使的目标就会大打折扣。

怎么办?笔者建议严格贯彻指令书面要式主义,就是上级院指令的范围、形式要进行制度化和书面化。上级院对下级院的指令,特别是个案的指令,必须以书面形式存档备案,不涉及秘密的应该公开可查,即使是情况紧急的先行口头指令,事后也必须履行书面程序。这是防止上级滥权、维护司法公正的不二法门,也是灵丹妙药。

(二)党委领导、人大监督方式的改善

人财物由省级检察机关统管,能够缓解地方党政对司法的干预,但也不能排除会变成一种垂直性的干预。换言之,将人财物的统一管理上收到省,或能免除市级和县级对当地司法的干预,但仍免除不了省级的干预。检察机关接受党委领导和接受人大监督,这是不能动摇的政治立场,也是不容改变的。我们需要做的仅仅是改善领导方式、改善监督方式,防止个人干预案件。

人工智能辅助办案，理论准备需要先行*

证据法学家达马斯卡说："科学将持续地改变生活，事实认定的伟大变革摆在了所有司法制度面前，这些变革最终可能与中世纪末期出现的改革一样重要。"今天，大数据、人工智能已经进入司法领域，"智能辅助办案系统"的研发已经在各地如火如荼地开展起来。研发当前还处于探索阶段，亟须对推理模型、知识图谱等基础性问题进行深入研究，需要更充分的理论准备。

无论是机器还是机器人都是人类发明的劳动工具，人类从原始社会开始不断地制造工具，每一个工具的出现都体现出相当的进步性。所以，人工智能、机器人进入司法办案领域，从某种意义上来说，是必然趋势。司法工作中有大量烦琐且没有太多智力含量的工作，如法律法规检索、案例检索、制作校对文书、证据摘录等，这些可以由机器人去做。另外，司法领域中还有一些核心的依赖于人性、理性和良知才能做到的事情，如事实认定、证据采信、此罪与彼罪的区分、主从犯的区别、量刑平衡、案件的智慧裁量处理等，这些依赖于人特有的理性、灵性和情感，所以才会有证据学上的"内心确信""排除合理怀疑""自由心证"这些概念。正是在这个意义上，我们说"法律是善良与公正的艺术"，是"衡平与悲悯的

*　原文发表于《检察日报》2019年5月16日，第3版。

艺术"。这样的艺术所需要的人类情感恰恰是机器所不具备的。这是司法工作中最本真的部分,难以被转化为算法而被机器掌握,也是亟须进行基础理论研究的领域。

1970年,布坎南和黑德里克发表《关于人工智能和法律推理若干问题的考察》一文,认为人工智能与法律的研究重点是三大方面:法律推理、裁量模型、信息检索和查询,为学界所广泛认可。如何处理三者之间的关系?张保生教授于2001年曾在《人工智能法律系统的法理学思考》一文中提出:先研制推理功能薄弱、检索功能强大的法律专家系统,然后才是推理系统。在国际上,这些系统相当程度上是建立在案例数据库基础之上,基于同案同判这一假定前提,通过访问知识库中过去同类问题的判决从而获得当前问题的解决方案。1981年,沃特曼和皮特森开发的法律判决辅助系统,对美国民法制度的某个方面进行检测,分别运用严格责任、相对疏忽和损害赔偿等模型,计算出该案件的赔偿价值。最著名的是2005年贝叶斯网络被用于法庭调查中评估火灾事故的证据。这些智能辅助系统要么以类案检索为根据,要么涉及赔偿等容易量化计算的领域。

检索系统与推理系统谁先谁后?笔者认为,这取决于两个方面:一是技术水平。从技术上说,检索系统能够为智能推理系统、裁量模型提供大数据基础,同时为法律语言转换为计算机语言提供基础和训练的素材。同时检索的技术难度要远低于推理。因此,一般来说检索系统优先,至少要与推理系统和裁量模型同步。二是取决于现实需求,也就是现实最迫切需要机器人做的事情是什么?那就是解决案多人少的问题。法律法规检索、证据摘录、文书模板自动生成、量刑类案比对、类案查询、非法证据线索发现等是迫切需求。作为法律适用难点的定性分析、疑难案件证据分析、重大敏感案件智慧处理,这些并不是迫切需要机器人解决的,因为这样的疑难案件实践中只占案件总数的 10% 左右。

人工智能辅助司法办案的最高境界、也是最难领域就是推理系统。推理系统就是致力于让机器模拟人的思维对案件的证据分析、事实认定甚至定性处理进行判断。而要让机器进行判断、预测和推理的前提在于须将法律规定、案例事实、证据规则由自然语言翻译成机器语言,建立知识图谱,形成推理模型。这项工作难度极大,抛开技术层面上的难题,更为重要的是目前国内对证据推理模型缺乏基础理论研究。

推理模型知识图谱的建构需要以证据法学为基础,以计算机科学为助力,进行交叉学科的研究。没有证据学的支撑,知识图谱建构可能会走错方向、误入歧途,甚至会出现进展越快背离司法规律越远的悲惨结局;没有计算机技术为助力,难以将研究成果转化机器语言。实践中热火朝天的开发亟须这样的基础研究予以支撑。证据法大师威格摩尔当年天才般地为证据推理和分析设计了"威氏图示法"。因为其极其复杂,实务人员难以学会,所以"产生之初被礼节性地尊重,到后来被人们所遗忘",但是英国证据法学家特文宁敏锐地指出,威格摩尔图示在计算机时代可能前景无限光明,因为复杂的证据要件列表和大量的逻辑符合,可以用电脑来做。威格摩尔图示法与人工智能结合,可能会为我们构建证据分析推理的知识图谱提供一个很好的路径,值得研究和探索。同时在推理模型的研究过程中,尤其需要注意防止陷入证据法定主义的陷阱。特别要注意的是在证据推理模型的建构过程中,要防止编写证据事实认定规则时预先设定证据的证明力。

认罪认罚从宽制度适用中的程序竞合*

　　由于社会现象的错综复杂和立法技术的原因,法条之间常会出现交叉、重叠之现象,形成法条竞合。程序法上的竞合关系同样值得关注。认罪认罚从宽制度框架下,根据案件不同情况分别适用速裁程序、简易程序、认罪认罚的普通程序(以下简称普通程序简化审)。多种程序之间存在交叉、重合,如何适用是实务中须迫切解决的问题。

一、速裁程序与简易程序的竞合

　　《刑事诉讼法》第222条规定,基层人民法院管辖的可能判处3年有期徒刑以下刑罚的案件,案件事实清楚,证据确实、充分,被告人认罪认罚并同意适用速裁程序的,可以适用速裁程序。根据《刑事诉讼法》第214条之规定,简易程序没有刑罚条件限制。可能被判处有期徒刑3年以上刑罚的只可能适用简易程序而不可能适用速裁程序,但是对于可能被判处有期徒刑3年以下刑罚的案件,就可能同时符合速裁程序和简易程序的适用条件,进而产生速裁程序与简易程序的竞合。具体来说,包括以下方面:

---

*　原文发表于《检察日报》2020年8月28日,第3版。

（1）符合速裁程序适用条件的，一定都符合简易程序的适用条件。速裁程序相对于简易程序而言属于特殊程序。根据法条竞合适用的一般原理，特别法条优于普通法条。这种情况下，优先适用速裁程序，不得选择性适用简易程序。对于被告人来说，适用速裁程序的从宽幅度更大，对于司法机关来说节约资源更多，优先适用速裁程序，既符合有利于被告人的原则，也符合诉讼经济原则。

（2）符合简易程序适用条件，但不符合速裁程序的适用条件。具体有以下情形：①可能被判处 3 年以下有期徒刑刑罚的未成年被告人，根据《刑事诉讼法》第 223 条的规定，此类案件不适用速裁程序，但是却可能符合简易程序的适用条件；②被害人与犯罪嫌疑人、被告人（或者其法定代理人）没有就附带民事诉讼赔偿等事项达成调解或者和解协议的（笔者认为，是指被害人有权提出并且已经或拟提出附带民事诉讼的情形），根据《刑事诉讼法》第 223 条之规定，不适用速裁程序，但是却可能符合简易程序的适用条件；③被告人不愿意选择适用速裁程序，而自愿选择适用简易程序。上述三种情况，虽然不适用速裁程序，但是被告人认罪认罚，同时符合简易程序和普通程序简化审的适用条件，按照程序竞合之特殊优于一般的原则，优先适用简易程序，并依法给予从宽处罚，而不能跳过简易程序直接适用普通程序简化审（简易程序的从宽处罚幅度和节约司法资源的程度都要高于普通程序简化审），更不能直接剥夺犯罪嫌疑人、被告人选择适用认罪认罚从宽制度的权利而适用普通程序。

二、普通程序简化审与普通程序竞合

普通程序简化审与普通程序也存在竞合关系。分析如下：

（1）犯罪嫌疑人、被告人是盲、聋、哑人以及尚未完全丧失辨认或者控制自己行为能力的精神病人，如果犯罪嫌疑人、被告人认罪认罚，并且事实清楚、证据确实充分，有时还可能被判处3年以下有期徒刑，就不能因其身心健康原因而剥夺其因认罪认罚而获得从宽的权利。根据《刑事诉讼法》第215条和第223条的规定，这些案件不能适用速裁程序和简易程序，但是只要犯罪嫌疑人、被告人认罪认罚，就不能剥夺其认罪认罚从宽的权利，在同时符合适用普通程序简化审和普通程序的竞合情况下，应该优先适用普通程序简化审，并依法从宽，而不能直接适用普通程序。

（2）犯罪嫌疑人、被告人认罪认罚，事实清楚，证据确实充分，甚至是可能被判处3年以下有期徒刑刑罚，按照刑事诉讼法的规定，原本是符合简易程序或者速裁程序条件的，但是辩护人作无罪辩护的情况下还能适用吗？刑事诉讼法没有明确规定辩护人作无罪辩护的不适用速裁程序或简易程序，但是最高人民法院《关于适用〈中华人民共和国刑事诉讼法〉若干问题的解释》规定，辩护人作无罪辩护的不适用简易程序。据此推论，辩护人作无罪辩护的也不适用速裁程序。因为辩护人作无罪辩护，一方面法庭辩论在庭审中没办法省略，另一方面既然作无罪辩护就说明案件还有争议，所以不适用速裁程序和简易程序是符合诉讼原理的。这种情况属于适用普通程序简化审与普通程序的竞合，不能据此剥夺被告人的认罪认罚获得从宽的权利，应该优先适用普通程序简化审，并依法从宽。

（3）根据《刑事诉讼法》第215条和第223条均规定，共同犯罪中部分犯罪嫌疑人、被告人不认罪认罚，不能适用简易程序或速裁程序，这部分犯罪嫌疑人、被告人只符合普通程序的适用条件。

但是对于其中部分犯罪嫌疑人、被告人认罪认罚的,符合普通程序简化审的适用条件。这就产生了适用普通程序与普通程序简化审的竞合问题,按照程序竞合之特殊优于一般的原则,对于涉及同案犯中认罪认罚的犯罪嫌疑人、被告人的相关程序可以适度简化并依法给予从宽,对于不认罪认罚的同案犯罪嫌疑人、被告人按照普通程序进行办理。但是原则上不能刻意将认罪认罚的犯罪嫌疑人、被告人与不认罪认罚的犯罪嫌疑人、被告人拆分为独立案件处理。

(4)根据《刑事诉讼法》第 215 条和第 223 条之规定,有重大社会影响的案件不适用速裁程序或简易程序,但是如果被告人认罪认罚,应优先适用普通程序简化审,并可以依法从宽,而不能直接适用普通程序。

认罪认罚案件量刑建议精准化的原理与路径 *

　　我国的认罪认罚从宽在制度设计上虽然不同于英美法系的辩诉交易和大陆法系的认罪协商,但在理论上仍属于刑事合作模式,更具体地说是被告人与国家之间的合作。作为合作一方的国家,是由检察官作为代表的,检察官在这种合作模式中起主导作用是应有之义。认罪认罚从宽主要体现为被告人认罪前提下的量刑协商,量刑协商的成果就体现在检察官的量刑建议上。检察官的量刑建议是幅度刑还是确定刑尚存在争议,检察官如何提出精准的量刑建议还存在很多难题。笔者认为,提出精准量刑建议应是未来趋势。在认罪认罚从宽制度运行初期,可以先进行最小化的幅度量刑,逐步提高精准度,最终实现以确定量刑建议为主,以最小化幅度量刑建议为辅。

一、量刑建议精准化的基本原理

　　首先,认罪认罚从宽制度在本质上是认罪协商。在我国,更为具体地讲就是在认罪前提下,检察官代表国家与被告人及其辩护

＊　原文发表于《检察日报》2019 年 9 月 17 日,第 3 版,原文标题为《量刑建议"精准化"的原理与路径》。

人进行量刑协商。协商的基本前提是需要双方对各自的利益有确定的预期。特别是对被告人及其辩护人而言,如果不能对量刑有确定的预期,是无法进行真正协商的。换言之,如果被告人及其辩护人无法准确地知道认罪之后将会得到怎样的结果,就无法决定是否要选择认罪认罚及其相应的适用程序(如简易程序、速裁程序)。量刑协商中,检察官原本就处于相对强势的地位,如果检察官只给出一个幅度量刑建议,那无异于将被告人的命运置于不确定之中。被告人在这种不确定中无法进行真正而有效的协商,这会导致量刑协商流于形式,进而会影响认罪认罚从宽制度立法初衷的实现。

其次,精准量刑建议适应繁简分流、诉讼程序简化的要求。认罪认罚从宽制度的法理基础之一就是诉讼经济原则,也就是通过该项制度进行繁简分流,让占多数的认罪案件进行程序简化,以节省更多的司法资源去办好不认罪的案件。法官的审判权、自由裁量权的重心不是在认罪认罚的速裁程序和简易程序中,而是在不认罪的普通程序中。美国通过辩诉交易让90%以上的案件分流出去,不需要经过陪审团审理,实行量刑听证程序。在这90%以上的案件中,检察官显然处于主导地位,法官担任对辩诉交易结果的确认角色,人们并不认为这侵犯了法官的审判权。我国的认罪认罚案件庭审程序也进行了简化,特别是速裁程序,检察官只需要简要宣读起诉书和量刑建议,省略了法庭调查、辩论等全部中间程序。这种情况下,庭审的核心功能由原来的查明真相、裁定事实和证据、定罪量刑,转变为对认罪认罚和量刑建议的确认程序。因为检察官的量刑建议是在律师参与下与被告人协商的,该量刑建议具有"刚性",根据《刑事诉讼法》的规定,非因特殊情况(如可能系无罪案件、认罪认罚可能不是真实和自愿等），人民法院一般应当采纳人民检察院指控的罪名和量刑建议。人民法院经审理认为量刑建议明显不当的，或者被告人、辩护人提出异议的，人民检察院可以调整量刑建议。

最后，精准量刑建议不影响审判中心主义。审判中心主义的精髓在于庭审的实质化，支柱在于证据裁判原则和直接言词原则。证据裁判原则和直接言词原则在简易程序、辩诉交易案件中有大量例外，这是世界通例。德国的处罚令程序实行书面审，直接省略庭审。认罪认罚的简易程序和速裁程序的庭审就是对量刑建议的确认程序，不是以审判为中心的重点。事实上，只有让大多数的认罪案件简化程序，才能让少数不认罪案件真正实现以审判为中心。

总之，认罪认罚从宽制度框架下的检察量刑建议精准化是符合立法初衷和诉讼原理的。认罪认罚从宽制度是刑事诉讼模式由对立走向合作的重大转变，这种转变的影响是深刻的。无论是检察官还是法官，都需要转变理念。审判中心主义中的证据裁判原则要求未经庭审质证的证据不得作为定案依据，在认罪认罚特别是速裁程序中就成为例外，因为速裁程序中根本没有举证质证环节；同样，法官的裁量权要求根据事实、情节对被告人的量刑进行裁量，在认罪认罚案件中相当程度上就转变为对量刑建议的确认权。

二、量刑建议精准化的路径

当前，认罪认罚从宽制度的落实过程中，面临的更为重要的问题是检察官如何才能精准地提出确定的量刑建议，其中有能力和水平的问题,更有机制和方法的问题。

1. 量刑指南机制

量刑协商的双方都需要有一个具有最低共识的标准,这就需要一个量刑指南。我国刑法规定的法定刑是相对抽象的,不足以支撑起量刑建议的精准化。尽管最高人民法院和一些高级人民法院制定了相关量刑指导意见,但因当时还没有认罪认罚从宽制度,故未能将认罪认罚纳入量刑因素考虑。我们可以借鉴国外的经验,制定认罪认罚从宽制度背景下的量刑指南。量刑指南应该包括针对自然人犯罪的量刑指南和针对单位犯罪的量刑指南。对于公司、企业而言,其认罪认罚就体现在合规计划上,将企业合规计划作为对单位犯罪从宽处罚的考量因素。比如,美国 1987 年《联邦量刑指南》主要适用于自然人犯罪,1991 年又专门制定了针对企业的《美国组织量刑指南》,将合规计划纳入从宽处罚甚至不起诉、暂缓起诉的考量因素,这值得借鉴。当然,还可以将量刑指南与现代科技人工智能量刑检索系统相结合。

2. 量刑协商机制

量刑建议的精准化和确定化必须建立在充分协商基础之上,量刑不精准就是协商不充分的体现,幅度量刑建议特别是幅度过大的量刑建议也是协商不充分的体现。协商越有效、越充分,量刑建议就应越精准。这取决于以下因素:一是检察官对案件事实和情节以及对应的量刑指南的准确把握。检察官要基于客观义务,在量刑协商中坚持公平公正,确保量刑协商的有效性。二是保障被告人的知情权和选择权。要让被告人充分了解认罪认罚从宽制度及其相应程序的意义,在充分知悉的基础上,让被告人作出慎重选择。三是律师提供全面而有效的法律帮助。被告人作为非专业人士,为防止量刑协商不充分以及违背真实意愿,就需要律师帮助的全面性和有效性。律师帮助的全面性是指律师帮助的全覆盖,凡是认罪认罚的被告人都能获得律师帮助;律师帮助的有效性是指律师帮助不能流于形式。律师要负起责任,要有公益之心、正义之心,不能敷衍了事。同时,检察机关要充分保障律师的阅卷权、会见权等。

3. 量刑沟通机制

与量刑协商机制是检察官与被告方协商不同,量刑沟通机制主要是司法机关之间的沟通。在司法改革初期,司法机关之间加强在量刑建议问题上的沟通,对于提高精准度至关重要。这里主要是指类案量刑沟通。类案量刑沟通主要是指针对某一类案件,司法机关之间就量刑达成一种共识,既有利于提高量刑协商的有效性和精准性,更有利于公正的实现。

4. 量刑调节机制

实践中会出现已经认罪认罚并签署具结书后,因审判环节出现新的事实和情节,比如退赔、被害人谅解等,导致原有的确定量刑建议需要变更。一些地方在试点过程中,认为量刑建议书作为正式法律文书不得变更。根据刑事诉讼法规定的精神,应该允许变更。重要的是,要建立规范化的调节机制,规定调节量刑建议的具体范围、类型和条件等。

企业合规需要重塑治理模式 *

　　企业合规不仅是当前法学界的一大热点,也是一个社会热点。伴随着企业合规的热议,也出现了很多误解,甚至出现了一些庸俗化使用和理解企业合规术语及其内涵的情况。

一、关于企业合规术语的厘清

　　在我国,近来高频率地出现了"刑事合规"和"行政合规"的术语。"刑事合规"是德国学者从刑事激励措施角度研究合规时"独创"的表述,德国学者托马斯·罗什也坦承"在狭义上刑事合规这一概念最初并不存在"。事实上,合规计划的"规"不仅包括刑事法律,还包括行政法规、行业准则、商业伦理等;合规计划的激励措施既包括刑事处罚的从宽,更包括行政处罚甚至民事责任的减免。由于刑法是其他法的保障法,刑事处罚从宽的激励措施是终极性的,因此,德国学者才从刑事激励措施的角度称为"刑事合规"。如果单纯从刑事法的角度看待合规,那么"刑事合规"只是合规的一种表现形式。

　　事实上,"刑事合规"是一个容易引起误解和误导的表述。一

＊　原文发表于《检察日报》2021 年 10 月 14 日,第 3 版。

方面,"刑事合规"会让人误解合规的"规"仅指刑事法规,合规的
激励措施只有刑事处罚从宽;另一方面,对于企业来说,建立合规
计划绝不单纯是为了防止刑事犯罪,而是包括预防违法行为甚至
不道德的行为,而且给企业戴上一顶"刑事合规"的帽子会产生不
好的"标签效应"。近来又出现"行政合规"的表述,甚至有学者认
为与其引入"刑事合规"还不如提倡"行政合规"。这显然也是对
企业合规的再次误解,这种误解可能源于"刑事合规"这一表述。
事实上,企业合规原本就包括"行政合规",也包括"刑事合规"。
企业合规的本来含义就是要推动企业治理结构的变革,建立从商
业伦理到民事、行政、刑事规范的全面合规。

二、关于企业合规内涵的厘清

第一,企业合规内涵的核心在于企业文化。一般认为,企业合
规是一种企业治理结构,是为预防、发现违法犯罪行为而由企业实
施的内部自我管理与约束的措施和机制,国家给予实施了有效合
规计划的涉案企业以从宽甚至免除处罚的制度设计。但是,我们
必须注意到,这样的内涵界定是20世纪90年代企业合规在美国
诞生之初的界定,如今其内涵已经发生了深刻的变化。

企业合规正式诞生的标志是1991年的《美国组织量刑指南》,
按照该指南的规定,如果企业能够证明曾试图通过建立一个"有
效"的适当的合规计划来阻止不当行为发生的话,国家将为涉案企
业减轻乃至免除处罚。这被美国学者形象地比喻为"胡萝卜+大
棒",建立合规计划就是"种植胡萝卜"。《美国组织量刑指南》确
立了有效计划的七项基本要求,包括采用标准和程序来预防犯罪

行为、高层人员对合规计划的适当监督、将合规的要求传达给所有
员工,并根据需要进行监控并持续更新合规等。但是,美国联邦量
刑委员会于 2004 年对《美国组织量刑指南》进行了修订,最引人注
目的变化就是引入"组织文化",强调企业文化不仅要促进"守
法",还要促进"道德行为"。这就将"组织文化"正式作为企业合规
的重要内容,将有效合规计划描述为旨在"预防和发现犯罪行
为"以及改善组织的文化(即"鼓励符合道德的行为和承诺遵守法
律"的组织文化)的管理体系。美国联邦量刑委员会于 2010 年再
次修订《美国组织量刑指南》提高了设立首席道德与合规官(原来
的首席合规官)的重要性。从合规计划到道德合规计划,从首席合
规官到首席道德与合规官,体现了企业文化(组织文化)在企业合
规内涵中的地位。2003 年《汤普森备忘录》明确指出,未被公司人
员有效内化并成为公司文化一部分的合规计划将被视为无效。

随着企业合规在全球范围内的普及,国际标准化组织于 2014
年制定了 ISO19600《合规管理体系指南》,后于 2018 年 11 月启动
修订,形成了 2021 年 ISO37301《合规管理体系要求及使用指南》。
ISO37301《合规管理体系要求及使用指南》最大的特点是融入企业
文化,将合规嵌入组织的文化和员工的行为态度中,已成为企业核
心价值和公司治理一部分。

从上述发展历程来看,企业合规的内涵逐步丰富,从遵守法规
到符合道德,从合规管理体系到企业文化。从某种意义上说,企业
合规发展的历史,就是从管控到企业文化的历史。今天的企业合
规,其内涵是指旨在预防和发现违法犯罪行为以及改善企业文化
(即"鼓励符合道德的行为和承诺遵守法律"的企业文化)的内控
体系。

第二,企业合规是崭新的公司治理模式。不能将企业合规简单地理解为"合法经营"和"法律风险防控"。因为任何组织和个人都应当遵守法律,作为一个企业,合法经营、遵守法律是常态,也是常规要求;"法律风险防控"是企业法务部门的传统业务,也是常规工作。企业合规的特别之处在于在公司内部成立一个独立的部门,建立一套管理体系来检测和阻止违反法律、政策的行为,国家通过减免处罚的方式奖励和鼓励这样的做法,国家预防违法犯罪行为的职责由此逐步转移给企业自身,这是一种新的"风向标"。合规计划的职能是确保企业行为遵守法律、监管和社会规范,不同于传统的公司治理模式,它不是来自董事会,而是由执法机构从外部施加给公司的内部治理结构,这颠覆了传统的公司法和公司治理理论。传统公司治理结构主要体现为业务管理和财务管理,现在增加了一个首席合规官或者首席道德与合规官,企业治理结构从"两驾马车"变为"三驾马车"。传统企业治理结构是股东与经营层之间博弈,以股东为中心,将所有权与经营权分立,公司的管理人员、经理、董事长是股东的代理人。企业合规的新颖之处可以归纳为:一是公司的治理结构由传统的业务、财务管理"两驾马车"变为包含合规管理在内的"三驾马车";二是国家通过减免处罚的方式将预防企业违法犯罪行为的职责逐步转移给企业自身,这是一种协商犯罪治理模式。因此,有学者形容企业合规使"检察官重塑了美国公司"。

融合公益诉讼完善企业合规激励[*]

涉案企业合规改革，经历了第一批试点和第二批试点，当前已经在全国检察机关全面推开。涉案企业合规改革逐步走向深入，不仅仅涉及刑事检察，还涉及行政、公益诉讼检察等。应当发挥四大检察的职能，协同推进企业合规改革走向深入。涉案企业合规的刑行衔接已经引起了学界的广泛关注，但是企业合规与公益诉讼之间的关系很少被关注。事实上，公益诉讼制度可以成为企业合规的激励机制的一部分，这也是构建中国特色的企业合规制度的重要组成部分。

一、公益诉讼制度作为企业合规激励机制的理论依据

涉案企业合规的核心在于改造企业治理结构和重塑企业文化。从理论上说，合规计划的前置领域在结构上是开放的，多维度地构建刑事法律与其他法律交融的风险防范和公司治理体系是企业合规的关键所在。企业合规的"规"不仅包括刑事法律，还包括行政法规、行业准则、商业伦理等，企业合规的激励措施既包括刑事处罚的从宽激励，也包括行政处罚甚至民事责任的减免等激励。

* 原文发表于《检察日报》2022 年 5 月 24 日，第 3 版。

近来,有学者认为"刑事合规"是企业合规的高级阶段,这是误解。美国 1991 年《美国组织量刑指南》被认为是企业合规正式诞生的标志,当时的企业合规是作为刑事处罚从宽的依据,企业合规的适用领域是刑事法,但是今天的企业合规早已超越了刑事法领域,而是覆盖行政法、民事法、行业规则和商业伦理等领域。如今的美国联邦《商业组织起诉原则》指出,合规计划由公司管理层制定,以防止和发现不当行为,并确保公司活动按照适用的刑事和民事法律、法规和规则(criminal and civil laws, regulations, and rule)进行。一方面合规风险识别范围很广,显然不单是刑事法领域;另一方面激励措施不仅包括刑事责任,还包括行政责任以及世界银行的国际制裁等。企业合规的简史就是从刑事法领域向行政法领域、民事法领域甚至国际法领域等延伸的历史。这一点已得到国际社会普遍认可,根据国际标准化组织 ISO37301《合规管理体系——要求及使用指南》的规定,企业建立合规计划需要识别的合规义务涵盖了法律法规、监管要求、行业准则、良好实践、道德标准,以及组织自行制定或公开声明遵守的各类规则。如果一定要使用带有误导性的"刑事合规"这一术语,那么,应该说企业合规是"刑事合规"的高级形态,而绝不能反过来说"刑事合规"是企业合规的高级形态。

因此,企业合规的前置领域涵盖了刑事、民事、行政法规、行业规则等,相应的激励措施从刑事领域延伸到行政、民事、公益诉讼等领域。检察机关提起的公益诉讼是针对特定领域涉及公共利益的案件,如果涉案企业建立并有效实施合规计划,公益诉讼赔偿(包括损害赔偿和惩罚性赔偿)可以减、缓、免,甚至可以终结公益诉讼。因此,公益诉讼赔偿减缓免、终结机制,与刑事处罚从宽机制一样,可以作为企业合规的激励措施。

二、公益诉讼制度作为企业合规
激励机制的适用范围与方式

公益诉讼是中国特色检察制度中四大检察的重要方面,我国检察机关的公益诉讼包括民事公益诉讼和行政公益诉讼,其中民事公益诉讼包括单独的民事公益诉讼和刑事附带民事公益诉讼。涉案企业合规只涉及民事公益诉讼,包括单独的民事公益诉讼和刑事附带民事公益诉讼。对于涉案企业合规来说,如果企业涉嫌的犯罪侵害到不特定社会公众的利益,例如环境污染、安全生产、食品药品安全、公民个人信息等,检察机关可以提起公益诉讼,要求涉案企业赔偿损失、支付惩罚性赔偿金等。如果涉案企业建立并有效实施合规计划,公益诉讼赔偿(包括损害赔偿和惩罚性赔偿)可以减、缓、免,也可以终结公益诉讼。公益诉讼制度作为企业合规的激励机制之适用方式,包括以下两个方面:

一是公益诉讼赔偿减缓免机制直接作为涉案企业建立和实施合规计划的激励措施。涉案企业的不法行为侵害到公共利益,检察机关提起民事公益诉讼或刑事附带民事公益诉讼,要求企业承担损害赔偿和惩罚性赔偿等;如果涉案企业的合规计划经过评估,是有效的,检察机关的公益诉讼请求可以减、免、缓,以此激励企业建立并实施有效合规计划。例如,某水务公司利用暗管向河流违法排放高浓度废水 28.46 万立方米、含有危险废物的混合废液 54.06 吨、含有毒有害成分的污泥 4362.53 吨、超标污水 906.86 万立方米。检察机关以污染环境罪提起公诉的同时,提出了附带民事公益诉讼,提出 4.70 亿元生态环境损害赔偿金的诉讼请求。企业无力承担如此巨额赔偿,后以"现金赔偿+替代性修复"的方式达成和解,即4.7亿元的生态环境修复费,部分以现金方式赔付,剩余部分通过实施有益于生态环境保护的替代性修复项目予以抵扣(包括企业更新环保设备等)。其实,这里的和解是引入企业合规的绝佳契机,在企业建立并实施有效的环保专项合规计划的前提下,对公益诉讼赔偿金进行减缓或替代性修复,效果会更佳。只是当时该检察机关并不处于企业合规试点地区,对企业合规的认识也比较陌生,没有按照企业合规进行办理。

二是公益诉讼制度作为合规监管的代替措施。当前,检察机关在企业合规试点过程中,逐步形成了对大中型企业的"普通合规"和对小微企业的"简易合规"两种模式。"简易合规"一般可以不设置合规考察期,由于涉案企业是小微企业,罪行较轻,检察机关对企业作出相对不起诉的同时,发出合规检察建议。但问题是,合规检察建议不具有强制性和刚性,已经作出的相对不起诉又不可能撤回,涉案企业是否会真正落实合规检察建议,主要靠"自觉"。引入公益诉讼,则能够强化合规检察建议的刚性:如果涉案企业没有落实合规检察建议,检察机关则提起公益诉讼;如果涉案企业落实了合规检察建议,检察机关可以终结公益诉讼程序。这样,公益诉讼就发挥了合规监管的替代措施作用。例如,南京市建邺区人民检察院办理的某电子器件厂有限公司污染环境案,该公司私设暗管将生产过程中产生的含有镀、镍、银等危险废液排放至下水道。涉案企业员工只有9人,犯罪原因相对单一,企业治理结构简单,且可用于合规建设方面的资金、人员等资源匮乏。检察机关开展环保专项的"简易合规",探索"相对不起诉+检察建议+公益诉讼"的模式。企业先暂停生产线进行整改,检察机关对企业相对不起诉的同时发出合规检察建议。为确保合规检察建议得到落实,同步启动公益诉讼立案审查,督促企业合规整改。4 个月后,经评估,该企业已根据合规计划购进多台废气、粉尘处理设备,对焊锡、浇注等四道工艺进行改进,各生产线均已符合环保要求,检察机关遂终结公益诉讼。此案是目前国内首例利用公益诉讼实现合规监管的案例,成效显著。通过公益诉讼实现合规监管,其优点在于,一方面减少企业的合规成本、监管成本,降低企业负担;另一方面是通过公益诉讼这把悬在涉案企业头顶上的"达摩克利斯之剑",确保涉案企业"真整改""真合规"。

检察机关开展事前企业合规的限度

事前企业合规又称事前合规、非涉案企业合规,是相对于事后企业合规(又称事后合规、涉案企业合规)而言的,是指未涉案的企业自主建立合规计划,完善企业治理结构,以防止未来可能出现的违规、违法、犯罪行为。事前合规与事后合规是以企业是否涉案为标准进行的分类,前者是企业为长远发展需要自愿建立和实施合规计划,属于"未雨绸缪";后者是企业涉案后为获得从宽处罚,基于执法、司法机关压力而建立和实施合规计划,属于"亡羊补牢"。当前,检察机关主导的改革试点是涉案企业合规即事后合规,一些地方检察机关同时也积极探索事前合规。笔者认为,事后合规是检察机关的主责主业,事前合规可以附带性开展,但应当准确把握其限度。

一、检察机关在事前合规中的角色定位

企业合规(又称合规计划、合规管理体系)是旨在预防和发现不当、违法、犯罪行为以改善治理结构和企业文化(即"鼓励合道德的行为和承诺遵守法律"的企业文化)的企业自主内控体系。从企业维度来说,合规计划是企业的自主管理,是现代企业治理结

构、经营战略。企业经营管理面临的传统风险主要有经营风险和投融资风险,在合规时代,第三大风险——合规风险悄然来临。合规风险就是企业因违法犯罪行为而受到行政处罚和刑事处罚的风险。这个风险一旦变成现实,企业就可能被剥夺经营资格,遭受经济及声誉损失,由此引发"雪崩效应",会使企业承受灾难性的代价。因此,合规管理与业务管理、财务管理成为现代企业管理的三大支柱。对于企业来说,合规风险引发的损失与经营失策、投资失败相比,有过之而无不及。正是从这个意义上来说,合规计划是一种企业治理结构的变革,是企业"最佳经营方式"。企业最好是在没有涉案时就建立合规计划,扎好"羊圈"的篱笆,而不仅仅是涉案后才"亡羊补牢"。所以,事前合规对于企业来说,一方面是必要的,另一方面是自主自觉的。

从国家维度来说,预防企业违法犯罪是国家治理体系的重要内容。现代社会分工越来越精细化,社会结构越来越复杂化,面临的风险越来越多元化,国家治理成本高昂与治理资源有限之间的矛盾凸显。由于企业内部结构复杂性和专业性,国家难以有效地进行外部治理,将风险管理和控制交由企业自我调节,更有效率。换言之,由于企业内部结构的复杂性和专业性,外部治理模式难以奏效,于是国家通过合规计划将预防企业违法犯罪的职责部分转移给企业自身,并采取对涉案企业从宽处罚的方式来激励企业建立和实施合规计划。对于检察机关而言,当企业涉案时,企业自愿承诺建立和实施合规计划或事先已经建立并实施了合规计划,检察机关自行或者通过第三方机制来监管、考察、评估其合规计划有效性,在具备有效性的基础上对其作出不起诉决定或者提出从宽量刑建议。检察机关作为办案机关,通过办理案件契入企业合规,进而成为改变企业治理结构的重要推手,这是典型的事后合规,也是检察机关开展企业合规工作的主责主业。同时,企业作为独立自主经营的市场主体,在企业未涉案时,国家机关不能强制干预企业内部管理,不得强迫非涉案企业建立合规计划,但可以宣传、引导和鼓励企业建立合规计划。问题是,谁来宣传、引导和鼓励?行政主管机关、行业协会等社会组织固然是可以进行宣传、引导鼓励。检察机关作为法律监督机关具有宣传法治、预防犯罪的职责,因此,检察机关宣传、引导和鼓励非涉案企业建立合规计划(事前合规)具有法律依据和法理基础。按照"谁执法谁普法"的原则,检察机关开展涉案企业合规的同时,有责任向非涉案企业进行普及、宣传企业合规。

因此,合规计划作为企业内部治理结构,事前合规是企业的自主行为,检察机关开展事前合规的职能定位是普法宣传和预防犯罪。检察机关开展事前合规应坚守"谁执法谁普法"的职权定位,以宣传性、倡导性为主,遵循宣传者、引导者的角色定位。

二、检察机关开展事前合规的限度

对于事前合规而言,检察机关是宣传者、引导者的角色,坚持这一角色定位的基础上合理把握限度,防止不当干预非涉案企业自主经营。具体来说:

其一,不得对非涉案企业启动第三方机制。第三方机制是针对涉案企业合规(事后合规)而言的,企业涉嫌犯罪后承诺合规以换取从宽处罚,但只有真正有效的合规计划才能降低预防刑进而获得从宽处罚,为了确保合规的有效性,防止虚假合规、纸面合规,检察机关联合其他行政机关组建第三方组织对涉案企业合规计划实施情况进行监督、考察和评估，通过有效性评估的将获得从宽处罚，未能通过有效性评估的将不能获得从宽处罚，可见这种第三方机制的本身具有威慑、制裁和惩罚属性。最高人民检察院等九部门《关于建立涉案企业合规第三方监督评估机制的指导意见（试行）》第1条即明确规定："涉案企业合规第三方监督评估机制（以下简称第三方机制），是指人民检察院在办理涉企犯罪案件时，对符合企业合规改革试点适用条件的，交由第三方监督评估机制委员会（以下简称第三方机制管委会）选任组成的第三方监督评估组织（以下简称第三方组织），对涉案企业的合规承诺进行调查、评估、监督和考察。考察结果作为人民检察院依法处理案件的重要参考。"因此，从原理上来说，第三方机制是对涉案企业建立和有效实施合规计划的监管机制，具有威慑性、制裁性和惩罚性。这个原理决定了第三方机制只能适用于事后合规，不能适用于事前合规。对于非涉案的独立市场经济主体，国家机关不得以合规之名对其启动带有威慑性、制裁性和惩罚性的第三方机制。

其二，不得对非涉案企业制发合规检察建议。合规检察建议适用于与涉案企业存在关联或类案风险的情形，不适用于非涉案的一般企业。最高人民检察院办公厅等九部门办公厅（室）发布的《涉案企业合规建设、评估和审查办法（试行）》第20条第2款规定："对与涉案企业存在关联合规风险或者由类案暴露出合规风险的企业，负责办理案件的人民检察院可以对其提出合规整改的检察建议。"这种合规整改的检察建议被称为"合规检察建议"，但其并非真正的企业合规，这与传统的检察机关办理案件中发出的社会治理检察建议没有本质的区别，只是这个检察建议的内容更加聚焦于企业治理。对于这个检察建议的执行,不得启动涉案企业合规第三方机制,这个检察建议执行情况也不得作为自然人犯罪获得从宽处罚的依据。合规检察建议的法律依据在于《人民检察院组织法》第 21 条。根据该条规定,提出检察建议的前提是人民检察院行使该法第 20 条规定的法律监督职权。《人民检察院检察建议工作规定》第 11 条进一步细化了社会治理检察建议的适用范围,强调"人民检察院在办理案件中发现社会治理工作存在问题",其中第(一)项规定"涉案单位在预防违法犯罪方面制度不健全、不落实,管理不完善,存在违法犯罪隐患,需要及时消除的",严格限定为办案过程中发现涉案单位的治理问题。该文件还规定了检察建议督促落实的措施,带有强烈的监督属性和"软制裁"色彩。因此,检察机关不得针对与所办理案件毫无关系的企业"普发"检察建议,更不能自行或联合行政机关对辖区企业进行"拉网式"调查进而"普发"合规检察建议。

其三,不宜为非涉案企业的合规有效性提供认证。对于涉案企业来说,只有具备有效性的合规计划,才能实现预防犯罪的目的,进而降低预防刑,从而获得从宽处罚。涉案企业合规的有效性评估是由检察机关主导的,尽管第三方组织进行具体评估,但是最终是否有效、能否作为从宽处罚依据是由检察机关作出的。因此,对于涉案企业来说,与犯罪有关的专项合规的有效性结论由检察机关作出。但是对于非涉案企业来说,企业独立自主建立和实施合规计划,检察机关既没有职权依据也没有专业能力对其合规计划有效与否作出认证。

附条件量刑建议价值与适用*

在贯彻落实认罪认罚从宽制度的过程中,检察机关就认罪认罚案件提出从宽量刑建议是题中之义。如何从宽、从宽多少,需要结合具体案件并根据法律、法规、规范性文件进行协商和确定。实践中,有些案件,检察机关与被告方已签署具结书,但在审判阶段出现退赃、赔偿、和解等情况,导致原来的量刑建议需要重新协商、不断调整,既不利于量刑建议的稳定性,也不利于诉讼经济原则的实现。最高人民检察院就全国人大常委会对检察机关适用认罪认罚从宽制度情况报告的审议意见,提出了 28 条贯彻落实意见,其中提出"量刑情节在具结书签署后发生变化。各地可根据案件实际情况和能够预期的量刑情节变化,探索在具结书和量刑建议书中提出多项或附条件的量刑建议"。实践中,江苏省南京市建邺区等检察机关逐步探索出"附条件量刑建议"的做法。所谓"附条件量刑建议",就是在认罪认罚案件中,检察机关基于可能在提起公诉后出现的退出赃款、赔偿损失、和解等影响量刑的新的事实、情节,在提出量刑建议时,将可能出现的事实、情节变化作为附加条件列明在量刑建议书、具结书之中,当这些事实、情节出现时即兑现相应的量刑从宽处遇。实践证明,附条件量刑建议具有积极意义。

---

* 原文发表于《检察日报》2021 年 2 月 8 日,第 3 版。

一、附条件量刑建议的价值

认罪认罚从宽制度的基本特征是"实体从宽,程序从简"。认罪认罚之所以能够在实体上给予从宽,其正当性根基在于因被告人真诚认罪认罚而表明其预防必要性降低,从而减少预防刑,而现代刑罚裁量以责任刑和预防刑为基本内容,既然预防刑降低,那么,整体的刑罚量就随之降低,进而体现从宽。检察机关在计算量刑建议时,不仅要把认罪认罚作为裁量因素,还需要把赔偿、退赃、从犯等各种影响预防刑和责任刑的情节进行全方位的衡量。

众所周知,影响预防刑的因素很多,有的短期内就能体现,有的是需要一定的时间才能体现出来;有的在审查起诉阶段甚至侦查阶段就能体现,有的需要在审判阶段才能体现出来。例如,退赔、谅解,属于影响预防刑的因素,对于有能力退赔的被告人而言,可以在案发后签订具结书之前就退赔,这样就可以在检察机关的量刑建议中直接体现。但是有些被告人需要一定的时间筹借资金,在签订具结书之前无法退赔,还有的案件犯罪嫌疑人与被害人之间需要反复磋商,而检察机关的办案期限是有限的,并且认罪认罚案件本身就有提高诉讼效率、节约司法资源的价值诉求。这种情况下,通过附条件量刑建议,不仅符合刑罚裁量的正当性,对被告人特别是暂时经济困难的被告人也更加公平,同时也更加有利于保护被害人的利益,为被害人挽回损失。例如,在非法集资案件中,检察机关与认罪认罚的犯罪嫌疑人进行量刑协商时提出,如果其退出全部违法所得、挽回集资参与人相应的损失,可以从轻20%,甚至在情节较轻时可以适用缓刑,表现在量刑建议书和具结书中就是:"如果退赔损失

(可以写明具体金额)……可以再调整量刑建议(直接写明可以减少具体的刑罚量,甚至写明可以适用缓刑)。"这样一方面激发了犯罪嫌疑人退赃的积极性及其认罪认罚认赔的自愿性和真实性,另一方面最大限度地实现了追赃挽损,将退赔被害人损失进行量化,最大限度为集资参与人挽回损失。实践表明,附条件量刑建议是一个"双赢""多赢"的做法,有利于实现"三个效果"的统一。

二、附条件量刑建议的适用

附条件量刑建议的适用主要体现在三个方面:

(1)附条件量刑建议一般只适用于退赃、赔偿、和解等法益修复性量刑情节。犯罪的本质是侵害法益,刑法的目的是保护法益。刑法中有些罪名所保护的法益具有明显的可修复性,这种法益可修复的特性也是恢复性司法的重要基础。法益具有可修复性的典型罪名主要表现为以下几类罪名:①侵犯人身民主权利的犯罪、财产性犯罪,如故意伤害、盗窃、诈骗等案件中,犯罪嫌疑人赔偿被害人全部损失,道歉和解,那么被害人所遭受的损失就得以挽回,被侵害的财产权法益得以修复(虽然不可能完全恢复),犯罪嫌疑人可罚性就降低。②税收类犯罪。税收类犯罪保护的主要是国家税收法益,当犯罪嫌疑人认罪认罚补缴税款,法益就得到一定程度的修复,犯罪嫌疑人可惩罚性也相应降低。③拒不支付劳动报酬罪,如果在刑事立案前、提起公诉前支付劳动报酬,并依法承担相应赔偿责任的,可以从宽处罚,最高人民法院《关于审理拒不支付劳动报酬刑事案件适用法律若干问题的解释》甚至规定该种情况可以不起诉。④经济类犯罪,如非法吸收公众存款的,犯罪嫌疑人认罪认罚,能够及时清退吸收资金,资金主要用于生产经营的,相关司法解释规定[注:《刑法修正案(十一)》已将退赔作为法定从轻、减轻情节],可以不起诉或免予刑事处罚。对于这些罪名,在量刑建议中附加退赃、赔偿、和解等条件,一旦这些条件实现,就可以兑现相应的从宽处遇。

至于其他与法益修复无关的事实和情节,不宜通过附条件量刑建议的方式解决。比如,在审判阶段出现立功、部分犯罪事实不能成立等事实和情节,就不得以附条件量刑建议的方式解决;发现遗漏犯罪事实、遗漏罪名的,应当变更起诉。

(2)附条件量刑建议不仅可适用于自然人犯罪更适用于单位(企业)犯罪。国际上,针对企业犯罪,合规计划(刑事合规)属于对企业从宽量刑甚至不起诉的重要因素。对于企业犯罪而言,实施合规计划、挽回损失等补救措施,不仅可以作为暂缓起诉(类似于附条件不起诉)的因素,也可以作为附条件量刑的因素。就我国而言,针对企业犯罪适用认罪认罚提出附条件的量刑建议完全具有法律依据。

(3)附条件量刑建议应当坚持有利于被告人的原则,实行"调低不调高"。附条件量刑建议,本质上是调整量刑建议,但是由于这样的调整量刑建议是有利于被告人的,并且是在量刑协商中可预见的,双方已经就此进行了协商,一旦该条件实现就"调低"原有的量刑建议,因此可以通过附条件量刑建议的方式来保持量刑建议的稳定性。这就决定了对于被告人不利的量刑情节和事实,如在审判阶段出现遗漏认定的累犯等法定从重量刑情节,就应当重新协商,重新签订具结书,调整量刑建议,调整后的量刑建议实质上是一个新的量刑建议。

实践视角:检律协作"新题"与"新解" *

认罪认罚从宽制度是一种犯罪治理的合作模式,合作主要体现为认罪认罚的合意、协商。由于犯罪嫌疑人、被告人协商能力和条件的天然缺陷,就要求辩护人或值班律师介入,进而体现为控辩协商、检律协作。就此而言,检律协作、控辩协商是认罪认罚从宽制度的基础。

一、认罪认罚案件中检律协作面临的亟待解决的难题

1.控辩协作的不平衡性问题

认罪认罚从宽制度是以检察机关为主导的,这种主导作用是就程序启动、把关及案件实质处理而言的,并不意味着检察官居高临下进行协商。实践中,检律协作不平衡性问题主要表现在:一方面,检察官处于强势地位,个别检察官居高临下地"通知""告知"量刑建议,犯罪嫌疑人、被告人及其律师,要么接受、要么不接受,协商余地极小。另一方面,个别辩护人缺乏协商的积极性和主动性,认为辩护人具有独立辩护权,没有必要顺从被告人的认罪认罚意思;值班律师把自己定位为见证人,不愿协商。这种不平衡性的

＊ 原文发表于《检察日报》2019 年 11 月 25 日,第 3 版。

风险可能影响犯罪嫌疑人、被告人认罪认罚的自愿性、真实性,甚至出现"认假罪"。

2. 律师资源不足及法律帮助形式化问题

我国地区间经济发展不平衡,律师资源也存在不平衡问题,如江苏北部某县全县只有律师十余名,而该县一年刑事案件就有三四百件。认罪认罚案件需要在看守所、检察院、法院派驻值班律师,律师资源严重不足。即使律师资源充分的地区,也存在法律帮助形式化的问题。一些值班律师嫌报酬较低,不愿意花太多精力,既不阅卷,也不研究量刑规则,不能按照《指导意见》所要求的就检察机关认定罪名、量刑建议等提出有价值的意见,甘愿沦为见证人的角色,严重影响控辩协商、检律协作的有效性。

3. 量刑协商结果预期不确定性问题

认罪协商的基本前提是双方对各自的利益有确定的预期。特别是对辩方而言,如果不能对量刑有确定的预期,是无法进行真正协商的。实践中,一些地方检察机关在听取律师意见甚至签署具结书时,量刑建议幅度过大,甚至直接套用法定刑,对于能否缓刑态度模糊,导致律师对协商结果无法预期,影响认罪认罚的适用。同时,控辩协作、协商需要双方具有大体平衡的信息。针对量刑协商而言,需要对影响量刑的因素及对应的量刑值有大体一致的共识。实践中,有的检察机关往往只给予量刑建议的结果,很少就这个结果得出的依据及其计算过程进行说明,"神秘化"色彩较浓。特别是在速裁程序中,办案时间短、节奏快、程序简,律师对案件熟悉程度有限,加剧了信息非对称性,影响量刑协商。

4. 不起诉协商"瓶颈"问题

不起诉是认罪认罚从宽制度的重要内容,《指导意见》第30条要求充分发挥不起诉的审前分流和过滤作用,逐步扩大相对不起诉在认罪认罚案件中的适用。当前面临的最大问题是,员额检察官并无不起诉决定权,相对不起诉决定应当由检察长或检委会作出,而相对不起诉案件一般是轻微刑事案件,大多适用速裁程序,期限短、程序繁,检察官在未提交检察长或检委会前,不敢轻易与犯罪嫌疑人及其律师协商,导致控辩双方无法就不起诉问题进行协商和签署具结书。

二、针对控辩协商中难题的对策建议

1. 树立平等协商理念

认罪认罚案件中的"平等协商",与不认罪案件中控辩"平等武装"具有同样的旨趣。在不认罪的普通程序案件中,强调庭审的对抗性与"平等武装",在认罪认罚案件中应强调协作性,注重"平等协商"。根据哈贝马斯的商谈理论,妥协的谈判要确保利益相关者平等参加谈判,为所有利益相关者创造大致平等的机会,这样所达成的协议才是公平的。正如朱孝清先生所言,控辩协商不是检察机关单方通知、"我说你听",辩方有权提出自己的意见和要求,检察机关"听取意见"不是为听取而听取,而是为了使拟处理意见考虑得更加全面、更加客观公正,"听取意见"的过程,就是协商的过程。检察官需要转变观念,充分听取犯罪嫌疑人、辩护人或者值班律师的意见,尽量协商一致。《指导意见》的规定,未采纳辩护人、值班律师意见的,应当说明理由。通过强化平等协商,来防止检察官给犯罪嫌疑人、被告人认罪认罚施压,防止认罪认罚出于非自愿、非真实,防止"认假罪"。

2. 整合律师资源

我国的法律援助制度相对成熟,律师法及相关文件对执业律师法律援助义务进行了强制性规定,很多地方的看守所有法律援助律师驻点,应当将法律援助律师与法律帮助律师合二为一。对于非羁押的认罪认罚案件应当实行以检察院驻点为主、法院驻点为辅的方式,因为认罪认罚案件的具结和协商主要由检律双方进行。法院、检察院相隔不远的,可以实现驻点共用。案件量较小的地区,可一周驻点二三次,也可事先网络、电话预约。为提高法律帮助的实效性,可以通过增加财政投入、政府购买服务等方式适度提高值班律师报酬。发达地区可以实行律所招标制度,司法局每年就法律帮助业务面向律师事务所公开招标,中标的律师事务所承担本区全年的法律帮助工作,"定所不定人"。

3. 建立量刑建议精准化与说理化机制

量刑建议的精准化有助于提高律师对协商结果的预期性,进而促进检律协作的有效性。量刑建议越精准,控辩协商就越充分,检律协作就越有效。要对精准的量刑建议进行说理,《指导意见》对此有明确要求。量刑建议说理有助于控辩双方的信息对称,为充分协商创造条件,促成个案处理的共识,实现程序正义。南京市建邺区人民检察院探索"量刑建议计算表",根据量刑指导意见载明起点刑、基准刑、调节刑等各项因素及其对应的量刑值,作为量刑建议书和具结书的附件,实现量刑建议的公开、透明,既促进了检律协商,也有助于法官采纳,值得借鉴。

4. 探索不起诉指南

解决不起诉协商的"瓶颈"问题,可以借鉴量刑协商中通过量刑指导意见(量刑指南)提高量刑建议的精准性和说理性的做法,探索不起诉指南(指引)。南京市检察机关在速裁程序试点过程中,制定速裁程序案件不起诉指引,结合本地区实际制定类案不起诉相对统一的标准。承办检察官提出拟不起诉的意见有据可循,公开透明,有助于被检察长、检委会采纳,也有助于检律双方协商、协作,还能防范廉政风险,值得借鉴。

正如培根所言,"对于一切事物,尤其是最艰难的事物,人们不应期望播种与收获同时进行,为了使它们逐渐成熟,必须有一个培育的过程"。而一项新的法律制度的发展、成熟也要经历类似的培育过程。

第五篇　法律人的技艺

司法是一种解释法律和适用法律的专门活动，这就要求法律人对法律知识必须具有比当事人和普通民众更精深的理解。法律人应当具备的三大技能分别是能说、会写、善思。培育这三种能力，努力像专家一样思考、解决法律问题。

5
Part

法律人的技艺[*]

"法学是一门施展才华、满足自尊、唤起激情、伸张正义的学科。"(张明楷语)这句话让以法学为职业的法律人感到自豪,但是,并非所有人都适合做法律人。

笔者一直认为,法律人需具备三种基本技能:能说、会写、善思。这三种基本技能共同的特质就是善于论证。无论是"说",还是"写",还是"思",目的都是要说服他人,这三种技能只是论证的不同表现形式罢了。所以,德国著名刑法学家英格博格·普珀说:"法律人的技艺,就是论证……越是能够驾驭这项技艺,就越能成为一名成功的律师,越能成为一位受尊敬的法官、有影响力的政府官员,以及越能够成为一个受到大家认同肯定的法学写作者。"①

一、法律人不能没有逻辑

法律人可以不精通复杂的逻辑运算符号和逻辑公式,但是应该懂得起码的逻辑原理,这是法律人进行论证的基本工具。

---

* 原文发表于《法制日报》2013年6月5日,第10版。

① 〔德〕英格博格·普珀:《法学思维小学堂——法律人的6堂思维训练课》,蔡圣伟译,北京大学出版社2011年版,"原著前言"第1页。

"三段论"(又称包摄推论)是每个法律人都应该掌握的基本逻辑,法学"三段论"是一种由一般法条到(可包摄于该法条之中的)个案的推论过程,包括大前提(法律规范)、小前提(案件事实)和结论。

曾几何时,法学被认为是一门具有很强逻辑性的学科,法律人也曾被认为是具有很强逻辑思维的知识群体。但是近来法律人似乎对逻辑不屑一顾,甚至是蔑视。普珀教授抱怨说,在今日的法学方法理论上,对逻辑与逻辑论证的贡献进行了低估,甚至是蔑视。[①] 在我国刑法学界,这种违背"三段论"基本逻辑的解释观点大行其道,这值得我们深刻反思。

比如,单位组织人员实施盗窃的"单位盗窃"问题。有观点认为类似行为无罪,还有人建议增设单位盗窃罪(以下简称无罪论)。这种无罪论的逻辑推论是这样的:该行为属于单位盗窃行为→刑法条文没有规定单位可以成为盗窃罪的主体→所以无罪。这样的推论过程显然是颠倒了大、小前提。

众所周知,法学"三段论"中的法律规范是大前提,案件事实是小前提,而无罪论者把案件事实作为大前提,法律规范作为小前提,当然难以得出正确的结论。正确的推论应该是:《刑法》第264条规定了盗窃罪的构成要件(大前提)→该行为符合盗窃罪的构成要件(小前提)→有罪,即实施盗窃行为的人及其共犯构成盗窃罪(结论)。不过,不能对单位处以罚金刑,但具体实施盗窃犯罪的人及其教唆者、帮助者理当承担盗窃罪的刑事责任。无罪论者

---

① 参见〔德〕英格博格·普珀:《法学思维小学堂——法律人的6堂思维训练课》,蔡圣伟译,北京大学出版社2011年版,第114页。

还以罪刑法定原则为其违背逻辑的观点进行辩护,即《刑法》第30条规定"法律规定为单位犯罪的,应当负刑事责任"。其实,这是一种误解,对《刑法》第30条的正确理解应该是:法律规定为单位犯罪,单位应当负刑事责任;法律没有规定为单位犯罪的,单位不负刑事责任,而并非指实施犯罪的自然人也不负刑事责任。否则,就会导致荒谬的结论。

二、不要轻易给法律下定义

法律论证过程中,概念和定义或许不可避免,但是没有经过充分研究的定义是危险的,这是因为法律要保持一定的适用弹性和空间,因为立法时不可能预见到所有可能的情况。法律中精确的定义是罕见的,包括立法者的定义和解释者的定义。

我国《刑法》中类似跛脚的立法定义并不鲜见,例如我国《刑法》第294条曾经对"黑社会性质组织"下过一个拙劣的定义,即"以暴力、威胁或者其他手段,有组织地进行违法犯罪活动,称霸一方,为非作恶,欺压、残害群众,严重破坏经济、社会生活秩序的黑社会性质的组织"。这里的"称霸一方""为非作恶""欺压、残害群众"均属非法律用语,歧义重生,含义模糊,在实践中如何用证据来证明这些带有强烈主观色彩和文学色彩的表述,这种不明确的话语,既可能不当地扩大打击面,也可能不当地缩小打击面,给司法实践造成适用上的困难。

《刑法修正案(八)》删除了原《刑法》第294条第1款对于黑社会性质组织犯罪的定义,而将2002年4月28日全国人大常委会《关于〈中华人民共和国刑法〉第二百九十四条第一款的解释》

中规定的黑社会性质组织四个特征吸收进来,单列为第294条第5款。这一修改是明智的。

　　当然,也不是说法律不需要定义,而是说不要动不动就定义,更不能轻易盲目地定义。

三、学会用"后果考察"来检视解释结论

　　"后果考察"是指法律人在进行论证的时候,运用一定的解释方法作出某种解释结论,需要一并考虑这种解释结论在其他案件或其他情况中,可能导致的其他后果。当这种后果对法律适用具有负面效益,甚至可能产生荒谬结论的时候,可能就要放弃这种解释路径。这种"后果考察"对于论证一个观点成立、反驳一种观点错谬是非常有必要的。

　　"后果考察"的基本标准就是"有益性"。解释结论的正当与否既不是来自立法者的权威,也不是来自其从法条文本中推导出结果的正确性,而是从这些结果的有益性导出的。"不只是那些作为目的论解释基础的目的必须被证明为有益且公平,还必须避免解释的结果除了这个有益的作用外,一并带来其他会抵消(甚至超过)实现该目的之有益性的负面效果。"①

　　我国刑法中类似的例子也不鲜见。比如前述的单位盗窃问题,按无罪论者的观点,从"后果考察"的角度进行审查,就会导致单位雇凶杀人,而无须任何人为死亡后果承担刑事责任的荒谬结

① 〔德〕英格博格·普珀:《法学思维小学堂——法律人的6堂思维训练课》,蔡圣伟译,北京大学出版社2011年版,第74页。

论,甚至出现刑法中的几乎所有的罪名,只要行为人打着单位的旗号实施而都无须承担刑事责任的荒谬结论。同样,主张增设单位盗窃罪的观点"只是一味地热心追求他认为有益的目的",而没有看到这种解释观点所可能引起的导致刑法中所有罪名均需要增设单位犯罪的负面效果。

法律人的梦想与成长*

一、目标：做有梦想的法律人

年轻的法律人，永远不要放弃梦想。有梦想才能执着于一件事情，有执着才能成就一番事业。

你也许会因法律专业的就业形势而烦恼？数年以前，法学是热门学科，法学院的学生走路的步态都更加昂扬，甚至让其他院系的学生羡慕不已，笔者也正是带着这样羡慕的眼光从历史学转入了法学。时至今日，法学院遍地开花，法学教育"井喷"，产能过剩，法学成了就业的"冷门"。但是，请你们相信，这种"冷门"注定只是一个短暂的现象；请你们相信，法学从来没有真正"冷门"过，现在不会，今后更不会。

因为法学是治国之学，在当下的中国，中央提出依法治国、依宪治国，法律人大有可为；因为与发达国家相比，我们的法律人才仍严重匮乏，特别是律师在人口总数的占比，还太低太低；因为诚如张明楷所说"法学是一门展示才华、满足自尊、唤起激情、伸张正义的学科"；更因为已经踏上法学这条路的你们，法律人的梦想，本身就值得拥有！

---

* 2017 年 12 月 4 日，在南京大学举行的大学生法律联盟青年荟成立仪式上的讲话。

你也许会因亿万贪官马超群而愤怒,但是,制度反腐、法治反腐已初见成效。相信被马超群以断水相威胁、欺压凌辱的人一定会说:"恶有恶报,善有善报,正义还是到来了。"作为法律人,与其愤怒,不如传递正能量,传递正义的呼声,推动法治的进步。

你也许会因为赵作海、呼格吉勒图冤案而失望。作为法律人就应该推动法律制度改革,为避免冤案建言献策,要有位卑未敢忘忧国的情怀。也要清醒地认识到司法的过程是一个对以往事实的回溯过程,是运用证据不断接近真相的证明程序,从这个意义上讲,错案具有不可避免性。陈兴良说"司法的最高境界就是无冤",这是一个理想。不能因为错案的出现,而丧失对法律体系的信心。

二、路径:要有理性思考的专业智慧

法律人,这是个特殊的职业共同体。涉及生杀予夺的司法大权凭什么由他们行使? 就是因为法律共同体是基于法律理性、法律知识、法律思维和法律技术的专业共同体,有经过训练形成的理性判断。面对纷繁复杂的案件,你将很快发现,你的知识是多么不堪。研究生毕业时,笔者和一位室友曾用一句话总结三年的生活,两尺多高的读书笔记,10 余万字的课程作业,背 300 个常见刑法分则罪名的构成要件。不要指望老师灌输多少知识给你,因为他只是引路人,你得靠自己的阅读;不要拘泥于老师开给你的书目,那只是经过裁剪的片段,你需要自我探寻最需要的知识。

法律人的理性思维、独立判断、专业智慧,来自扎实深厚的学识。法律人不该是一个愤青,因为你比他们更加理性,更加具有社会责任感;也不该是人云亦云的看客,你比他们更有自己的独立判断。

司法是一种解释法律和适用法律的专门活动,这就要求法律人对法律知识必须具有比当事人和普通民众更精深的理解。成文法的制定往往是比较原则性的,不可能预见到所有的生活事实。因而适用法律不能机械地照搬法条,把法条与案件事实进行工匠式的对号入座,而应根据立法目的、法律思维和方法论来解释法律。这就要求法律人必须具有扎实、系统的法学理论功底,不只知晓法律条文,更要通晓条文背后的法理,拥有自己的知识、话语、理性、判断、立场。正如季卫东所说:"娴熟的法律专业知识和能力应建立在深厚的学识基础上,而不能满足于使用技巧的工匠型专才。"①

办案越来越难了,证据标准要求更严了,案件更加疑难复杂了,靠知道几个法条和司法解释来办案这是很危险的!法律是靠人来执行的,司法权力如果经过无知和盲从的非职业之手,那么再神圣纯洁的法律也都会变质。英国大法官柯克说:"一个人只有经过二十年的研习才能勉强胜任做一个法官。"②你的工作性质决定了你必须像专家一样,而不能仅仅是个"法匠"。

三、方法: 能说、会写、善思

能说、会写、善思是法律人的三大技能,这三种技能的养成,需要读、思、练。

---

① 季卫东:《法治秩序的建构》,中国政法大学出版社 1999 年版,第 198 页。
② 强世功:《法律人的城邦》,上海三联书店 2003 年版,第 32 页。

（一）读

读是为了储备知识，只有厚积才能薄发。一个人的思考能力取决于其知识的储备量。你凭什么看问题比别人看得深，凭什么写出有深度的东西，凭什么能提出新的观点和方法，凭什么能够理性思考，关键在于知识储备。一个优秀的法律人是读出来的。

一代国学大师梁漱溟只接受过中学教育，为何能成为学术一代宗师？梁先生于1942年写作的《我的自学小史》，向我们展示了其成功的秘诀，更向世人传授了教育的方法、学习的诀窍。学校教育只是一个人知识养成很小的一部分，"学问必经自己求得来者，方才切实有受用"。梁先生说："我看任何书都是如此，必是如此，必是自己先已经有了自己的一些思想而后再参考别人的意见。从未为读书而读书。"如何能够坚持自学呢？"自学最要紧的是在生活中有自觉。""根本在于一片向上心。"①

新的法律、法规，日新月异；新型疑难案例，不断出现；法学知识随着社会情势的变化，不断更新。可以肯定地说：法学研究同样非自学不能进行。法学知识的养成，同样很大程度上依赖于自学。学校教育至多提供一种自学的基础和方法，正如苏力所言，法学教育的目标是"能够在无须课堂教授的情况下，也能依靠自身的通过法学教育培养起来的素质和基本知识迅速理解和运用新法律"②。

（二）思

阅读要有思考。因为"理论和实践之间永远有一道必须依赖论述来勉强跨过的鸿沟，世界上也没有两个完全一样的个案，因此

---

① 梁漱溟：《我的努力与反省》，漓江出版社1987年版，第20页。

② 苏力：《法学本科教育的研究和思考》，载《比较法研究》1996年第2期。

没有自己的说法和用语,等于没有任何解决问题的能力"(我国台湾地区刑法学者黄荣坚语)。在读书过程中多联想具体问题,能不能用这个理论解决;遇到疑难问题,多思考能否用我看到的理论做依据,研究出解决办法,这样的融会贯通是最高境界。

德国法学已经成为德国最为畅销的文化出口"产品",这些"产品"的制造离不开德国的判例和司法实践。对此,德国刑法学著名刑法学家克劳斯·罗克辛指出,"德国刑法的发展,在很大程度上,不仅是通过立法和学术,而且是通过司法判决来向前推动的"①。

我国法学研究的历史轨迹应该这样的:"苏俄化→借鉴德、日→转向实践"。我们已经走过了前两个阶段,现在已经站在了第三个阶段"转向实践"的路口,"用世界的眼光,解决中国的问题"。

(三)练

练嘴和练笔。有人说律师和检察官是靠嘴皮子吃饭的,更准确地说也是靠笔杆子吃饭的。

口才真的是可以练出来的,不用讲丘吉尔的故事,那太遥远了。我们的十佳公诉人比赛,4个月的时间就把一个平时说话吞吞吐吐的人,训练得台上辩论伶牙俐齿。

可以是写读书笔记,可以是写论文,将思考的东西形成文字。书读多了,最容易形成眼高手低。一方面,心高气傲,什么都看不上眼;另一方面自己什么都写不出来。写的过程就是运用和思考的过程,实际上每一篇关于某个问题的论文,都会促使你就这个问

---

① 〔德〕克劳斯·罗克辛:《德国犯罪原理的发展与现代趋势》,王世洲译,载《法学家》2007年第1期。

题阅读大量文献资料,深入系统地把握这个知识点,促使你做到融会贯通。

　　最后,以车浩教授的一句话与各位共勉:"一个法治国家必将对法律知识的专门性有越来越高的要求,一个更注重保障人权的社会必将更加谨慎和细致地对待对公民定罪的标准,这一切,都注定了由一个'人人皆可判案'的大众话语主宰的时代,向'加深专业槽'的精英话语主宰的时代的转型。"①

---

① 车浩:《从"大众"到"精英"——论我国犯罪论体系话语模式的转型》,载《浙江社会科学》2008 年第 5 期。

学问中的"学"与"问" *

我国台湾地区刑法学者林东茂说:"法律人需要在自己的领域之外,与其他伟大的灵魂安静对晤。"笔者最近读梁漱溟先生的《我的努力与反省》一书(漓江出版社 1987 年版),真切体悟到林东茂这句话的真谛。此书带有学术传记性质,重点收录了梁漱溟先生在 20 世纪 30 年代至 50 年代的文章,反映梁漱溟先生的学术人生轨迹,用他自己的话说,就是"可粗略地反映一生所走过的道路"。书中所道出的关于学问中的"学"与"问"等问题对当下中国法学研究具有重要启示意义。

一、学与自学

梁先生作为百年中国学术史上第二代学人,有"中国最后一位儒家"之誉,除了其超常的禀赋,还在于其精深于学与自学的关系,精于自学,善于自学。梁先生接受的正式学校教育并不多,其深厚的知识功底很大程度上来源于自学,即便是在其短暂的学校教育中,也是授学与自学并行。先生自称幼时体弱,呆笨异常,6 岁还

---

* 原文发表于《法制日报》2012 年 2 月 8 日,第 10 版,发表时标题为《梁漱溟与法律人的对晤》。

需要妹妹给穿裤子。由于当时社会动荡(如义和团运动、庚子之变等),加之学制不稳,先生的小学教育先后辗转经历两度家塾、4 个小学堂;先生在顺天中学堂度过近 5 年的中学时代。先生的自学始于小学时代,自己阅读《启蒙画报》《京话日报》;在中学时代,更是如饥似渴地阅读《申报》《顺天时报》,梁启超先生的《新民丛报》《新小说》等,其后更是围绕"人生问题""社会问题"追求不已,从佛学到文化、从西方哲学到儒家哲学、从社会学到政治学,均是"无师自通"。正如梁先生所言:"学问必经自己求得来者,方才切实有受用。"梁先生说:"我看任何书都是如此,必是如此,必是自己先已经有了自己的一些思想而后再参考别人的意见。从未为读书而读书。"

对于社会科学而言,即便师承传授如果没有自己的独立思考与判断,亦步亦趋,也是难以学好的。就此而言,梁先生的"自己求得来者,方才实用"的论断是何其高明。就法学而言,自学的重要性尤甚。新的法律法规,日新月异;新型疑难案例,不断出现;法学知识随着社会情势的变化,不断更新,可以肯定地说:法学研究同样非自学不能进行。法学知识的养成,同样很大程度上依赖于自学,学校教育至多提供一种自学的基础和方法,正如苏力所言,法学教育的目标是"能够在无须课堂教授的情况下也能依靠自身的通过法学教育培养起来的素质和基本知识迅速理解和运用新法律"①。

---

① 　苏力:《法学本科教育的研究和思考》,载《比较法研究》1996 年第 2 期。

二、作学与作事

所谓作学与作事,转换成现代语境,就是理论与实践的关系。关于如何处理理论与实践之间关系,梁先生在《我的努力与反省》一书中有段精彩论述:"任何一事没有不在学术研究之内的。作学问固当研究他,即作事亦要先研究他才行。没有充分之学术研究,恐怕事情作不好,而在从事之中,亦可能于学理或技术有发明贡献。即事即学,即学即事。"梁先生不仅是这说的,更是这么做的。思想既是从刺激自己的问题中来,自然要回到解决问题的行动中去,所以他不甘于坐谈而喜欢行动。先生曾一度研究佛学,有出世思想,便有出世生活,吃素食,拒婚姻;有革命思想,便有革命实践。为了中国问题,出路所指,赴之恐后,辛亥时期,梁先生高中尚未毕业即投身革命;新文化运动中,他尝试东西方文化比较研究,独树一帜,为中国传统文化作辩护;经历了一系列的实践活动和深度思考,认为中国问题在于农村问题,从 1927—1937 年的十年间,奔走于广东、河南、山东干起来热火朝天的乡村建设运动,试图由乡村出发建立起新的政治秩序和经济秩序;抗日战争时期,先生深知最重要的是团结,他奔走呼号,致力于促成国共合作;抗战胜利后先生深悉最重要的是建国,他又致力于军队国家化、和平统一。梁先生一系列关于中国社会、政治改革的主张,除来源于其深厚的智识外,更来源于其积极的政治参与和社会活动。梁先生不仅仅是个理论家,更是个实践家,难怪在"军调"时期,马歇尔将军短暂接触先生,便称先生是中国的甘地。1987 年,梁漱溟先生最后一次在公众场合露面,这位世纪老人,用这样一句话总结自己的一生——

"我不单纯是思想家,我是一个实践者。我是一个要拼命干的人。我一生是拼命干的。"

当下中国法学研究,脱离实践的抱怨声不绝于耳。一方面学者抱怨司法者法学素养不高,另一方面司法者对学者们不食人间烟火的研究之"无用"性而望洋兴叹;一方面学者们将实务问题视为低层次的学问,另一方面又认为司法实践者就只需要办理案件,掺和法学研究是"不务正业"。岂不知,正如梁漱溟先生所言"没有充分之学术研究,恐怕事情作不好","即事即学,即学即事"。更何况司法活动具有很强的专业性,而法学研究具有超越其他社会科学的实践性,不"作学"焉能"把事作好";不"作事"又岂能真正"作学"。从大师梁漱溟的告诫中,作为法律人应该得到启示:司法者加强研习力求做专家型司法官,学者应放下身段力求做有实践品格的法律人。

三、学问与问题

梁漱溟先生自谦"不是学问中人,而是问题中人"。做学问,搞研究,固然需要有思想,"思想似乎是人人都有的,但有而等于没有的,殆居大多数。这就是在他头脑中杂乱无章,人云亦云……思想或云一种道理,原是对于问题的解答。他之没有思想正为其没有问题。反之,人之所以有学问,恰为他善能发现问题,任何细微不同的意见观点,他都能觉察出来,认真追求,不忽略过去"。梁先生进而推导出思想进步的原理:"问题是根苗,大学问像一棵大树,从根苗上发展长大起来,而环境见闻(读书在其内),生活实践,则是它的滋养资料,久而久之自然蔚成一大系统。"①梁先生一生求索围绕两大问题:社会问题、人生问题。梁先生自称,其各种观点、主张都是问题给逼出来的,学问是用来解决问题的,无问题即无学问,"《东西文化及其哲学》一书之所以产生,实系问题逼出来也"②。

梁先生这番话,至今读来仍然振聋发聩。我们扪心自问当下中国法学有多少无病呻吟之作,又有多少研究成果是用来解决问题的。为什么司法者遇到一"疑难"案件查遍国内教科书都找不到解决路径,这些教科书抄来抄去,内容大同小异。讲起理论头头是道,遇到具体的疑难案件却不知如何定性处理。许多观点的提出,并没有考虑能否解决司法实践中的问题,更没有考虑到司法实践实际现状。学者们更偏爱于"理性迷思",痴心于构筑所谓的"恢宏而又深奥抽象的理性符号系统",甚至能写出一两本部门法学著作而不引用一个法条,成为不少学者的最高学术理想。当下中国法学,作为法律学人,亟需学习梁先生所说的不只是做"学问中人",更要做"问题中人"。

四、外学与内化

20世纪初的中国,政治风云变幻、社会急剧变革、新旧文化交替,梁先生能始终坚持独立思考和观察,他自称既不属于陈独秀、胡适等新潮阵营,也不属于辜鸿铭、刘师培等国故阵营。在新潮派

---

① 梁漱溟:《我的努力与反省》,漓江出版社1987年版,第50页。
② 同上书,第66页。

看来,中国的问题,就是把中国世界化的问题,对中国传统的很多东西充满批判;而"国故"派,则是因循守旧,似乎中国传统的什么东西都是好的。梁先生在"新潮""国故"之外,既不排外,主张"走向民主";也不守旧,观察到国人民主意识之落后而决心从乡村入手改造;更不盲从,他通过自身的实践和思考预言欧美政治制度不适用中国,"西洋政治制度虽好,而在中国则因为有许多条件不够,无法建立起来"①,"在政治问题上找出路子的话,那决不能离开自己的固有文化"②。东西方民族精神背道而驰:西方是个人本位,中国是伦理本位。西方围绕个人权利观建立制度,中国靠道德教化、社会伦理维护秩序。中国的自救之道是由散漫的村落社会演进为经济上和政治上有组织的社会。新政治习惯与新经济道路都应该从乡村起步。

　　梁先生的上述主张,即便今天看来也绝非过时。欧美式民主宪制在今日亚洲之实践并非如想象般完美;至今困扰中国的问题仍然没有跳出梁漱溟先生在80多年前预言的农村问题。中国法学研究中,全盘西化还是利用本土资源至今仍在争论。固执守旧者有之,盲目欧美化者更甚。"言必称英美,文必引德日",成为时尚;一篇没有引注德日或英美文献的法学论文是称不上"好文"的,更难被"核心期刊"所看中,这种风气愈演愈烈。法律是治理社会之手段,我们需要反思的是:我们的法学研究在强调学习欧美时是不是更应该注重内化;我们是不是很好地体现法律是一国文代最忠的反映;满纸欧化、故弄玄虚的法学研究文风是不是该收敛些!

---

① 梁漱溟:《我的努力与反省》,漓江出版社1987年版,第77页。
② 同上书,第91页。

"舌尖上"的刑事诉讼法[*]

刑事诉讼法作为一种程序法,其实施集中体现在辩护人与公诉人的对抗与论辩中,也可以说程序之魅力就体现在辩护人与公诉人的"舌尖上"。

2012年我国《刑事诉讼法》的全面修改,在1996年《刑事诉讼法》修改时引入了大量的对抗式诉讼因素的基础上,进一步增强了控辩双方的对抗,律师辩护的空间进一步拓展。律师田文昌、学者陈瑞华合作的《刑事辩护的中国经验》,以对话的方式研究中国语境下的刑事辩护,向我们展示了一部"舌尖上"的刑事诉讼法。

刑辩面临实体之辩向多元之辩的转变。我国的刑事法学研究和实践"重实体、轻程序"的现象盛行已久,这种现象体现在刑事辩护上,就是片面重视"实体之辩",具体体现就是"无罪辩护""罪轻辩护"成为主流辩护形态,程序之辩、证据之辩、量刑之辩则受到冷落,尤其是辩护律师对于"无罪辩护"的追求和青睐已经到了无以复加的地步。陈瑞华教授在书中对于此种畸形现象表达了强烈的批评,"很多律师在接受媒体采访或者是在著书立说的时候,总会自觉不自觉地把无罪辩护的成功作为职业生涯中最值得骄傲的成就……似乎只有无罪辩护才能真正检验他的辩护技巧和辩护技

---

* 原文发表于《法制日报》2012年6月27日,第10版。

能,由此形成了中国非常独特的一种辩护文化。这多少给人一种感觉,仿佛无罪辩护才是律师成功的标志,其他的辩护都登不得大雅之堂"①。田文昌律师也认为:"刑事辩护不能以输赢论英雄……一个律师,只要尽职尽责,最大限度地维护了委托人的合法权益,就已经发挥了律师的作用,对无罪辩护的盲目推崇,是一种很不成熟的辩护文化。"②

新刑事诉讼法大量增设了非法证据排除规则、证据合法性调查程序、证人出庭作证、量刑调查程序等内容。无论是律师还是公诉人,都必须面对由实体之辩向程序之辩、证据之辩、量刑之辩等多元化辩论形态的转变。《刑事辩护的中国经验》敏锐地觉察到这一点,用了大量的篇幅探讨程序辩护、证据辩护和量刑辩护,并对其概念、要素和技巧进行了系统的概括和总结。陈瑞华认为:"在正常的法制环境下,量刑辩护才应该是律师的基本功,因为90%以上的案件都是被告人认罪的案件,律师需要更多的是量刑辩护。"③

法庭辩论不是逞口舌之快。法庭辩论是最能体现一个刑事辩护律师才能的诉讼环节,这是"舌尖上"的工夫,但是法庭辩论绝不能逞口舌之快。一些律师把法庭辩论当作发表演讲的舞台,有的律师惯于用文学化和煽动性的语言,甚至把旁听公众当作发表辩护词的对象,面向公众高谈阔论,这与法治是不相符的。田文昌律师和陈瑞华教授一致认为,辩护活动的对象应该是法官,其目的

---

① 田文昌、陈瑞华:《刑事辩护的中国经验——田文昌、陈瑞华对话录》,北京大学出版社 2012 年版,第 84 页。
② 同上书,第 85 页。
③ 同上书,第 212 页。

必须是说服法官采纳自己的辩护意见,针对旁听群众甚至是社会公众发表演讲,与辩护目的是不相符合的。陈瑞华教授还指出,"在任何一个正常的司法制度中,对法官和法庭的尊重都是律师辩护取得有效效果的前提和基础,……充分地表明对法庭的尊重是律师辩护最基本的职业伦理和职业素质。"①

不能违背委托人的利益而辩护。司法实践中经常出现这样的情况:被告人与辩护人意见相左,比如被告人当庭认罪,而辩护人在庭上却坚持做无罪辩护,有的甚至出现被告人与辩护人直接发生冲突,要么被告人拒绝辩护人继续为其辩护,要么是辩护人愤而离场。个别辩护律师为了"出名"或者"哗众取宠",不顾被告人的利益,而坚持与被告人意见相左进行辩护。

这在国外的刑事辩护中是难以想象的。陈瑞华教授指出:"从古罗马人产生律师制度的第一天起,律师就被要求必须忠实于客户的利益,这是最基本的职业道德规范,我国律师制度的发展与辩护观念极不相称。"②而田文昌律师也认为,这些现象反映出人们对刑事辩护职责定位的认识误区,"我们国内的理论界和实务界普遍存在认识上的错误,以至于开庭时还有律师在与被告人意见冲突时继续坚持己见,并振振有词地声称是在行使律师的独立辩护权。这种认识完全违背了律师职责的基本要求,现在已经到了必须纠正这种错误认识的时候了,我们律师再不能犯这种低级错误,

---

① 田文昌、陈瑞华:《刑事辩护的中国经验——田文昌、陈瑞华对话录》,北京大学出版社 2012 年版,第 8—11 页。
② 同上书,第 247 页。

再不能以独立行使辩护权为由违背委托人的主观意愿去进行辩护"①。

功底比辩论技巧更重要。法庭辩论环节无论是对辩护人还是对公诉人而言,都是最能体现水平的。第一轮辩论中,一般是公诉人宣读事先写好的公诉意见书,辩护人宣读事先写好的辩护词,悲哀的是无论是公诉意见书还是辩护词都过于教条化和格式化。最能反映能力和水平的就是第二轮辩论。

第二轮法庭辩论有无技巧可循呢?客观地说,有。比如要有好的口才、极强的应变能力、能够迅速捕捉对方发言的矛盾和要害、逻辑思维能力、短时内对思路和语言的整理归纳能力等。但是,必须得承认"关于法庭辩论的技巧,说起来简单,但都是长期办案的经验积累,绝不是一朝一夕就可以练就的""所有这些技巧,都要建立在深厚的理论功底和扎实的辩护准备工作的基础之上……在实质问题上缺乏准备或者水平,反而把精力放在那些只能'锦上添花'的技巧上,片面追求形式化的辩论风格,必然会给人哗众取宠的感觉,无法提升辩护的层次"②。近年来,各级各类的公诉人辩论赛、律师辩论赛层出不穷,甚至检察机关有些公诉人连续多年忙于专门参加各种辩论赛以及封闭式培训,未曾办理案件,也未曾静下心来加强理论功底,可谓本末倒置。其结果是,在法庭上以华丽的辞藻、咄咄逼人的语调赢得观众,却赢不了庭审,这是值得我们警惕的!

---

① 田文昌、陈瑞华:《刑事辩护的中国经验——田文昌、陈瑞华对话录》,北京大学出版社 2012 年版,第 248 页。
② 同上书,第 8—11 页。

启动质证询问这个"法律引擎" *

质证,是指一门极具实战性和技巧性的艺术。目前,在我国刑事诉讼中,言词证据质证的基本形式就是由公诉方与辩护方进行调查询问。在国外,被称为交叉询问,又称交互诘问,是指控辩双方对提供言词证据的人当庭进行主询问、反询问、再主询问、再反询问的诉讼活动。交叉询问被证据法大师威格摩尔誉为"迄今为止为发现真相而发明的最伟大的法律引擎"。尽管调查询问与交叉询问并不完全相同,但是,询问的引擎作用是具有相当性的,那么,在法庭上如何使用好这个"引擎"?笔者总结出两大原则和五大策略。

一、两大原则

(1)强化立场,展示证据,建立场景,构建事实,以说服法官。

在以审判为中心诉讼制度的背景之下,单纯宣读书面笔录的模式将逐步被质证询问所代替,质证询问的过程就是出示证据、展示证据的过程。质证询问的过程,最终目的是强化己方的观点,建立有利于己方的事实和场景,从而说服法官。

* 　原文发表于《检察日报》2019 年 1 月 28 日,第 3 版。

（2）揭示矛盾、暴露矛盾、削弱可信度。

质证询问的目的是要揭示和暴露被问话者的矛盾之处，削弱其证言的可信度。比如，在蔡某破坏生产经营案中，被告人基于报复砍毁邻居家的葡萄林。庭审中，辩护人申请一位证人出庭作证，称案发时看到被告人在家门口做家务，没有作案时间。公诉人在反询问时，通过连续多个问题追问证人被告人当时穿的什么样式、颜色的衣服。对话内容如下：

> 问：你跟蔡某是什么关系？
>
> 答：隔壁邻居。
>
> 问：你刚才在接受辩护人询问时说被告人案发当天在家做家务，那你看到他做什么家务活？
>
> 答：就是家里的一些杂活。
>
> 问：是屋里还是屋外的杂活？
>
> 答：都有。
>
> 问：你经常去他家串门吗？
>
> 答：不怎么经常。
>
> 问：你那天都在干啥？
>
> 答：我也是在家里忙家务活。
>
> 问：那你怎么知道他一天都在屋里屋外干家务活，特别是屋里你怎么知道的？
>
> 答：嗯，这个嘛，这个……是隔壁邻居嘛。
>
> 问：你看到他当时穿什么颜色的衣服？
>
> 答：白色吧。
>
> 问：是衬衫还是外套，还是其他什么样式？

答：应该是衬衫吧。

通过上述反询问，证人的回答暴露出两个矛盾：①作为邻居看到被告人一天时间一直在干家务活而没有外出，不合常理；②本案案发时间在4月份，4月份时当地的气候不可能穿衬衫，证人说的衣服特征与案发时的季节和气候明显矛盾。通过这样的矛盾揭示，证言的可信度就降低了，证明力也自然减弱。

二、五大策略

（1）宏观有层次，微观破常规。

庭前要对发问进行规划和设计，制作询问提纲。首先，提纲在宏观上要有层次性。问题设计层次分明，防止偏离焦点、离题跑题。比如在刘某盗窃案中，被告人声称受到刑讯逼供，辩方申请侦查人员出庭作证，公诉人则拟从以下层次进行发问：一是抓获被告人的具体经过；二是讯问的过程中有无刑讯逼供。其次，在每一个层次之下要精心设计一系列微观问题，微观问题的逻辑顺序要打破常规，"形散而神不散"。因为按照常规逻辑发问时，对方证人能够轻而易举地知道发问者的意图。如第二层次下的微观问题设计如果按照常规逻辑设计，就是："你有无刑讯逼供？""你刑讯逼供的时间、地点？""你是如何刑讯逼供的？"当你问第一个问题的时候，被询问者回答说"我没有刑讯逼供"，那接下来的询问根本无法进行下去。

（2）避免单刀直入，运用"跳跃式发问"。

反询问时，要将发问意图暂时隐蔽起来，通过"跳跃式发问"

迂回包抄,让被询问者不经意间暴露出矛盾,从而实现询问目的。例如,在高某贩卖毒品案中,被告人高某让华某(另案处理)把毒品送到楼下给购毒者孙某。华某否认明知送给孙某的是毒品。如果直接问华某:"你送去的东西是毒品吗?"他一定会回答"我不知道"。正确的做法应当是进行跳跃式发问。对话内容如下:

问:你和高某是什么关系?

答:朋友,挺要好的朋友。

问:你何时下楼?(没有再接着问人物关系,而是跳跃到问时间)

答:夜里12点左右。

问:你从楼下人手里带多少钱上来?(又跳跃到问钱)

答:我没数,估计两三千元吧。

问:你和孙某认识吗?(没有接着问交易款,而是再跳回到人物关系)

答:不认识,以前没见过。

问:你给了楼下这个人什么东西?(再跳跃到交易过程)

答:就一个香烟盒。

问:什么牌子的香烟盒?

答:红南京。

问:你刚才说拿了两三千元,然后钱怎么处理了?(再跳回到交易款)

答:上楼就给高某了。

问:你刚才说的香烟盒里面有什么?(再跳回到香烟盒)

答:我没看,香烟盒就装香烟的,应该就是香烟吧。

问：你吸毒吗？

答：吸过（因为有尿检报告，他无法否认）。

这种跳跃式发问，让被询问人无法判断询问人的真实意图，毫无防备而说出真实的话。上述问答显示脉络为：华某替好友高某将一盒普通香烟拿给楼下的孙某，却收了3000元费用。这并不符合惯常情形，显示出破绽。

（3）设置封闭问题，避免开放发问。

一问一答，一个问题只包含一个事实，要让被问话人习惯于回答"是"或者"不是"，问题设计要具体，避免宏观或宽泛的问题。

（4）冷静看待翻证。

面对证人当庭翻证，如果通过几个问题的追问无法让其"改口"，就不宜再纠缠。庭审询问的重点不是要让证人回到最初的证言，而是展示翻证的原因和理由，并揭示这种原因和理由是否符合常理。

（5）理性把握节奏，必要小结。

如果通过询问获得一项前后矛盾的证言，谎言已不攻自破，此时要"见好就收"。例如，前述高某贩卖毒品案，公诉人通过连续"跳跃式"发问，从华某回答的内容中已经可以推定其明知是毒品，此时就应该停止发问，不宜再追问。正确的做法是询问结束时向合议庭进行小结，并在后面法庭辩论中进一步论述和阐明。

公诉人法庭辩论靠什么取胜 *

　　2011 年 9 月 6 日,备受关注的"瘦肉精"案在南京市建邺区人民法院开庭审理。《法制日报》《现代快报》《江苏卫视》等众多媒体现场目击庭审。笔者作为公诉"瘦肉精"案专案组组长率两名公诉人出庭支持公诉。庭审从上午 9 点开始直到下午 4 点 20 分结束,中间午饭休息 1 个小时。上午主要是讯问及第一组客观事实证据的举证质证,上午的庭审因大部分时间都耗在了琐碎的核实被告人身份、讯问被告人上,所以总体上"平淡无奇""不热闹"。

　　下午从第二组主观证据的举证、质证开始,逐渐充满"火药味",在记者看来"场面越来越热闹,越来越好看",到法庭辩论阶段,控辩双方的辩论达到"白热化"。3 名公诉人对阵 6 名律师,双方围绕主观明知的认定、既遂与未遂、非法证据与瑕疵证据、自首等问题展开激烈交锋。

　　第二天的媒体报道,《法制日报》《现代快报》等不约而同地用了"激辩"一词。这正是笔者所喜欢的庭审,这样的交锋即使不吃饭不喝水,也会异常兴奋,即兴答辩,思如泉涌,一些事先从未想到的也火花不断,从刑法及刑事诉讼法的具体规定,到司法解释的解读;从直接故意与间接故意的关系、行为犯与结果犯既遂标准的差

＊　"瘦肉精"系列案出庭公诉侧记,2011 年 9 月 9 日。

异,到危险犯与实害犯的区别,再到抽象危险犯与具体危险犯既遂标准的差异;从刑法对食品安全犯罪的立法旨趣,到法益保护早期化的立法目的。庭审结束后,坐在旁听席上的刑庭马庭长对笔者说:"他们敢和你辩刑法理论,你给他们上课,接不住。"

其实,很多案件,像本案中涉及的既遂问题以及行为犯、抽象危险犯等诸多刑法理论问题,法庭辩论真的需要刑法理论知识的长期储备,庭审中太多的突发因素,是你在庭审前根本无法准备的,靠的是平时的功底。庭审结束后,几名记者和一名前来旁听观摩的中级人民法院刑庭法官走过来说:"答辩得很精彩,真是功底深厚啊。记者的目光被公诉人的答辩给吸引了。"记录下这句话不是为了自夸,而是为了提醒年轻的公诉人:真正的法庭辩论是需要刑事法理论知识的,认为靠知道几个法条和司法解释,或者靠点花拳绣腿来应对法庭辩论,是靠不住的,年轻的公诉人,你们一定要记住这一点。

庭审后的第二天,驻监所检察官找被告人张某某谈话,说起当天的庭审,被告人竟然说"那个姓李的公诉人,虽然指控我犯罪,但是我很佩服他"。像流水账一样记录这次庭审的点滴,最后还是要点题,为什么要写这些,是因为我看到太多的公诉人辩论赛,法律人的辩论,搞的不是知识的辩论,而更多是要小聪明、绕口令、笑话、小品来博得评委一笑(有些在这种赛场上取胜者在法庭上的表现并不理想),而那些所谓的评委有些又不懂,外行看热闹。如果这种风气不转,那将是悲哀!公诉人法庭辩论靠什么取胜——专业!

从"快播案"看公诉人如何备战庭审

"快播"案件引发社会广泛关注。对于本案的实体问题,笔者不予置评,这里仅仅从公诉人出庭的技能角度谈谈看法。公诉人出庭需要什么样的技艺?本书中《法律人的技艺》一文,将德国学者普珀说的"法律人的技艺在于论证"进一步引申为"能说、会写、善思",对于公诉人出庭而言这"能说"很重要。《舌尖上的刑事诉讼》一文,提出刑事诉讼的魅力体现在控辩双方"舌尖上的功夫"。"能说"不能"乱说",得说得有"理",怎么样才能把在法庭上"说"的工夫练好?

庭前准备工作做到位那是必须的,笔者与王勇等合作的《公诉人出庭的方法与技巧》一书专门有一章讲庭前准备的,共七节内容,分别为熟悉案情做到成竹在胸、对案件可能引发的舆情有充分的预判,预判争议焦点提高庭审控场能力,做好被害人、证人、鉴定人、有专门知识的人等出庭的准备工作,做好非法证据排除的准备工作等。这些不是重点,笔者重点要说的是公诉人的知识储备。"快播"案件的庭审,公诉人的表现受到公众质疑,质疑的焦点在于公诉人问的几个背离基本网络常识的问题,这说明他们对于本案涉及的网络专业知识知之甚少。所以公诉人出庭的知识储备在于两个重要方面:一是法律专业知识;二是案件所涉及的其他领域的知识。

一、案件所涉及的其他领域知识

公诉人作为法律人,法律知识是你的看家本领,其他领域的专业知识当然不可能都了解,公诉人也是人不是神,但是对于个案涉及的其他领域的专业知识作必要的了解和学习,这是庭前必须要做的功课。刑事案件往往不是法律科学知识的孤岛,而是与其他科学领域存在千丝万缕的联系,比如伤害、杀人类案件与法医学、痕迹学、化学、物理力学等知识密切相关;经济类犯罪往往与会计学、金融学、统计学等密切相关;食药品及环境类犯罪与药理学、环境学、营养学等密切相关。对于这些案件,如果公诉人不能庭前充分知悉和了解其他相关领域的科学知识,在庭审中必然陷入被动,甚至无法将案件事实表述清楚。

这里可以举一个笔者出庭公诉的强奸案。被告人通过"陌陌"聊天工具与被害人相约在深夜见面,见面后被害人上了被告人的车,被告人开车将其带至偏僻路段进行强奸。被害人打电话给朋友呼救无效,被害人乘机把被强奸后擦拭的纸巾塞于内裤,后被告人开车将被害人送回去。经查,被害人当天处于月经期(有内裤及卫生巾物证),被害人脖子处有红色瘀血。

这个案件被告人零口供,辩护人做无罪辩护。其中有三个点成为辩论焦点:一是"陌陌"聊天工具。辩护人认为"陌陌"有"约炮神器"之称,既然双方用"陌陌"相约见面就必然同意发生性关系,并调取了"陌陌"因涉娼被行政处罚的新闻报道。公诉人要对这一点答辩成功,就必须对"陌陌"这个软件有所了解,事先笔者已经对"陌陌"软件的功能、性质、开发的公司、用户数量等进行了详细了解,在庭上阐述了"陌陌"的来龙去脉之后,笔者论证道:作为一款社交软件,不能因为有人用它进行卖淫嫖娼就认为凡是用这款软件的用户就都是卖淫嫖娼,也不能因为它因涉娼被处罚过,就推导出软件的用户都是进行卖淫嫖娼,这种推理是荒唐的。如此推理,QQ、微信、电子邮箱、微博都可能被人用来违法犯罪,我们能说它的用户都是在违法犯罪吗?

二是内裤及卫生巾上的淡红色污渍是否月经。辩护人提出卫生巾上的血呈淡红色,据此认为不是月经。这种说法实际上违背基本经验法则。笔者答辩道:月经是女性生理上的循环周期,是子宫内膜发生一次自主增厚,血管增生、腺体生长分泌以及子宫内膜崩溃脱落并伴随出血的周期性变化。这是一种周期性阴道排血或子宫出血现象。孕激素和雌激素迅速减少,子宫内膜骤然失去这两种性激素的支持,便崩溃出血,内膜脱落而月经来潮。月经来潮的持续时间一般为3~7天,出血量在100毫升之内,以第2~3天为最多,出血量与颜色深浅受月经持续时间和个体体质及内分泌而有差异,以颜色淡为由主张不是月经是不科学的,这是其一;其二,一个成年女性非月经期带卫生巾违背常理;其三……

三是被害人脖子上的红色瘀血是暴力伤痕还是吻痕。辩护人及被告人提出是吻痕,叫"种草莓""草莓吻"。笔者是这样答辩的:吻痕是双唇吸附于皮肤,在口腔内部形成封闭空间,再通过吸气形成压力,导致皮肤局部瘀血而形成的痕迹,这种形成原理决定了其形状成人的唇形,说到此处迅速将事先从网上找到的一些某明星草莓吻的新闻照片打在投影上进行说明。接着说道:而本案被害人脖子处的瘀血呈散点分布成一条线,这显然不可能由吻来形成,而是一种外力导致的擦伤。

最后笔者一句话总结，并大声说："提请法庭注意这句话有 6
个限定词：一个成年的、智力正常的、已婚的女性，在月经期，与一
个初次见面的男性，自愿地发生性关系是不可能的！"

上述这些，一方面涉及其他领域的专业知识，另一方面也有很
多社会生活常识。公诉人对此如果一无所知，必然无法从容辩论。

二、法律、法规及其背后的法理知识

公诉人不仅要知晓与案件相关特别是与案件争议点相关的法
律、法规、司法解释条文，更需要理解条文背后的法理。这一点非
常重要。不能因为这个"快播"的案件，就觉得刑法理论不重要，
而是其他社会知识才重要。事实上，快播这个案件涉及共同共犯、
中立的帮助行为等深刻的刑法理论，想说清楚是需要下工夫的。
作为法律人，法律知识与法学理论素养永远是核心技能，法律之辩
是法庭辩论的永恒主题。

还记得那个"法庭不是讲法律的地方"事件吗？在那个案件
中辩护人称公诉人出示的公安机关的情况说明没有指明属于刑诉
法规定的证据种类中的哪一种？然后公诉人急了，就说了大概这
样的话：这个法律和司法解释有规定，我不是来普法的，法庭不是
讲法律的，而是讲事实证据的。其实，这说明公诉人法律功底还是
不扎实，因为刑事诉讼法理论界对于情况说明的证据种类归属的
争论历来就存在，而且刑事诉讼法对于证据的定义，是不是就仅仅
是刑事诉讼法列举的那几类才是证据也存在理论上的争议。另
外，"两高三部"的死刑证据规定里对于情况说明的归属已经作出
了明确规定。如果公诉人能从理论和司法解释两个层面从容答

辩,效果不是很好吗?

　　事实上,很多媒体没有报道的法庭辩论,无论是公诉人还是辩护人,往往都败在法律及法理功底上。

　　这里再举个例子:被告人马某邀约被告人朱某共同运输毒品,二人商定,马某开车在前探路,朱某携带毒品乘坐出租车在后,二人欲将毒品从 A 市运输至 B 市。马某开车经过某高速服务区临时查缉点时,因形迹可疑被某县公安局禁毒大队民警盘查。在盘查过程中朱某乘坐的出租车也来到该查缉点,公安民警当场从朱某乘坐的出租车后备箱中查获毒品海洛因 3125 克。

　　公安机关扣押和搜查毒品时,进行了录像,但是没有找到其他见证人,就让协警作为见证人。辩护人提出现场扣押和搜查毒品时见证人是公安机关聘用的人员,请求法庭作为非法证据排除。面对辩护人提出的问题,如何应对呢? 有的公诉人答辩称:"当时高速公路上无法找到见证人,公安机关让协警作为见证人那是变通措施,这种变通措施只是瑕疵,因此不需要作为非法证据排除。这样的答辩,显然是对法律法规和司法解释不熟悉。事实上,最高人民法院《关于适用〈中华人民共和国刑事诉讼法〉的解释》对这个问题是有明确规定,其中第80条规定:"下列人员不得担任见证人:(一)生理上、精神上有缺陷或者年幼,不具有相应辨别能力或者不能正确表达的人;(二)与案件有利害关系,可能影响案件公正处理的人;(三)行使勘验、检查、搜查、扣押组织辨认等监察调查、刑事诉讼职权的监察、公安、司法机关的工作人员或者其聘用的人员。……由于客观原因无法由符合条件的人员担任见证人的,应当在笔录材料中注明情况,并对相关活动进行全程录音录像。"如果对此解释熟悉,那么正确的答辩应该是,先承认公安机关让协警作为见证人是违反取证规范的。但是由于当时的客观原因无法找到符合条件的人员担任见证人，而且公安机关也对搜查和扣押的过程进行录像，因此根据上述解释第 80 条的规定，该瑕疵得到了合理的解释和补正，可以作为定案根据。

司法官队伍职业化建设路径 *

　　如何建设一支过硬的检察队伍？职业化是一个重要的方向和路径。检察队伍职业化建设，是实现依法治国基本方略的需要，是人民检察事业面临的新形势、新任务提出的迫切要求，也是强化法律监督、维护公平正义的必由之路。职业化是比专业化更高层次的概念，专业化强调的是共同的知识体系，而职业化不仅强调共同的知识体系，更重要的是共同的信念体系。检察队伍职业化是指一个具有专业素养、坚定职业信仰和享有一定自主和保障的检察队伍群体。

　　那么，如何实现检察队伍的职业化？诚然，检察队伍职业化建设是一项系统工程，需要统筹布局、整体规划。但是，就我国目前的检察队伍职业化建设尚处于初步阶段而言，建设的重点应当围绕检察队伍职业化的基本要素展开，其基本要素指职业信仰、专业素养和职业保障三大要素。

---

*　原文发表于《检察日报》2014 年 1 月 30 日，第 3 版。发表时标题为：《坚定政治信仰加强检察队伍职业化建设》。

一、职业信仰的养成

就中国特色社会主义检察制度而言,职业信仰的首要内涵是坚定政治信仰,坚定正确的政治方向,在此基础上,培育检察队伍对公平正义的信仰和对法治的信赖。德国法社会学家艾里希说"法官的人格是正义的最终保障"[①]。这句话对检察官同样适用。职业道德是公正执法的底线保障,也是检察队伍职业化的核心内容之一。德国学者科殷说:"面对具体的个案,永远不可能放弃个人所感觉到的正义的活生生的声音;这种声音是永远不可能被排除的……只有在正义里面,法才变得生机勃勃。"[②]检察执法过程中,应该始终秉承对公平正义的追求,始终坚守公平正义是检察工作的生命线的观念,让人民群众在个案中看到公平正义,让公平正义以人民群众看得见的方式实现。要将公平正义融入检察队伍的职业信仰之中,融入他们的血液中,要让追求公平正义成为每一个检察官的自觉行动。

二、专业素养的培育

检察机关作为国家法律监督机关,其职责具有很强的专业性,法律监督职责必须由专门的机关和人员遵循司法活动的特殊规律来履行。检察机关与其他党政机关相比,除了政治属性外,还具有

---

① 〔美〕本杰明·卡多佐:《司法过程的性质》,苏力译,商务印书馆1998年版,第6页。
② 〔德〕H. 科殷:《法哲学》,林荣远译,华夏出版社2003年版,第186页。

独特的司法属性。这就要求检察队伍具有专业知识体系,专业化是职业化的最基本的要素之一。保证检察队伍专业素养的基本途径有二:一是提高检察官的职业准入门槛;二是加强专业培训。队伍的精英化既是职业化的必然要求,也是职业化的重要前提,需要建立一套严格有序、公开透明、科学合理的选人用人机制,建立统一的职业准入标准。

党的十八届三中全会提出"健全检察官统一招录、有序交流、逐级遴选机制",这为检察官职业准入机制改革指明了方向。新招录检察人员,应该受过专业的法律训练,具有本科以上学历(东部发达地区可以要求硕士研究生以上学历),且必须通过国家统一司法考试。检察官准入条件可以、也应该高于普通公务员,确保优中选优。可以考虑在市级以上检察机关设立专门的检察官资格评审委员会,对现有的检察官依照检察官法进行严格考核、评估,对符合规定的予以重新确认,对不符合规定的要进行专门培训或分流。培训的重点是:系统的专业知识、法律素养和法律技能。

三、职业保障的构建

检察官的职业保障制度包括检察官的身份保障、职位保障和物质保障。党的十八届三中全会提出,确保依法独立公正行使检察权;改革司法管理体制,推动省以下检察院人财物统一管理,探索建立与行政区划适当分离的司法管辖制度;建立符合职业特点的司法人员管理制度,完善司法人员分类管理制度,健全检察官职业保障制度。这为检察官职业保障建设指明了方向。

首先,探索主诉检察官制度,赋予检察官办案一定的独立性。主诉检察官制度,是以一名检察官为主,在检察长和检察委员会的领导下,依法相对独立地承办案件的办案制度。主诉检察官制度的突出特点是检察官相对独立行使检察权,克服"定而不审"之弊端。河南省和上海市检察机关在 1993 年和 1995 年开始试行主诉(主任)检察官办案责任制,从 2000 年起在全国很多地方普遍推行这一制度。最高人民检察院《检察改革三年实施意见》也明确提出"全面建立主诉、主办检察官办案责任制"。

其次,探索分类管理体制,突出检察官在检察业务工作中的主体地位。按照《检察官法》《人民检察院组织法》的精神,对于现有检察人员进行分类重组,按照工作岗位分为检察官、检察官助理和检察行政官。检察官是指在检察院中依法行使检察权的人员,是履行国家法律监督职能的主体;检察官助理是指在检察执法活动中协助检察官履行检察职责,从事辅助性、事务性、技术性工作的人员,包括助理检察员、书记员、司法警察和检察技术人员;检察行政官是指从事政工、综合、行政事务管理的人员。对不同类别的检察人员,合理确定比例,竞争择优遴选,使检察官从事务性工作中解脱出来,专注于法律监督工作,重点突出检察官在检察机关和检察工作中的重要地位。

最后,建立检察官身份和物质保障制度,维护检察官队伍的稳定性。检察工作的司法属性决定了司法经验的丰富性和检察官队伍的稳定性对于司法公正的重要意义,而职业保障体系是保证检察官队伍稳定性的重要支柱。健全的职业保障可以使检察官无后顾之忧地履行职责,依法独立、公正、严格地执行法律。检察官职业的特殊性决定了需要建立一套不同于一般公务员的职业保障制度。应该按照《检察官法》的规定,实行检察官的法律职务与行政级别剥离,按检察官等级进行管理,根据其业务水平、工作实绩、德才表现等在合理确定比例的基础上来考核评定检察官等级,按照检察官等级享受相应的政治待遇和经济待遇,以增强职业的吸引力,维护检察官队伍的稳定性,促进职业化进程。

司法官专业化应突出"四个并重" *

司法是一种解释法律和适用法律的专门活动,检察官的工作性质决定了必须要像专家一样,而不能仅仅是个"法匠"。因此,世界各国均重视包括检察官在内的司法官的职业化和专业化。如何进行专业化塑造?笔者认为,以下"四个并重"具有重要意义。

1. 专题培训与文化氛围营造并重

说到专业化建设,人们首先想到的就是培训。培训是基础,也是基本路径。当然,司法实践的复杂及法学理论的深奥,新的司法解释、新型犯罪、新型问题随着社会生活的变化次第更新,不可能指望每出现一次"新问题",都来一次培训,要想实现"能够在无须课堂教授的情况下也能依靠自身的通过法学教育培养起来的素质和基本知识迅速理解和运用新法律"①,还必须培养检察官的自学习惯。这就需要在检察系统营造一种研习法律的文化氛围。检察文化是检察教育培训进行整体性研习氛围塑造的最好载体。真正的检察文化绝不仅仅是唱歌、跳舞,而是研习法律、崇尚正义蔚然成风,这才是检察文化的真谛所在。

---

* 原文发表于《检察日报》2019 年 3 月 6 日,第 3 版,发表时标题为《检察官专业化应突出四个并重》。

① 苏力:《法学本科教育的研究和思考》,载《比较法研究》1996 年第 2 期。

2. 技能与智能养成并重

检察官作为一名法律人,在现代法治社会,他应该具备什么样的法律素质?霍宪丹说,一是应该具备系统的专业知识;二是应该具备法律职业基本素养,就是法律文化、法律思维、对法律的信仰、法律精神、法律意识、现代司法理念,法律语言、法律方法;三是从事法律技能培养,比如说:谈判技能、辩论技能、起草法律文书的技能、获得信息的技能、制定规则的能力。[①] 其中前两项即系统的专业知识和职业素养,我们将其称为智能型的培训;最后一项即从事法律工作的技能,我们将其称为技能型培训。二者都非常重要。就技能型培训而言,其针对的对象主要是检察机关的新录用人员,必须始终坚持"三性"即务实性、实用性和实践性。就智能型培训而言,主要针对有一定经验的检察官,重点是升华其系统化的专业知识和专业化的法律思维、法律意识、司法理念、法律方法,以及对法律精神的信仰。人们认为法官、检察官总体素质不高,是因为某些法官、检察官缺乏法律思维与法律适用能力。

3. 内外师资并重

什么样的人来教检察官? 一是从高校临时聘请专家学者,优点在于法学理论较强,缺点在于缺乏司法实践经验。二是有经验懂教学的检察官,也就是"检察官培训检察官"模式,其特点是实战性强,经验丰富。被誉为法官教育培训先驱的法国,就是实行以"法官培训法官"为主的模式,其教育方案源于司法实践,教学内容阐释司法实践,教学方式配合司法实践,教学目的服务司法实

---

① 参见杨通河、阎志:《法学教育:困境、反思与突围》,载《法制日报》2007 年 10 月 21 日,第 13 版。

践,从而在法官教育培训工作的各个方面确保了务实性、实践性、实用性。一个优秀的检察官培训教师,应当是实践的业务能手,同时又具有较高的法学理论功底和研究水准,善于进行理论上的概括和提炼,善于传授经验,这才是真正的"专家型司法者"。让一个优秀的检察官走上讲台,传授经过其理论提炼和概括的经验和理念,培养更多的优秀检察官,其作用远远大于他仅仅在办案中发挥的作用。

4. 三种能力并重

法律人需要具备三种基本技能:能说、会写、善思。这三种基本技能的共同特质就是善于论证。无论是"说""写",还是"思",目的都是要论证自己的观点,说服他人。当前,四大检察业务均需要这三种能力。这三种技能的养成,就需要长期的读、思、练。首先,"读"是为了储备知识,只有厚积才能薄发,一个优秀的法律人是读出来的。读书、读判决、读社会。新的法律法规,日新月异;新型疑难案例,不断出现;法学知识随着社会情势的变化,不断更新,非读不可。其次,"思考"是为了解决问题。案件的处理,不仅要思考法律,还要思考法理和情理,以及社会的可接受度和朴素正义,还要思考政治效果、社会效果。最后,"练"是呈现和检验读和思考的成果,既要练嘴,又要练笔,练习汇报案件、练习释法说理、练习法庭辩论、练习讲检察故事;练习写法律文书、练习写典型案例、练习写法学论文。练习说、写的过程就是运用和思考的过程,都会促使个人就这个问题阅读大量文献资料,深入系统地把握这个知识点,进而做到融会贯通。

法官、检察官别把自己当作"官"

近年来,检察机关内设机构一直不断调整和改革,经过多年的摸索和总结,逐步走上更加符合司法规律的轨道。

如何设置检察机关的内设机构?其与行政机关内设机构有何差异?这个问题的答案,首先取决于检察机关是什么机关?这个问题,德国于1960年前后所发生过大论辩,最终斯密特(Schmidt)提出的"司法官署说"成为通说,将检察官列入司法机关,与法官同在宪法层次上享受独立性保障。同属大陆法系的中国,上述观点理当成为通说,时至今日,我国检察机关具有司法属性已无争议,在职务犯罪侦查权转隶背景之下,其司法属性更加明显。从这个意义上说,检察官不是行政机关意义上的"官"。

这种司法属性的第一个集中体现在诉权上。林钰雄教授说:"检察官负责提起公诉,控制法官裁判入口的功能,就如同引擎'起动'车子的功能一样,无法想象其不存在。"[1]在今日中国,公诉既包括代表国家进行刑事公诉,还包括代表公共利益进行公益诉讼。

检察机关司法属性的第二个集中体现就是法律守护人的角色。大陆法系检察官被誉为"最客观的司法官署",是"法律守护

---

[1] 林钰雄:《检察官论》,法律出版社2008年版,第13页。

人"。所谓"法律守护人,乃指检察官自行职务时,应严格遵守合法性及客观义务,贯彻勿枉勿纵,追求实体真实与实体正义"(林钰雄语)。在我国,主要体现为诉讼监督权,检察机关是所有诉讼活动的监督者,让人民群众在每一个司法案件中都感受到公平正义,离不开对具体案件的诉讼监督。

因此,可以将当前我国检察权的基本内涵概况为以诉权为核心、以诉讼监督权为主线。诉权包括刑事公诉、民事公益诉讼、行政公益诉讼;诉讼监督包括刑事诉讼监督、民事诉讼监督和行政诉讼监督。诉权与诉讼监督权具有交叉性,诉讼监督权的行使以及监督线索的发现依赖于诉权,正如龙宗智教授所言:"诉讼职能与监督职能仍有一定的相互融合性,如果截然分开,可能违背诉讼及诉讼监督的内在规律。"

上述核心和主线,是当前我国检察制度的基本规律,也是其司法属性的根本要义。内设机构改革当以司法属性为根本指针,以诉权和诉讼监督权为基本架构,辅之以必要的综合机构以保障其运转。这一基本原理决定了资源配置应诉权和诉讼监督权为立足点,以案件量为基本考量因素,避免"部门利益主义",杜绝"长官意识"。机构设置应突出司法属性,淡化行政色彩,整合、精简综合部门,优化、精化业务部门,实行扁平化管理。去除官本位思想,引导员额检察官、检察官助理安心办案、专心成长。这一切,决定了检察官自身要转变理念,别把自己当作"官"。

怎样当好员额检察官*

"入额"就成为员额检察官了,这意味着身上的担子更重了,责任更大了,那自然对能力的要求也就更高了。怎么样当好员额检察官? 我觉得要做到以下方面:

一、把好案件质量关

按照"让审理者裁判、由裁判者负责"的办案责任制,大部分案件是由员额检察官自行决定的,自行承担责任。同时,检察官助理本质上是协助员额检察官办理案件,助理办理的案件实质上就是员额办理的案件,案件质量由员额负责。由于淡化乃至取消了原来的"三级审批"制,减少了"两道关口",案件质量的压力,对于员额来说更大了。重点需要把握以下"两个方面""三大问题"。

1."两个方面"

一是程序方面,二是实体方面。要树立"办案就是办证据""程序优先"的理念。案件的程序和证据不能出问题,在某种意义上来说,程序和证据问题比实体问题更重要,因为证据和程序出问

---

*　此文节选自笔者于 2016 年 12 月的一次检察体制改革会议上的发言。尽管是针对员额检察官的发言,但其实也适用于员额法官,甚至是律师。

题就可能导致冤错案,无可挽回。实体问题还可以通过下一个诉讼环节来纠正和挽回。当然也不是说实体问题不重要,实体上需要精准,特别是因实体定性问题可能导致罪与非罪的,就更加重要了。

2. "三大问题"

一是把握好罪与非罪的问题,这是作为员额检察官办理案件要考虑的首要的、第一位的因素。在罪与非罪的问题上不能出错,这是高压线,要慎之又慎。二是把握好此罪与彼罪问题,这是第二要素。罪名不能搞错,定性要准。当然定性此罪与彼罪出现争议可能导致罪与非罪时,就又回到第一个问题了。比如有的案件盗窃与诈骗相互交织,由于盗窃罪和诈骗罪的数额较大标准不同,有的案件如果定诈骗罪就可能因为未达到数额较大的标准而不构罪。再比如,盗窃与侵占相互交织的案件,如果定侵占罪可能涉及自诉案件,涉及到检察机关撤回起诉的问题。三是把握好主要量刑情节,这是第三要素。对于起诉的案件来说,法定的量刑情节不能出错,这涉及起诉质量问题;对于批准逮捕的案件来说,法定量刑情节有时左右捕与不捕。

二、在办理案件中要做到"三多"

一是多问自己几个为什么。这个案件证据为什么能定、为什么不能定?为什么要定这个罪而不是那个罪?为什么要认定自首而不是坦白?为什么适用这个条文而不是适用那个条文……这会迫使你对案件多方位思考,多角度把控,最大限度防止出现错漏。

二是多翻书。遇到问题要多翻书,多思考,多研究。翻法条、翻司法解释、翻判例、翻理论书籍。以笔者的经验为例,笔者写起诉书这么多年,有些刑法条文倒背如流,每次写起诉书时还要看一眼法条是怎么规定! 这么多年,笔者开庭养成一个习惯,一定会带两本法规,一个是刑法,一个是刑事诉讼法。再简单的案件也要带上,以防万一随时需要查阅法条。实践中,很多公诉人和律师有一个不好的习惯,在法庭辩论中经常会说"根据相关法律规定""根据相关司法解释规定",但是没有具体说明什么法律的第几条第几款,也没有说明什么司法解释的第几条第几款,而且也经常发生这个所谓的"相关规定"其实是不存在的情况。

三是多总结、反思。俗话说,久病成医。无论是成功的经验还是失败的教训,都要善于总结。为什么学生都要搞错题本,就是这个道理。要善于总结、反思,只有不断总结反思才能不断提高。时间长了,经验多了,就容易知道哪些地方容易出问题。比如盗窃案件,价格鉴定依据需要格外关注;贩卖毒品案件,代为购买问题需要关注;聚众斗殴案件,每个人的具体行为是重点;职务犯罪案件,主体身份及职务便利、量刑情节值得特别关注,等等。

三、提高自身能力练就本领

作为职业检察官,专业能力是看家本领。没有金刚钻就干不了瓷器活。入不入额关键是能力,需要多方面的能力,但有三个核心能力必须要具备:一是证据审查和程序把控能力。这是司法官的基本办案能力,不用多说。二是实体法的适用能力。这也是基本功,定性要精准,说理要透彻,关键靠实体法的适用能力。三是应变和表达能力。我一直说法律人的三个基本技能"能说、会写、善思"。应变能力主要是针对公诉检察官的出庭而言的,有时应变能力甚至比表达能力更重要,很多时候不是你不会说,而是不知道怎么说。不知道怎么说,很多时候是因为功底不深。所以根子问题还是要多学习。

怎么学习?经常问自己五个问题:第一,法条你熟悉吗?依法办案,法条你得熟悉。这是适用法律的前提。事实上,很多时候,我们对法条并没有想象的那么熟悉。比如说,小偷偷了被害人的现金,顺带还偷了银行卡,然后拿银行卡又取钱。很多人写起诉书只引用《刑法》第 264 条,很多人就忘记第 196 条第 3 款。后面的取款行为实际上是一个冒用信用卡的行为,为什么也定盗窃罪呢?那是《刑法》第 196 条第 3 款的法律拟制。第二,司法解释你熟悉吗?现在司法解释很多,层出不穷,得经常翻,经常看,知道关于某个问题出台过解释。第三,指导性案例和审判参考案例你熟悉吗?要善于收集和总结和学习这些案例的裁判要旨。第四,刑法基本理论你掌握吗?从事刑事司法工作,刑法理论的运用无处不在,只不过有时你没在意。要成为真正的办案高手,必须做到法学理论功底深厚。第五,刑事诉讼法特别是证据法基本理论你掌握吗?不仅要知其然,还要知所以然。知其然又知所以然,才是高手。

后　记

2022 年 6 月 27 日上午,北京大学的江溯老师发来微信,大概意思说,读了我在报纸杂志、自媒体上发表的文章,"短小精悍""切中要害""有趣",建议把这些文章整理汇集起来,对于读者来说,省去很多查找的时间。我当即欣然接受他的建议。所以,这本书的出版直接得益于江溯老师。北京大学出版社的编辑杨玉洁对本书的校对、修改付出了很多心血。

现在的学术文章越写越长(据说是与期刊的引用率考核有关),而且越写越晦涩,读起来很耗费精力,对读者"不够友好"。目前,学术期刊上发表的文章基本上都在两万字左右。两万字左右的学术文章,主要观点和核心思想其实用两三千字就足以概括,甚至两三百字也能概括。或许正是因为如此,学术文章的"内容摘要"一般为两三百字,文献阅读一般也是先阅读内容摘要,觉得有用才会读全文。难以用长或短来评价一篇文章,长有长的好处,短有短的妙处。我写过很多短文章,也写过很多长文章。长文章可以层层推进,深入论证;短文章可以直奔主题,切中要害。长文章可以引经据典,长篇大论;短文章可以信手拈来,点到为止。长文章笔调严肃,追求严谨理性、深邃思辨;短文章笔调轻松,可以嬉笑怒骂、诙谐幽默。对于读者来说,可能既需要高冷长文,也需要烟火短文,就像饮食,佳肴美馔与粗茶淡饭各有所需。

这本书总体上来说,属于"烟火短文""粗茶淡饭"。笔调轻松,但不属于随笔,谈论的还是法律专业问题,既有刑事实体法问题,也有刑事程序法问题,还有二者的交叉;既有刑事法理论问题,也有刑事法实践问题,还有二者的融合;既有司法官、律师的技艺问题,也有法律人的成长问题,还有二者的碰撞。只不过相对于长篇学术文章而言,烟火气更浓;相对于一般实务文章而言,书卷气更多。这或许就是江溯老师口中的"有趣"吧。

最后,借用林东茂先生的一句话作为结尾:"读者不必用沉重的心情看这书,读书地点亦可不拘,咖啡厅、草地上、卧榻之旁,行旅之中,皆无不可。"

李　勇

2022 年 7 月 10 日于金陵

2023 年 7 月 1 日改定于金陵

图书在版编目(CIP)数据

走出机械司法的怪圈/李勇著. —北京：北京大学出版社，2023.10

ISBN 978-7-301-34142-1

Ⅰ.①走… Ⅱ.①李… Ⅲ.①刑法—中国—文集 Ⅳ.①D924.04-53

中国国家版本馆 CIP 数据核字(2023)第 109709 号

书　　　名	走出机械司法的怪圈	
	ZOUCHU JIXIE SIFA DE GUAIQUAN	
著作责任者	李　勇　著	
责任编辑	孙　辉　方尔埼	
标准书号	ISBN 978-7-301-34142-1	
出版发行	北京大学出版社	
地　　　址	北京市海淀区成府路 205 号　100871	
网　　　址	http://www.pup.cn　http://www.yandayuanzhao.com	
电子邮箱	编辑部 yandayuanzhao@pup.cn　总编室 zpup@pup.cn	
新浪微博	@北京大学出版社　@北大出版社燕大元照法律图书	
电　　　话	邮购部 010-62752015　发行部 010-62750672	
	编辑部 010-62117788	
印　刷　者	涿州市星河印刷有限公司	
经　销　者	新华书店	
	880 毫米×1230 毫米　A5　14.5 印张　333 千字	
	2023 年 10 月第 1 版　2023 年 10 月第 1 次印刷	
定　　　价	69.00 元